Des textes et au-delà

Des textes et au-delà

Henriette Elizov

Madeleine Pothier-Picard

Lucille Roy

Collège Dawson

Holt, Rinehart and Winston, Limited
Toronto   Montréal   Fort Worth   Chicago
San Francisco   Philadelphie   Sydney   Tokyo

Canadian Cataloguing in Publication Data

Elizov, Henriette
   Des textes et au-delà

Includes bibliographical references.
ISBN 0-03-9226-735

1. French language - Readers - 1950-   .*
2. French language - Textbooks for second language
learners.*   I. Pothier–Picard, Madeleine.   II. Roy,
Lucille.   III. Title.

PC2117.E58 1990   448.6′4   C90-093429-8

Responsable de projet : Heather McWhinney
Éditrice : Jocelyne Pomet
Responsable de la publication : Liz Radojkovic
Responsable de la production : Sue-Ann Becker
Coordinatrice de la publication : Sandy Walker
Préparatrice et marqueuse de copie : Debra Cohen Repka
Graphiste : Jack Steiner Graphic Design
Responsable de la photocomposition : True to Type Inc.
Imprimeur : John Deyell Company

∞ This book was printed in Canada on acid-free paper.

1 2 3 4 5   95 94 93 92 91

Préface

*D*es textes et au-delà est le fruit d'une mûre réflexion et de nombreuses expérimentations de la part de ses auteures en matière d'enseignement du français langue seconde dans les collèges et universités. Ce livre avait été conçu à l'origine pour répondre aux besoins et aux attentes des élèves dont les compétences linguistiques en français se situaient au niveau intermédiaire. Par la suite, il a été révisé dans l'intérêt des élèves de niveau plus avancé.

Le manuel s'articule sur neuf chapitres, dont les cinq premiers s'adressent aux élèves des cours intermédiaires et les quatre derniers à ceux des cours plus avancés. Le niveau de difficulté croît au fil des chapitres.

Objectifs Pédagogiques :

Des textes et au-delà vise les objectifs suivants :
- faciliter la compréhension de texte
- faire ressortir les qualités stylistiques des extraits
- enrichir le vocabulaire
- encourager la conversation sur des sujets variés
- réviser les principales difficultés grammaticales
- rendre l'étudiant sensible à la langue et à la culture du Québec et de la francophonie nord-américaine
- développer la créativité et l'autonomie langagière.

Textes

Les textes, la raison d'être de ce manuel, sont de courts extraits d'auteurs contemporains du Canada et de la Louisiane. Choisis en fonction de leur valeur littéraire et de leur intérêt humain, ces extraits se regroupent selon des thèmes tels que la guerre, la famille, l'an 2000, etc. La diversité de ton des morceaux choisis s'allie à une variété de registres de langue, populaire, scientifique ou littéraire, permettant de rendre l'élève de découvrir la richesse du français. Pour illustrer les divers thèmes, les auteures ont mis en exergue, à chaque chapitre, des poèmes et chansons qui, avec les textes, servent de point de départ tant à la discussion et à l'exploitation de structures grammaticales qu'à la créativité.

Lexique

Seuls les mots ou expressions les plus difficiles ont été retenus et soulignés en caractères gras dans les textes. Ils sont expliqués dans un lexique à la fin de chaque texte.

Le lexique contient des équivalences en français, sous forme de synonymes, de brèves définitions ou de paraphrase. Il relève le genre des noms communs et donne, au besoin, des indications culturelles, stylistiques ou linguistiques.

Vu l'ampleur de l'aire sémantique de certains mots, le lexique se limite à définir le sens indiqué par le contexte.

À propos
Ces questions visent à vérifier la compréhension approfondie du texte et à souligner certaines ambiguïtés pour en dégager le sens.

À votre avis
Certaines questions engagent la discussion sur le thème central, et d'autres, d'ordre plus général, font porter le débat sur des sujets connexes. Par association d'idées et d'expériences, les élèves sont amenés à s'exprimer librement. À la fin de cette étape, le professeur pourra proposer de faire, par écrit, un retour sur certains débats particulièrement intéressants en utilisant des questions d'**À votre avis** comme sujet de composition.

Exercices de Vocabulaire et de stylistique

Ces exercices, de niveaux variés, sont donnés à la suite des textes, de manière ponctuelle. Ils exploitent quelques mots ou expressions du lexique dans un but d'enrichissement.

Repères grammaticaux
Partant du principe que les structures essentielles de la langue ont déjà été acquises, les notes grammaticales revoient les principales difficultés qui se trouvent dans les textes. Elles simplifient les règles en les réduisant à l'essentiel. **Repères grammaticaux** offre des exercices de ré-emploi dont certains cherchent à développer la créativité.

Rédaction et activités complémentaires

À la fin de chaque chapitre, on trouvera des suggestions relatives aux sujets de composition et aux activités dirigées (tables rondes, enregistrements visuels ou sonores, jeux, conférences, sorties, etc.)

Des textes et au-delà par la variété de ses textes, son approche centrée sur la communication et la création, et la pertinence de son apport grammatical, amène l'élève à participer progressivement à la vie francophone de son milieu.

Les auteures remercient de leur collaboration les personnes suivantes : Carol Arpin, Maurice Elia, Bruno Geslain, Pierrette Frischeteau et Geneviève Strobel, ainsi que tous les collègues qui, par leurs critiques ou commentaires, ont aidé dans l'élaboration de ce manuel.

La réalisation de cette recherche a été rendue possible grâce à une subvention de la Direction générale de l'enseignement collégial dans le cadre du programme d'aide à la recherche sur l'enseignement et l'apprentissage (P.A.R.E.A.).

Les auteures tiennent également à remercier les personnes qui ont participé et aidé à façonner notre manuscrit au cours des diverses étapes de sa rédaction : Elizabeth Aubé (Université York), Francine Gervais (John Abbott College), Marcel Perez (Vanier College), Jocelyn Bavarel (University of British Columbia), Sue Humphreys (Vanier College), Christiane Émond.

Note de l'éditeur aux enseignants et aux étudiants

Ce manuel est un élément essentiel de votre cours. Si vous êtes enseignant(e), vous aurez sans doute examiné attentivement un certain nombre de manuels avant d'arrêter votre choix sur celui que vous aura paru le meilleur. Les auteures et l'éditeur du présent ouvrage n'ont ménagé ni temps ni argent pour en garantir la qualité : ils vous savent gré de l'avoir retenu.

Si vous êtes étudiant(e), nous sommes convaincus que ce manuel vous permettra d'atteindre les objectifs fixés pour le cours. Une fois celui-ci terminé, vous trouverez que l'ouvrage n'a rien perdu de son utilité, et qu'il a donc sa place dans votre bibliothèque : gardez-le précieusement.

En outre, il faut se souvenir que lorsqu'on photocopie un ouvrage protégé par droits d'auteur, on prive son auteur des revenus qui lui sont dus. Et cela risque de le faire renoncer à une nouvelle édition de son ouvrage, voire à la publication d'autres ouvrages. Dans cette éventualité, nous sommes tous perdants — étudiants, enseignants, auteurs et éditeurs.

Nous serions très heureux d'avoir votre avis sur ce manuel. Ayez donc l'amabilité de nous renvoyer la carte-réponse qui se trouve à la fin du volume. Cela nous aidera à poursuivre la publication d'ouvrages pédagogiques de qualité.

Table des matières

Liste des Tableaux

*Tout être humain a droit
à la vie, ainsi qu'à la
santé, à l'intégrité et à la
liberté de sa personne.*

« Charte des droits et
libertés de la per-
sonne », *Lois refondues
du Québec*, Chap. XII

CHAPITRE 1

Vivre en société

Pierre Bourgault

Journaliste à la pige, professeur à l'Université du Québec à Montréal, animateur de radio, Pierre Bourgault est reconnu pour sa verve satirique. Il aime s'en prendre aux travers de ses contemporains et, à l'occasion, sait aussi rire de lui-même. Jeune, il fut très actif dans des mouvements socio-politiques, sympathisant avec les causes libérales, socialistes et indépendantistes. Entre autres, il milita longtemps au sein du RIN. (Ralliement pour l'indépendance nationale).

C't'un pays libre…, stie !

Les femmes conduisent mal. Les Noirs conduisent mal. Et puis, il y a les Italiens et les Grecs qui conduisent mal.

Et tout le monde sait que les jeunes conduisent mal. Mais les vieux ne conduisent pas mieux. Les hommes conduisent mal. Les Juifs
5 conduisent mal. Les chauffeurs de taxi conduisent mal et les chauffeurs de camion encore plus mal.

Les Anglo-Québécois conduisent mal et les Franco-Québécois en font tout autant.

Bref, vous le voyez bien, je ne suis ni raciste ni sexiste puisque
10 je mets tout le monde **dans le même panier** et que j'affirme que tous conduisent mal.

Est-ce parce qu'ils ne savent pas conduire ? Non, c'est parce qu'ils ne **savent** pas **vivre** !

Voilà !

15 La grande tribu est remplie de belles qualités mais, il faut bien le dire, elle manque terriblement de **sens civique** et elle ne sait pas vivre.

On dirait que nous n'avons pas appris à vivre en société ou, **pire** encore, que nous détestons **partager** notre univers avec les autres.

Notre **proverbiale** tolérance était déjà suspecte mais notre manque
20 de savoir-vivre est **flagrant**.

Ce n'est pas qu'en voiture qu'on peut le remarquer mais dans tous les aspects de la vie **quotidienne**.

Partout, en tout temps et en tous lieux, nous **nous emmerdons** les uns les autres et, pour nous justifier, nous avons toujours à la bouche
25 cette belle expression : « On est dans un pays libre…, stie ! »

Les cyclistes qui, **par ailleurs**, se plaignent tant des automobilistes, **se garrochent** à droite et à gauche, **empruntent** les rues en sens inverse, coupent tout le monde **à qui mieux mieux** et voudraient qu'on les plaigne **par-dessus le marché.**

Les camionneurs qui font les livraisons se stationnent en double et bloquent la circulation sans qu'on fasse **le moindre** effort pour les
5 en **empêcher.**

On **brûle les feux rouges** et, **aux heures de pointe,** pour ne pas perdre son tour, on s'installe au beau milieu de la **chaussée** et on bloque la circulation **transversale.**

Manque de savoir-vivre, vous dis-je.

10 Vidéotron pose ses fils n'importe comment et **défigure** la ville.

On fait jouer sa radio **à tue-tête** pour confirmer sa présence à tout le quartier.

On jette ses **déchets** dans la rue à n'importe quelle heure du jour et de la nuit.

15 On arrache les fleurs du voisin et on vole les légumes dans les jardins communautaires.

On **macule** les murs des graffiti les plus vulgaires.

« On est dans un pays libre…, stie ! »

On prend des congés de maladie quand on n'est pas malade (c'est
20 le boss qui paye ! Ah oui ?).

Au bureau, on vole tout ce qu'il est possible de voler (au salaire qu'on me donne !).

On tutoie tout le monde. (J'ai, moi aussi, pris cette **vilaine** habitude.)

On **parque** les vieillards dans des **asiles** et on jette les enfants à
25 la rue. Aux deux bouts de la vie, c'est **l'enfer** pour un très grand nombre.

On ne sait pas vivre, vous dis-je.

On installe motels et stations-service dans les plus beaux paysages.

On plante son **affiche** toute **croche** le long des routes où elle **pourrit.**

Les parkings remplacent les jardins et, dans nos rivières, les poissons
30 doivent nager **de reculons** pour ne pas avoir de merde dans les yeux.

Faire un vidéo des Québécoises et des Québécois qui descendent dans le Sud sur un **vol nolisé** !

Faire un film sur des Québécois et des Québécoises qui assistent à un match de lutte !

35 Enregistrer les Montréalais qui parlent des Nordiques et les Québécois qui parlent du Canadien !

« C'est un pays libre…, stie ! »

Mais le respect, la déférence, la simple politesse ? Connais pas. Veux pas la connaître. **Décolle**, t'as pris ma place !

Nous ne sommes pas pires que les autres ? Parfois oui.

5   Je veux surtout dire que, question savoir-vivre, nous n'avons pas de leçons à donner aux autres.

Le civisme, on le sait, n'est pas une vertu nord-américaine. Nos villes surtout, ne sont pas des lieux de civisme.

Nous transformons en **droit** absolu ce qui n'est souvent que mauvaise habitude.

10   Nous prenons la place des autres sans nous mettre à leur place.

Nous avons bien des qualités mais nous avons le pire des défauts.

« C'est un pays libre..., stie ! »

Pour qui ?

« Hé, Bourgault ! Tu sais pas vivre ? Tu pourrais quand même nous
15   souhaiter une bonne année ! »

Bourgault (Pierre), « La Grande tribu »,
Montréal, *Montréal, ce mois-ci*, janv.-
févr. 1987, p. 46.

---

d'Après le contexte

dans le même panier (fig.) dans la même catégorie

savoir vivre se comporter comme le veut l'usage social

sens civique (m.) civisme, respect des droits des autres citoyens

pire plus mauvais, plus mal

partager avoir qqch. en commun

proverbial reconnu

flagrant évident, certain

quotidien de chaque jour

s'emmerder (pop.) s'ennuyer, s'embêter

stie (hostie) (f.) (can.) (pop.) sacre, juron (objet sacré de la religion catholique servant à la communion)

par ailleurs d'un autre côté

se garrocher (can.) se lancer, se projeter

emprunter (fig.) circuler dans, passer par

à qui mieux mieux à qui fera mieux que l'autre

par-dessus le marché (fig.) en plus

le moindre le plus petit

empêcher mettre obstacle à, s'opposer à

brûler un feu rouge ne pas s'arrêter au feu rouge

aux heures de pointe d'affluence, de circulation intense de véhicules

chaussée (f.) rue, chemin

transversal qui traverse

défigurer rendre laid, enlaidir

à tue-tête très fort

déchets (m.) restes, ordures

maculer salir, barbouiller
vilain mauvais
parquer placer, enfermer
asile (m.) lieu de retraite, institution psychiatrique
enfer (m.) situation horrible
affiche (f.) annonce placée sur un mur

croche (can.) incliné, de travers
pourrir se décomposer
de (à) reculons en allant en arrière
vol nolisé (m.) charter (ang.)
décoller (fam.) s'en aller, partir
droit (m.) pouvoir protégé par la loi, ce qui est permis

À propos

1. Qui est visé par l'expression « la grande tribu » ?
2. Quel grand défaut l'auteur lui prête-t-il ?
3. Quel qualificatif utilise-t-il pour dire que ce défaut est évident ?
4. Quel autre défaut soupçonne-t-il ?
5. De quel prétexte nous servons-nous pour tout nous permettre ?
6. Est-ce que l'auteur est favorable au tutoiement généralisé ?
7. À quoi fait-il allusion quand il parle des poissons de nos rivières ?
8. Pourquoi les Montréalais parlent-ils des Nordiques et les Québécois des Canadiens ?
9. Quel serait enfin le pire de nos défauts collectifs ?

À votre avis

1. Comment vous définissez-vous ? Avez-vous un tempérament facilement communicatif ou plutôt réservé ? Préférez-vous sortir en groupe, seul ou en couple ?
2. Les femmes conduisent-elles plus mal que les hommes ? les vieux que les jeunes ?
3. Quel est le ridicule des situations suivantes où les Québécois(es) :
   - sont en route vers la Floride ?
   - assistent à un match de lutte ?
   - discutent de hockey ?
4. Les gens sont-ils de plus en plus individualistes ? Comment cela se manifeste-t-il ?
5. N'y a-t-il que des effets négatifs au fait d'être individualiste ?
6. Trouvez-vous, comme le dit Bourgault, que les gens manquent de savoir-vivre ? Décrivez des situations où vous avez été l'objet d'absence de civisme.
7. Bourgault présente une série d'exemples de manque de civisme. Pouvez-vous en identifier les causes ?
8. Quelle devrait être la limite à la liberté individuelle ?
9. Y a-t-il des lois pour empêcher certains abus à cet égard ? Donnez des exemples.
10. Croyez-vous que des cours de civisme à l'école primaire ou secondaire favoriseraient le développement social de l'individu ?
11. Plusieurs personnes se dévouent à la communauté en faisant du bénévolat. Avez-vous parfois l'occasion d'en faire ? Quelle satisfaction en tirez-vous ?

Avec des mots

I *Trouvez le contraire de chacun des mots en italique dans les phrases suivantes :*

1. « Les chauffeurs de camion conduisent encore *plus mal*. »
2. « Notre manque de savoir-vivre est *flagrant*. »
3. « Vidéotron pose ses fils *n'importe comment*. »
4. « On *arrache* les fleurs du voisin. »
5. « On *tutoie* tout le monde. »
6. « C'est *l'enfer* pour un très grand nombre. »
7. « On plante son affiche toute *croche*. »
8. « *Décolle*, t'as pris ma place. »
9. « Nous ne sommes pas *pires* que les autres. »
10. « Le civisme, on le sait, n'est pas une *vertu* nord–américaine. »

II *Complétez les phrases à l'aide du vocabulaire suivant :*

tout autant	à tue-tête
par ailleurs	à reculons
à qui mieux mieux	tout croche
par-dessus le marché	

1. Il est interdit de circuler en voiture _____ sur une autoroute.
2. Nous courions _____ pour savoir qui arriverait au guichet le premier.
3. Est-il nécessaire de crier _____ pour te faire comprendre ?
4. Quel chanceux ! Tu as réussi à trouver un emploi d'été. J'aurais aimé en faire _____.
5. Excusez-moi. Je vous ai dérangé et _____ je vous ai empêché de partir.

III *Bourgault manie bien l'ironie dans ce texte. Il utilise abondamment* **l'exagération** *ou* **l'hyperbole**, *qui consiste à grossir une idée pour frapper davantage. Trouvez cinq autres exemples d'hyperbole dans son texte.*

EXEMPLE : — « Les femmes conduisent mal. »

IV *Faites les mots croisés à l'aide du vocabulaire du texte.*

1. contraire de *tout droit*
2. synonyme de *chemin*
3. considération envers les autres
4. le plus petit
5. lieu pénible, insupportable
6. mettre en commun, vivre en communauté
7. frappant, évident
8. capacité légale
9. inacceptable, impoli
10. résidence pour les vieillards

11. altérer l'aspect du visage
12. synonyme de *dans*
13. enfermer
14. ne pas laisser quelqu'un faire quelque chose
15. conduire dans
16. tacher
17. perpendiculaire à
18. annonce
19. ce qui n'est pas bon et dont on se débarrasse
20. moins bon

MOTS CROISÉS

La Charte des droits et libertés de la personne

La Charte des droits et libertés de la personne du Québec[1] est entrée en vigueur le 28 juin 1976. C'est une loi fondamentale par l'étendue des droits qu'elle consacre. Outre le droit à l'égalité, elle reconnaît les libertés fondamentales classiques, telles les libertés d'opinion et d'expression et les droits de la personnalité. Deux des chapitres sont consacrés aux droits politiques et aux droits économiques et sociaux. Parmi ces derniers, il y a le droit à l'information, le droit à un niveau de vie décent, le droit à des conditions de travail justes et raisonnables et le droit à l'instruction publique gratuite.

Pour promouvoir les principes contenus dans la Charte, le législateur a prévu la constitution d'une Commission des droits de la personne qui doit agir dans le cadre juridique fixé par la loi.[2]

Cette charte protégeant les droits et libertés individuels est reconnue comme étant l'une des plus complètes et des plus fécondes.

Chapitre 1 — Libertés et droits fondamentaux

1.   Tout être humain a droit à la vie, ainsi qu'à la **sûreté**, à l'intégrité et à la liberté de sa personne.

Il possède également la **personnalité juridique**.

2.   Tout être humain dont la vie est **en péril** a droit au secours. Toute personne doit **porter secours** à celui dont la vie est en péril, personnellement ou en obtenant du secours, en lui apportant l'aide physique nécessaire et immédiate, à moins d'un risque pour elle ou pour les **tiers** ou d'un autre motif raisonnable.

[1] *Lois refondues du Québec,* Chap. C–12
[2] *Loi d'interprétation,* L.R.Q., Chap. I–16, art. 41

3. Toute personne est **titulaire** des libertés fondamentales telles la liberté de conscience, la liberté de religion, la liberté d'opinion, la liberté d'expression, la liberté de réunion pacifique et la liberté d'association.

4. Toute personne a droit à la sauvegarde de sa dignité, de son honneur et de sa réputation.

5. Toute personne a droit au respect de sa vie privée.

6. Toute personne a droit à la **jouissance paisible** et à la libre **disposition** de ses **biens, sauf** dans la mesure **prévue** par la loi.

7. La **demeure** est **inviolable**.

8. Nul ne peut pénétrer chez **autrui** ni y prendre **quoi que ce soit** sans son consentement **exprès** ou **tacite**.

9. Chacun a droit au respect du secret professionnel. Toute personne **tenue** par la loi au secret professionnel et tout prêtre ou autre ministre du culte ne peuvent, même en justice, **divulguer** les renseignements confidentiels qui leur ont été révélés en raison de leur **état** ou profession, à moins qu'ils n'y soient autorisés par celui qui leur a fait ces confidences ou par une **disposition expresse** de la loi.

Le tribunal doit, **d'office**, assurer le respect du secret professionnel.

9.1 Les libertés et droits fondamentaux **s'exercent** dans le respect des valeurs démocratiques, de l'ordre public et du bien-être général des citoyens du Québec. La loi peut, **à cet égard**, en fixer la **portée** et en **aménager** l'exercice.

10. Toute personne a droit à la reconnaissance et à l'exercice, en pleine égalité, des droits et libertés de la personne, sans distinction, exclusion ou préférence fondée sur la race, la couleur, le sexe, la **grossesse**, l'orientation sexuelle, l'**état civil**, l'âge sauf dans la mesure prévue par la loi, la religion, les convictions politiques, la langue, l'origine ethnique ou nationale, la condition sociale, le handicap ou l'utilisation d'un moyen pour **pallier à** ce handicap. Il y a discrimination lorsqu'une telle distinction, exclusion ou préférence a pour effet de détruire ou de compromettre ce droit.

10.1 Nul ne doit **harceler** une personne en raison de l'un des motifs **visés** dans l'article 10.

Lois refondues du Québec, Chap. C-12.

d'Après le contexte

sûreté (f.)   sécurité
**personnalité juridique
   (f.)**   aptitude à être sujet de
   droit
en péril   en danger
porter secours à   aider
les tiers   les autres, autrui
titulaire   possesseur
jouissance paisible (f.)   usage
   dans la paix
disposition (f.)   utilisation
biens (m.)   possessions
sauf   excepté
prévu   accepté, reconnu
demeure (f.)   maison, foyer
inviolable   sacré, intouchable
autrui   autre personne (voir
   tiers)
quoi que ce soit   toute chose,
   n'importe quoi
exprès   exprimé

tacite   non-exprimé
tenu   obligé
divulguer   rendre public
état (m.)   condition
disposition expresse (f.)   clause
   spécifique
d'office   dans ses attributions
s'exercer   se manifester
à cet égard   de ce point de vue
portée (f.)   amplitude, étendue
aménager   organiser, déterminer
grossesse (f.)   état d'une femme
   enceinte
état civil (m.)   situation de
   famille (célibataire, marié…)
pallier à   resoudre
   temporairement
harceler   attaquer de façon
   répétée
visé   présenté, envisagé

À propos

1. Quels articles de la Charte indiquent que nous n'avons pas le droit de mettre en danger notre vie ou celles des autres ?
2. Quand l'État reconnaît l'incapacité mentale d'un individu, quel droit la Charte lui retire-t-elle ?
3. Comment explique-t-on l'article 7 : « La demeure est inviolable » ?
4. Qui est tenu au secret professionnel d'après la Charte ? Pouvez-vous identifier d'autres personnes qui y sont soumises ?
5. Qui a le droit de déterminer la portée, c'est-à-dire les limites de l'application de la Charte des droits et libertés ?
6. Trouvez dans le texte un synonyme de *légal*.
7. Dans quelle mesure doit-on porter secours à toute personne dont la vie est en péril ?
8. Est-il permis d'emprunter quelque chose à autrui sans en avoir la permission ?
9. Quelle clause restreint l'exercice de certains droits en raison de l'âge ?

À votre avis

1. Puisque tous ont une liberté d'association et de religion, est-ce à dire que notre justice ne peut rien faire contre des cultes ou groupements tels que les adeptes de Satan, le Ku Klux Klan, etc. ?
2. Agissons-nous contre la Charte quand nous refusons l'accès à des postes, métiers ou professions aux handicapés, aux femmes ou aux personnes âgées ?

3. Est-ce que le droit à la vie reconnu par la Charte apporte une réponse au problème de l'avortement sur demande ?
4. Existe-t-il dans votre institution scolaire des codes ou des règlements protégeant les droits de certains groupes ou individus ?
5. Devrait-il y avoir des limites au droit au secret professionnel ? Si oui, dans quels cas ?
6. La loi 101 va-t-elle à l'encontre du droit des individus à la liberté d'expression ? Croyez-vous que la clause 9.1 de la Charte puisse justifier cette loi ?
7. Est-ce que les lois peuvent assurer le respect d'autrui ?
8. Certaines sectes religieuses refusent les transfusions de sang. Devrions-nous leur reconnaître ce droit ?

I *Complétez les phrases suivantes à l'aide du vocabulaire du texte.* **Avec des mots**

1. Nos droits doivent _____ en respectant ceux des autres.
2. Tout ce qui est confidentiel ne devrait pas être _____ à qui que ce soit.
3. Le président d'une association doit, _____, faire partie de l'exécutif.
4. Nul n'est obligé à _____ à quelqu'un si sa propre vie est en péril.
5. J'ai cru que tu m'avais donné ton consentement _____ à ce que j'emprunte ta moto.
6. Tu viens de poser un geste qui a une énorme _____ .
7. Plus on possède de _____ , plus on est susceptible de se faire voler.
8. Mon voisin n'en finit plus de me _____ avec sa musique qu'il fait jouer à tue-tête.
9. Ne faites pas à _____ ce que vous ne voulez pas qu'on vous fasse.
10. Durant la tempête, tous les passagers sont _____ .

II *Organisez un jeu de rôles permettant aux élèves d'improviser des sketches qui présentent des cas de discrimination.*

EXEMPLES : — un(e) punk qui ridiculise quelqu'un habillé de façon traditionnelle ;

— un Noir ou un père de famille nombreuse qui cherche en vain un logement ;

— une personne du troisième âge à qui l'on refuse un emploi.

III *Autres activités*
1. Il serait intéressant, à la suite de ces exemples, de faire un remue-méninge sur les moyens d'éliminer les préjugés dans notre société.

2. Retracez dans un journal local un fait divers qui relaterait un incident constituant un exemple de discrimination selon la Charte. Préparez par écrit une présentation de cet article pour la classe.
3. La Charte québécoise a ses origines dans *la Déclaration universelle des droits de l'Homme* (voir lectures supplémentaires, page xx). Faites-en ressortir les points communs.

POUR L'INSTANT, ILS SONT DEUX ENFANTS JOUANT DANS LE SABLE.
BIENTÔT ON LEUR DIRA : « TOI, TU ES UN JUIF ET TOI, TU ES UN ARABE

Girerd, *La Presse* (juin 1986).

Des écoles de toutes les couleurs

La Dauversière est la plus cosmopolite des 55 écoles secondaires de la Commission des écoles catholiques de Montréal (CECM). Les deux tiers des 600 élèves sont d'origine étrangère. À la maison, ils parlent grec, arménien, portugais, vietnamien, turc, créole, arabe, espagnol, etc.
5 À l'école, ils étudient **tant bien que mal** en français. Mais dans la cour de récréation, ils parlent anglais surtout. Comme les élèves de la polyvalente Lucien-Pagé, le gros bunker du parc Jarry : 2 000 élèves, 40% d'allophones, 56 ethnies. Et ceux de l'école secondaire protestante Van Horne, près du métro Plamondon, où il n'y a qu'une dizaine de Québécois
10 **pure laine** sur 600 élèves.

L'an dernier, mon frère enseignait l'histoire du Québec à La Dauversière. Ses élèves l'ont suivi plus ou moins distraitement **au creux de** la **Grande Noirceur** et au cœur de la **Révolution tranquille**. Mais quand, au printemps, on est arrivé au projet de loi 63, puis à la loi
15 101, ils se sont soudainement enflammés et lancés dans un débat passionné qui a duré plusieurs semaines. Ils ont soulevé tant de questions qu'on a dû **faire demi-tour** et **remonter le cours de** l'histoire, afin de mieux comprendre ce qui s'était passé.

Les « QVS » (Québécois **de vieille souche**), comme on dit dans le
20 jargon de la CECM, tentaient d'expliquer aux « EM » (étudiants multi-ethniques) que la loi 101 était absolument essentielle à la survie du peuple québécois.

Tous les allophones comprennent ça du premier coup. Mais ils ne sont pas pour autant d'accord. **À quoi bon** tenir un peuple artificiellement
25 en vie, demandent-ils, si les individus qui le composent sont privés des joies et des lumières de la culture américaine ? À quoi bon affirmer son identité, si c'est pour ressembler à rien ou à pas grand-chose d'intéressant ? Et ils vous rappellent que leurs parents à eux ont tout abandonné : un pays au moins aussi beau que le Québec, une civilisation
30 qui a **fait ses preuves**, leurs parents, leurs amis… Et ils n'ont pas **fait** tant **de chichi**. Pourquoi les Québécois n'accepteraient-ils pas de **se fondre** tout simplement dans le grand ensemble anglophone nord-américain ? Ça éviterait des pertes de temps…

« Quand je faisais mon secondaire, raconte mon frère, l'histoire et
35 la politique laissaient à peu près tout le monde indifférent. C'étaient des matières scolaires abstraites. Aujourd'hui, dans une école comme La Dauversière, ce sont des matières vivantes.

À cause de la présence massive des allophones, tout le monde est impliqué, **branché de gré ou de force** sur l'histoire, sur la politique,

sur ce qui se passe dans le monde. Tout le monde sait que les Grecs
raisonnent et parlent haut et fort, que les Cambodgiens sont terriblement
timides et appliqués, que les Vietnamiens sont forts en math et ont
une remarquable calligraphie, qu'il y a des Haïtiens **sans desseins** et
5 d'autres terriblement cultivés et qu'ils sont à peu près tous imbattables
au soccer, que la Tchécoslovaquie a été envahie par l'URSS en 1968,
qu'il y a des Israéliens blonds aux yeux bleus et d'autres noirs aux
yeux noirs, que le Chili est gouverné par une junte militaire, que les
Kurdes (il y en a quelques-uns à La Dauversière) se battent en vain
10 depuis 40 ans contre l'Iraq et l'Iran pour obtenir leur autonomie et
qu'ils sont en train de disparaître, etc.

L'hiver dernier, des Arméniens ont voulu poser des affiches rappelant
le massacre de leurs ancêtres par les Turcs. Le directeur, Jean-Paul
Emard, a rencontré les parents. Ils se sont vite rendu compte que ce
15 serait une grave erreur de perpétuer dans leur pays d'adoption les
querelles et les guerres qui les ont forcés à fuir leur pays d'origine.
« J'ai vu des Turcs et des Arméniens se serrer la main », dit-il.

La plupart des immigrants sont prêts à toutes les concessions et
à tous les sacrifices pour vivre en paix et pour que leurs enfants
20 réussissent. Ils surveillent leurs études de près. Parfois même de trop
près. On a vu des élèves revenir à l'école avec **un œil au beurre noir**
parce qu'un professeur s'était plaint aux parents de leur mauvaise
conduite ou de leur manque d'application. Les Grecques et les Por-
tugaises, qui n'ont pas le droit de se maquiller chez elles, passent tous
25 les matins un quart d'heure aux toilettes pour **se faire une beauté**. Et
y retournent à cinq heures pour **se débarbouiller** avant de rentrer à
la maison. Mais en général, les élèves allophones sont beaucoup plus
attentifs, travaillants [*sic*], respectueux de l'autorité que les Québécois.

Thérèse Jacob, la secouriste linguiste de La Dauversière, reçoit
30 chaque jour des dizaines d'allophones. « Au début de l'année, certains
d'entre eux ne comprenaient à peu près rien. Ils restaient après les cours
et repassaient toute la matière d'un bout à l'autre. En moins d'un an,
ils ont maîtrisé la langue. Et ils ont d'aussi bonnes notes que les
francophones. » Les EM réussissent en effet aussi bien que les QVS.
35 Il y a 10 ans, avant les grosses **vagues** d'immigrants, le taux de réussite
dans les écoles secondaires de la CECM était de 58%. Il est resté
exactement le même.

Marocain d'origine espagnole, Kelvin Arroyo, **adjoint** à la directrice
de l'école Van Horne, est arrivé ici en 1964. « À cette époque, la société
40 québécoise n'était pas très **accueillante** pour les immigrants, rappelle-
t-il. Elle n'était pas ouvertement raciste. Elle nous ignorait, tout
simplement, comme si nous étions des êtres invisibles et inaudibles.
Aujourd'hui, les immigrants ont infiniment plus de contacts avec les
réalités québécoises. »
45 Hélène Boutet est surveillante à l'école primaire Barthélémy-Vimont,
située derrière la gare Jean-Talon. Depuis une quinzaine d'années, elle
a vu **déferler** dans sa cour plusieurs vagues d'immigrants. Des Juifs,
puis des Grecs et des Portugais. Aujourd'hui, elle est entourée d'enfants

haïtiens. « Ils sont bruyants et turbulents, dit-elle. Mais c'est toujours comme ça quand un groupe devient dominant. Il impose ses lois, ses jeux, et même son langage. »

Les professeurs sont partout renversés par les performances des
5 Asiatiques. Ils ont une capacité de travail et une mémoire fantastiques. Et ils apprennent les langues avec une rapidité extraordinaire. Ces **prouesses** académiques les valorisent certainement aux yeux des Québécois, qui ne sont jamais aussi stimulés qu'eux.

« En général, les élèves d'origine étrangère ont l'esprit critique plus
10 développé que les Québécois, remarque Jean-Paul Emard. Ils ont souvent l'impression d'être victimes d'une profonde injustice. Et à la moindre occasion, ils remettent tout le système en question. Les Québécois, eux, n'ont pas de discours de ce genre, pas de cause, pas de revendication. Et je pense qu'ils en souffrent. »

15 J'ai eu moi aussi cette impression. On dirait que les Québécois assistent en toute passivité à l'invasion allophone, qu'ils sont **médusés**, dépassés, trop impressionnés pour réagir. À l'école Van Horne, Ginette me raconte en toute **candeur** qu'elle fait souvent rire d'elle parce qu'elle parle mal, qu'elle dit « icitte » et « affaire », alors que les allophones,
20 eux, ont appris, en classe d'accueil ou [dans] leur pays d'origine, à parler un bon français.

J'ai rencontré des groupes d'une quinzaine d'élèves à La Dauversière, Lucien-Pagé, Van Horne. Cocktails ethniques gentiment préparés à mon intention par la direction. C'étaient presque toujours les allophones qui
25 s'exprimaient le plus clairement. Sur eux-mêmes et sur les Québécois. Ces derniers semblaient anesthésiés par le choc culturel. Ce qu'ils pensent des allophones ? Rien.

À La Dauversière, il y a eu toute l'année de nombreuses activités multiculturelles. À Noël, on a envoyé à chaque famille une carte de
30 souhaits en 20 langues. Au second semestre, tous les groupes ethniques ont été invités à participer à l'Expo Lado 85. **À tour de rôle**, ils organisaient des fêtes : danses folkloriques, artisanat, gros repas, etc. Grecs, Libanais, Italiens, Vietnamiens, dont les familles sont souvent dans la restauration, ont préparé de véritables festins auxquels ont
35 participé de nombreux parents et amis. La fête la moins réussie a été celle des Québécois : ils ont proposé à leurs rares **convives** du pâté à la viande, de la tarte au sucre, du Pepsi… et de la musique disco.

En fait, les Québécois se conduisent un peu comme des étrangers mal à l'aise. Comme s'ils ne se sentaient pas en droit d'imposer aux
40 autres une culture qui leur semble peut-être un peu **pâlotte** et mal définie.

« Ensemble, semblables et différents », proposent les **babillards**. Les allophones, c'est vrai, sont différents. Et ils affichent clairement et librement cette différence. Les Québécois, eux, sont indifférents. Ils sont banals. Ils n'ont rien de « spécial » à raconter. Au fond, le silence **effarant**
45 des **rescapés** de la mer cambodgiens en dit plus long que le leur.

Sopherath a vu les Khmers Rouges assassiner ses parents. Après mille malheurs, elle s'est retrouvée au Québec, a appris le français en moins d'un an et a entrepris de terminer son secondaire. Elle parle

peu, mais ce qu'elle a vécu lui confère une sorte d'aura, de rayonnement. Elle est allée au cinéma voir *La déchirure* (*The Killing Fields*). Elle a mis deux semaines à **s'en remettre**. Et toute l'école **s'en est émue**. Elle est **farouche**. Il faut l'approcher doucement, en parlant peu, en
5   souriant...

J'ai cru sentir que les Québécois **éprouvaient** une certaine sympathie pour ces allophones isolés et timides... et une sorte de **rancœur**, de profonde animosité à l'égard des groupes ethniques les plus dynamiques. On aime bien les Vietnamiens, les Laotiens, les Cambodgiens discrets,
10   super-légers. Mais on reproche aux Grecs, par exemple, de vouloir « bosser » tout le monde. On ne leur parle pas.

Aucun des Québécois que j'ai interrogés à La Dauversière ou à Lucien-Pagé ne s'est fait des amis chez les allophones. En fait, il n'y a pas beaucoup d'amitiés mixtes. Qui se ressemble se rassemble. Dans
15   la cour de récréation, les Grecs sont dans leur coin, les Portugais dans le leur, les Asiatiques aussi. Socialement cependant, les allophones sont souvent mieux organisés, mieux structurés, plus agressifs. Ils dominent l'activité parascolaire.

« Avant la grosse vague d'immigration, rappelle le directeur Jean-
20   Paul Emard, la grande préoccupation des pédagogues était que les Québécois comprennent les allophones et les acceptent. On leur parlait d'accueil, d'ouverture d'esprit. Aujourd'hui, on se rend compte qu'il est tout aussi important que les allophones découvrent les Québécois. »

Lorqu'ils étaient peu nombreux et isolés, perdus dans le grand
25   ensemble francophone, tout le monde éprouvait un préjugé favorable à l'égard des allophones. Mais **au fur et à mesure qu'**un groupe ethnique grandit et acquiert un certain **poids démographique**, il semble perdre de son charme et devenir menaçant. On aime ses étrangers petits, minoritaires, sans pouvoir. Quand ils sont gros, puissants et imposants,
30   on **s'en méfie**. À l'école Henri-Bourassa, la guerre a éclaté quand les Haïtiens sont devenus presque aussi nombreux que les Québécois.

Il y a 180 Grecs à « Lado ». Presque autant que de Canadiens français. La majorité d'entre eux ont fait leur primaire en anglais. La loi 101 les force maintenant à étudier dans une langue qu'ils comprennent
35   mal et dont souvent ils ne veulent rien savoir. En sortant d'ici, ils iront au cégep anglais. Mais en attendant, ils devront travailler deux fois plus que les QVS. On comprend qu'ils n'éprouvent pas de sympathie particulière pour ceux-ci.

« C'est [sic] eux qui devraient se compter chanceux », fait observer
40   Marie-Claude, de La Dauversière, l'une des rares Québécoises qui tient à exprimer ses idées sur le sujet. « En sortant d'ici, ils parleront l'anglais et le français en plus de leur langue maternelle. Les plus à plaindre en fin de compte, ce sont les Québécois. La loi 101 les confine à l'unilinguisme et leur laisse croire que leur culture est la fin du monde.
45   Ils n'ont plus rien à défendre. Et ça les rend paresseux. »

Dans toutes ces écoles, le type ethnique le moins bien représenté est le WASP (*White Anglo-Saxon Protestant*). Je n'ai pas rencontré

un seul Canadien anglais à La Dauversière, ni à Lucien-Pagé, ni même à Van Horne. On n'est pas plus proche des Anglais qu'on ne l'était il y a 20 ans. Les Anglais **par contre** sont plus isolés que jamais. **Autrefois,** c'étaient leurs écoles que fréquentait la grande majorité des enfants
5   d'immigrants forcés **désormais** par la loi 101 à étudier en français, dans les écoles de la CECM ou de la CEPGM (Commission des écoles protestantes du grand Montréal).

Le *Van Horne High School*, devenu l'École secondaire Van Horne, est probablement l'école la plus cosmopolite au monde : 600 enfants,
10 98% d'allophones, 52 ethnies ! Groupes dominants : 13% d'Israéliens, 12% de Vietnamiens et 11% d'Haïtiens. Et, perdus là-dedans, une dizaine de Québécois. « J'ai parfois l'impression que nous sommes **en voie de disparition** », m'a dit Marie-Claude.

Table ronde à Lucien-Pagé… Jean-Marie, le Haïtien, rappelle com-
15 ment on a souligné dans son école l'année internationale créole. Giuseppina, née au Québec de parents italiens, dit pourquoi elle a choisi l'école française, contrairement à son frère qui, « devenu un Anglais », la traite aujourd'hui de « *Pepper* » et de « *French Frog* ». Elsa, dont la mère est italienne et le père arménien, et qui a fait son primaire
20 en anglais, dit qu'elle ne saura jamais compter en français, qu'elle ne regarde que la télé américaine et qu'elle ira à l'université en anglais. Alexandre, l'Iranien, parle des faiblesses du système scolaire québécois. Yaundi, la Salvadorienne, **se tord de rire**. Et bientôt tout le monde parle en même temps. Même la minuscule Vietnamienne et la timide
25 Chinoise. Il n'y a que Sébastien qui se tait et me regarde d'un air sérieux.

Quand je sors de la salle, il m'attend dans le corridor pour me dire qu'il est le plus minoritaire de tous les élèves de Lucien-Pagé. « De quelle nationalité es-tu donc ? »

— « Montagnais. On était les premiers occupants.
30 On est en voie de disparition. Les deuxièmes occupants, c'est vous autres, les Québécois… »

Germain (Georges-Hébert),
Montréal, *l'Actualité*, oct. 1985,
pp. 94–96.

---

tant bien que mal   ni bien ni mal

pure laine (fig.)   d'origine

au creux de   au plus profond de

Grande Noirceur   régime politique sous Maurice Duplessis

Révolution tranquille   prise de conscience collective des Québécois

faire demi-tour   revenir en arrière

remonter le cours de   revoir les événements

de vieille souche   depuis plusieurs générations

à quoi bon   à quoi cela sert-il ?

faire ses preuves   montrer sa valeur

faire du chichi   manquer de simplicité, se faire un problème de qqch.

se fondre (fig.)   se mêler, disparaître

d'Après le contexte

branché être en relation avec, orienté vers

de gré ou de force en le voulant ou non

sans dessein (can.) désorganisé, sans initiative

un œil au beurre noir marqué de noir du fait d'une contusion

se faire une beauté s'embellir, se maquiller

se débarbouiller se laver

vague (f.) (fig.) arrivée massive

adjoint (m.) assistant

accueillant cordial, hospitalier

déferler envahir, arriver

prouesse (f.) succès

médusé stupéfait

candeur (f.) innocence, franchise

à tour de rôle chacun à son tour

festin (m.) repas de fête

convive (m. et f.) invité

pâlot sans caractère

babillard (m.) (can.) tableau d'affichage

effarant effrayant, stupéfiant

rescapé (m.) personne qui a échappé à un accident

se remettre (de) guérir, oublier

s'émouvoir être affecté, touché

farouche insociable, qui a peur des autres

éprouver ressentir

rancœur (f.) ressentiment

au fur et à mesure que progressivement, lorsque

poids démographique (m.) importance à cause du nombre de personnes

se méfier de douter, être sur ses gardes

par contre cependant

autrefois dans le passé

désormais à partir de maintenant

en voie de en train de, sur le point de

se tordre de rire trouver quelque chose très drôle

À propos

Encerclez Vrai *ou* Faux.

1. Les étudiants de la Dauversière réussissent à apprendre le français avec beaucoup de facilité.   V   F

2. La Grande Noirceur s'est passée avant la Révolution tranquille.   V   F

3. Les étudiants multi-ethniques sont des Québécois de souche plus récente.   V   F

4. Les allophones sont d'accord avec le fait que la loi 101 sert à la survie des francophones.   V   F

5. Cela prendra beaucoup de temps pour que les Québécois se conforment à la civilisation nord-américaine.   V   F

6. Certains Turcs et Arméniens veulent continuer à se battre, même au Canada.   V   F

7. En 1964 la société québécoise n'était pas raciste.   V   F

8. Les Cambodgiens ont un silence très éloquent.   V   F

9. Les étudiants asiatiques n'aiment pas les étudiants grecs parce que ceux-ci parlent trop et veulent tout diriger.   V   F

10. Les Québécois connaissent mieux les étudiants allophones que ces derniers ne connaissent les Québécois. V   F
11. Les « WASPs » sont plus nombreux qu'autrefois à l'école La Dauversière. V   F
12. Sébastien ne parle pas parce qu'il est gêné. V   F

À votre avis

1. De quelle proportion de Québécois de vieille souche et de Néo-Canadiens votre classe est-elle composée ?
2. Y a-t-il des groupes dominants dans votre collège ?
3. Si le taux de réussite à la CECM (58%) n'a pas changé après plusieurs vagues d'immigrants, cela signifie qu'ils travaillent aussi bien que les Québécois. Êtes-vous d'accord avec cette interprétation des faits ?
4. Souhaitez-vous qu'un jour, les Québécois acceptent « de se fondre tout simplement dans le grand ensemble anglophone nord-américain » ?
5. Devrions-nous demeurer enracinés dans notre communauté ethnique, ou plutôt tenter de devenir citoyens du monde ?
6. Est-ce qu'il y a des liens qui vous rattachent au Canada, à votre province ?
7. Pensez-vous parfois parcourir d'autres parties du monde à la recherche d'autres expériences intéressantes ? Où et quand rêvez-vous de le faire ?
8. L'auteur affirme que plus un groupe ethnique grandit, plus il devient menaçant. Y voyez-vous un rapport avec la naissance du racisme dans notre société ?
9. Comment vous représentez-vous le Québec dans lequel vivront vos enfants ?

Avec des mots

I *Choisissez l'expression juste.*

1. Un Québécois de vieille souche est aussi un Québécois _____ (de naissance, pure laine).
2. On s'attend à ce que les allophones, _____ (de gré ou de force, autrefois) apprennent le français.
3. Les étudiants sont souvent _____ (privés de, renversés par) l'enseignement de l'histoire.
4. Éprouvez-vous un sentiment de sympathie _____ (à l'égard de, au creux de) l'avenir des Amérindiens et de leur problème de survivance ?
5. Certains Néo-Canadiens ont un caractère plus _____ (pâlot, farouche) que d'autres.
6. Les professeurs _____ (se méfient de, se rendent compte de) les plaintes de l'étudiant paresseux.

7. _____ (En fin de compte, Au fur et à mesure) qu'ils participent activement à la vie québécoise, les immigrants se sentent devenir Canadiens.

8. Ceux qui ont l'air _____ (effarants, sans dessein) sont parfois simplement dépassés par leur situation misérable.

9. Une personne qui s'engage politiquement et socialement essaie d'abord, _____ (à tour de rôle, tant bien que mal), de comprendre les structures mises en place par les gouvernements.

10. Quand tout va mal, il faut cesser de _____ (se plaindre, se débarbouiller) et passer à l'action.

II *Regroupez sous un thème plusieurs mots du vocabulaire.*

> *EXEMPLES :*   — sentiments : éprouver, effarant, s'émouvoir, se remettre de quelque chose, rancœur

1. attitudes ou (caractère) :
2. immigration :
3. école :
4. pourcentage :
5. temps (histoire) :
6. personne(s) :

III *Interviewez les étudiants de votre classe à l'aide d'un mini-questionnaire en vue d'obtenir les renseignements suivants :*

le lieu d'origine de l'élève
le lieu d'origine des parents (père / mère)
la date d'arrivée des ancêtres
la date d'arrivée des parents
le choix du quartier
le choix de l'école
le choix de l'église
les problèmes linguistiques
les problèmes culturels : vêtements, nourriture, horaire, transport, vie sociale, etc.

IV. *Projection de l'un de ces deux films : La Familia Latina* (ONF) ou *El Norte,* qui débouchera sur une discussion ou un travail écrit selon les instructions du professeur.

Girerd, *La Presse* (juin 1986).

Repères grammaticaux

A. Les noms géographiques

Remarquez :   — L'Espagne, la France et l'Italie sont voisines.

■ En général, les noms géographiques, sauf dans le cas de villes, sont précédés de l'article défini (*le, la, les, l'*).

■ Les noms géographiques qui se terminent par *e* sont généralement féminins.

Mais :   — *le* Mexique, *le* Danube, *le* Cambodge, *le* Rhône, *le* Tibre…

APPLICATION

Identifiez le genre de ces noms géographiques.

Inde	Portugal	Éthiopie
Argentine	Pérou	Liban
Libye	Colombie	Maroc
Pologne	Tunisie	Seine
Canada	Québec	

B. Les noms et adjectifs désignant la nationalité

Remarquez :   — « On aime bien les Vietnamiens, les Laotiens… »
   — Les Noirs d'Afrique réclament l'égalité.

■ Seul le nom désignant la nationalité et la race prend une lettre majuscule.

Remarquez :   — « À la maison, ils parlent grec, arménien, portugais, vietnamien, turc, créole, etc. »
   — « À cette époque, la société québécoise n'était pas très accueillante. »

■ Le nom désignant la langue ainsi que l'adjectif désignant la nationalité, l'origine, la race ou la langue prennent des lettres minuscules.

APPLICATIONS

I *Trouvez le nom des habitants et les langues parlées dans les lieux suivants :*

EXEMPLES :   — La France, les Français, le français

La Grèce	L'Italie
Le Mexique	L'Espagne
La Russie	L'Australie
Le Japon	Le Portugal
L'Angleterre	Le Maroc

II *Trouvez le féminin des noms suivants :*

Turc	Portugais
Yougoslave	Jamaïcain
Indien	Espagnol
Grec	Tchèque
Montréalais	Roumain
Italien	Chilien
Vietnamien	Japonais
Chinois	Coréen

---

1. Les expressions négatives

C. Les négations et quelques expressions indéfinies

TABLEAU 1: expressions négatives

ADVERBES	PRONOMS	ADJECTIFS	CONJONCTIONS
ne... pas	personne... ne (sujet)		ni... ni... ne (sujet)
ne... point	ne... personne (objet)		ne... ni... ni (objet)
ne... plus			
ne... jamais	rien... ne (sujet)		ne... pas (de)
ne... guère	ne... rien (objet)		... ni (de) (objet)
ne... nulle part			
ne... pas... non plus	pas grand-chose ... ne (sujet)		
ne... pas... encore	ne... pas grand-chose (objet)		
ne... pas toujours			
ne... aucunement	aucun(e)... ne (sujet)	aucun(e)... ne (sujet)	
	n'en... aucun(e) (objet)	ne... aucun(e) (objet)	

ne... nullement	nul(le) (sujet)	nul(le)... ne (sujet)
		ne... nul(le) (objet)
ne... pas du tout	pas un(e)... ne (sujet)	pas un(e)... ne (sujet)
	n'en... pas un(e) (objet)	ne... pas un(e) (objet)

■ Les expressions négatives suivantes (et leurs contraires) sont les plus usuelles :

TABLEAU 2:   expressions négatives et formes affirmatives

FORME NÉGATIVE	FORME AFFIRMATIVE
ne... pas, point	
ne... personne	chacun, quelqu'un, quiconque, tous, tout le monde
ne... rien	quelque chose, tout
ne... jamais	quelquefois, toujours
ne... plus	encore, toujours
ne... pas encore	déjà
ne... aucun(e)	
ne... pas un(e)	un(e), tous les
ne... nul(le)	
ne... nulle part	partout, quelque part
ne... guère	beaucoup, très
ne... ni... ni	soit... soit

Remarquez :   — Ils *n'*ont *rien* à regretter.

— Cet immigrant *ne* s'est *jamais* adapté.

— Les poissons doivent nager à reculons pour *ne pas* heurter contre des obstacles.

■ Certaines négations courantes, telles que *ne ... pas, rien, jamais, plus, pas encore...*, encadrent un verbe simple ou l'auxiliaire d'un temps composé. D'autres, telles que *ne personne, aucun, nulle part...*, encadrent le verbe au complet.

EXEMPLES :   — Ils *n'*ont *rien* fait

— Je *ne* l'ai vu *nulle part*

- Les deux termes de la négation sont regroupés devant un infinitif.

Remarquez : — Avez-vous *jamais* vu une femme si grande ?

- L'adverbe *jamais* employé seul dans une phrase affirmative ou interrogative a le sens de *déjà*.

Remarquez : — Marc *n'*étudiera *pas* ce soir *non plus*.
— Je *n'*en veux *pas non plus*.

- *Ne... pas... non plus* ou *ne... pas non plus* sont la négation de *aussi*.

Remarquez : — « Je *ne* suis *ni* raciste *ni* sexiste. »
— « *Nul ne* peut pénétrer chez autrui *ni* y prendre... »
— *Rien n'*est impossible à qui sait attendre.

- L'expression *ne... ni... (ni)* s'emploie pour nier un ou plusieurs éléments (sujet, compléments, verbes...). Ces éléments de la négation ne sont pas séparés par des virgules.
- Les conjonctions, les pronoms et les adjectifs négatifs précèdent *ne* s'ils sont sujet de verbe (voir Tableau 2).

Remarquez : — « Les Québécois, eux, n'ont pas de discours *de* ce genre... »
— Je ne bois jamais *de* café le soir.

- Après une négation, l'article partitif *du, de la, de l', des* est remplacé par *de*.

Mais : L'expression *ne... que* (= seulement) est une expression restrictive et non négative.

L'article partitif ne change donc pas après *ne... que*.

EXEMPLES : — Nous *n'*avons *que du* lait à vous offrir.
— Elle *n'*apporte *que le* journal.

Remarquez : — « Hé, Bourgault ! Tu sais *pas* vivre ! »
— Travailles-tu ? *Pas* vraiment.
— Il *ne* peut y aller tout seul.

- Dans la langue parlée, on peut omettre le *ne* de la négation.
- Le *ne* de la négation est supprimé dans une réplique qui ne contient pas de verbe.
- Dans la langue écrite, on omet le *pas* de la négation après certains verbes, tels que *oser, pouvoir* et *savoir* suivis d'un infinitif.

APPLICATIONS

I *Répondez aux questions suivantes en utilisant une forme négative:*

1. Irez-vous quelque part pour vos vacances ?
2. Avez-vous encore beaucoup à faire ?
3. Est-il toujours furieux contre moi ?
4. Avez-vous quelques amis à voir ?
5. Y a-t-il assez de bouteilles de boisson gazeuse pour tout ce monde ?
6. Allez-vous souvent à Toronto ?
7. Avez-vous déjà fini votre travail ?
8. Possédez-vous une Jaguar, des fourrures et une villa située au bord de la mer ?
9. Qui a le droit de juger son voisin ?
10. Mangez-vous quelquefois des mets chinois ?

II *Mettez les phrases suivantes à la forme affirmative.*

1. Nul n'a besoin d'un manteau qui tient chaud au Canada.
2. Personne ne veut ni vous voir ni vous parler.
3. Vous n'avez encore fini aucun devoir ?
4. Je n'ai plus d'amis. Je n'ai personne dans ma vie.
5. Il n'y a jamais personne dans ce restaurant.

III *Répondez aux questions suivantes, soit avec aucun(e), soit avec quelques-un(e)s.*

1. As-tu acheté des vêtements la fin de semaine dernière ?
2. As-tu vu des films au cinéma ce mois-ci ?
3. Lis-tu des livres de poésie ?
4. As-tu fumé des cigarettes aujourd'hui ?
5. Y a-t-il des nuages dans le ciel maintenant ?
6. Avez-vous fini tous vos exercices ?
7. Veux-tu quelques-uns de ces chocolats ?
8. Recevez-vous des invités ce soir ?
9. Y avait-il des élèves en retard aujourd'hui ?
10. Y a-t-il quelqu'un qui pense comme moi ?

2. Les négations multiples

Remarquez : — Je *n'*ai *encore rien* fait.

— *Personne ne* l'a vu *nulle part.*

— Vous *ne* dites *rien* de déplaisant à *personne.*

■ Il est possible d'employer plusieurs négations dans une seule phrase, à condition d'éliminer le *pas*...

TABLEAU 3:   ordre des négations

SUJETS	OBJETS
rien	rien
plus aucun plus guère encore jamais	aucun nulle part non plus
personne	personne

> *EXEMPLES :*   — *Plus personne n*'a le goût de voir ce film *non plus.*
>
> — Je *n*'ai *encore rien* entendu de semblable *nulle part.*
>
> — Elle *ne* me raconte *plus jamais rien* (ou *jamais plus rien*).
>
> — Nous *ne* rencontrons *plus jamais personne* (ou *jamais plus personne*).

Mettez les phrases suivantes à la forme négative.   **APPLICATION**

1. Nous avons déjà vu quelqu'un rôder dans ce parc.
2. Tout le monde aime cette boisson, moi aussi.
3. As-tu vu le chat quelque part dans la maison ?
4. Corinne a déjà fini sa répétition, André aussi.
5. Il fait souvent quelque chose pour quelqu'un.
6. Êtes-vous encore fatigué ?
7. As-tu déjà mangé ton dessert ?
8. Un bon élève a-t-il toujours la bonne réponse ?
9. Avez-vous des amis partout dans le monde ?
10. Ton père travaille les fins de semaine. Toi aussi ?

3. Les expressions non-restrictives

> ***Remarquez :***   — « Vidéotron pose ses fils *n'importe comment...* »
>
> — Quelle robe choisis-tu ? *N'importe laquelle.*

■ *N'importe qui, n'importe quoi, n'importe où, n'importe comment, n'importe quand, n'importe quel* et *n'importe lequel* sont des expressions non-restrictives. Elles indiquent l'indifférence devant le choix.

Récrivez les phrases suivantes en utilisant une expression non-restrictive.   **APPLICATION**

> *EXEMPLES :*   — Il aime voyager dans tous les pays.
>
> — Il aime voyager *n'importe où.*

1. Venez quand vous voudrez.
2. Sa façon de s'habiller lui est égale.
3. Presque tout le monde pourrait vous donner ce renseignement.
4. Venez avec l'ami que vous voulez.
5. J'aime toutes sortes de musique.

D. Le présent de l'indicatif

1. Emploi

Remarquez :   — « C'*est* l'enfer pour un très grand nombre. »

— « À la maison, ils *parlent* grec. »

— « Demain, j'*amène* un ami à la maison. »

■ En général, le présent indique un état ou une action qui a lieu au moment où l'on parle, ou qui est habituel. Cependant on peut aussi l'employer pour désigner un fait qui aura lieu dans un futur proche.

Remarquez :   — « En général, les élèves d'origine étrangère *ont* l'esprit critique plus développé... »

■ Le présent est utilisé pour exprimer une vérité générale, ou un fait qui est toujours vrai.

Remarquez :   — Je *viens* tout de suite, *si* tu le *veux*.

— *Si* le professeur le *demande*, je *devrai* apprendre ce poème par cœur.

Remarquez :   — *Si* tu *invites* une amie, *dis*-le moi.

■ Dans les phrases avec *si*, il faut employer le présent quand la proposition principale est au présent, au futur ou à l'impératif.

Remarquez :   — J'*étudie* le français *depuis* sept ans.

— *Cela* fait sept ans que je l'*étudie*.

— *Il y a* sept ans que je l'*étudie*.

— *Voilà* sept ans que je l'*étudie*.

■ Dans certaines constructions idiomatiques, telles que *depuis*, *il y a... que*, on emploie le présent pour indiquer qu'une action commencée dans le passé se continue dans le présent.

Remarquez :   — Elle ne répond pas : elle *est en train de prendre* sa douche.

■ Si l'on veut montrer que l'action présente est en progression, on emploie l'expression *être en train de* (au présent) + *l'infinitif*.

2. Formation des verbes réguliers

TABLEAU 4: présent des verbes réguliers

1ER GROUPE ER	2E GROUPE IR	3E GROUPE RE
aimer	finir	vendre
j'aime	je finis	je vends
tu aimes	tu finis	tu vends
il, elle, on aime	il, elle, on finit	il, elle, on vend
nous aimons	nous finissons	nous vendons
vous aimez	vous finissez	vous vendez
ils, elles aiment	ils, elles finissent	ils, elles vendent

Remarquez : — « Il *possède* également la personnalité juridique. »

— Nous *espérons* mieux vivre.

— Où m'*emmènes-tu* ?

■ Les verbes en **er** qui ont un **e** ou **é** à la fin de l'avant-dernière syllabe de l'infinitif changent cette lettre en **è** devant une terminaison muette.

Remarquez : — « On *jette* ses déchets dans la rue... »

— *Appelons* un chat un chat.

— On *gèle* en hiver alors on achète des vêtements qui tiennent chaud.

■ Néanmoins, les verbes en **eler** ou en **eter** doublent la consonne **l** ou **t** devant une terminaison muette, sauf **geler**, **peler** et **acheter**.

Remarquez : — Tu *paies* très cher cette erreur.

— Nous *traçons* un itinéraire complet.

— *Mangeons*-nous à des heures fixes ?

■ Les verbes en **ayer**, **oyer** et **uyer** changent **y** en **i** devant une terminaison muette.

■ Les verbes en **cer** prennent une cédille sous le **c** devant **a**, **o** ou **u**.

■ Les verbes en **ger** prennent un **e** devant un **a**, **o** ou **u**.

3. Verbes irréguliers

Plusieurs verbes d'usage courant sont irréguliers au présent (voir Tableau 19).

4. Verbes pronominaux

TABLEAU 5: verbes pronominaux

SE LEVER							
je	me	lève	je	ne	me	lève	pas
tu	te	lèves	tu	ne	te	lèves	pas
il, elle	se	lève	il, elle	ne	se	lève	pas
nous	nous	levons	nous	ne	nous	levons	pas
vous	vous	levez	vous	ne	vous	levez	pas
ils, elles	se	lèvent	ils, elles	ne	se	lèvent	pas

APPLICATIONS

I *Complétez les phrases suivantes en employant le présent.*

1. Toi et moi, nous _____ (changer) souvent d'idée.
2. On dit que les Vietnamiens _____ (être) forts en math.
3. (Pouvoir) _____ (je) vous poser une question ?
4. Je _____ (mourir) d'ennui, et vous ?
5. (Prendre) _____-tu toujours la même place en classe ?
6. Les poules _____ (pondre) des œufs.
7. Nous _____ (craindre) le pire. Ils _____ (vivre) si dangereusement !
8. Tu _____ (partir) tôt chaque jour et tu _____ (revenir) tard.
9. Si tu _____ (vouloir), téléphone-moi ce soir.
10. J'irai si cela me _____ (plaire).
11. (Avoir) _____-ils souvent froid en hiver ?
12. À quelle heure (se lever) _____-tu le matin ?

II *Répondez aux questions suivantes en utilisant le présent du verbe ou* être en train de + *infinitif.*

1. Depuis combien de temps habitez-vous cette ville ?
2. Pourquoi a-t-il besoin d'un crayon rouge ?
3. Depuis quand savez-vous lire le français ?
4. Qu'est-ce que vous faites en ce moment ?
5. Pourquoi parle-t-elle si longtemps au téléphone ?
6. Que voulez-vous faire ce soir ?
7. Où sont tes amis ?
8. Est-ce que ça te suffit de prendre trois repas par jour ?
9. Qui suit bien la leçon ?
10. Je vous dérange en ce moment ?

Remarquez :
— *Fais* tout ce que tu veux.
— *Soyez* accueillants envers les étrangers.
— « *Décolle*, t'as pris ma place. »

■ Le mode impératif s'emploie pour donner un ordre ou faire une suggestion.

■ Pour la plupart des verbes, l'impératif est composé de la deuxième personne du singulier et des première et deuxième personnes du pluriel du présent de l'indicatif.

Mais : **être**, **avoir**, **savoir**, et **vouloir** sont irréguliers à la forme impérative.

ÊTRE	AVOIR	SAVOIR	VOULOIR
sois	aie	sache	veuille
soyons	ayons	sachons	veuillons
soyez	ayez	sachez	veuillez

■ On n'utilise pas les pronoms sujets à l'impératif, sauf pour les compléments d'objets des verbes pronominaux.

EXEMPLES :
— *Depêchez-vous*, vous êtes en retard.
— *Habille-toi* avant de déjeuner.

■ On omet le **s** de la deuxième personne du singulier des verbes en **er** et des verbes *couvrir*, *cueillir*, *offrir*, *ouvrir* et *souffrir*. Quand ces verbes sont suivis d'un pronom commençant par une voyelle, on retient le **s** pour raison d'euphonie.

EXEMPLES :
— « *Décolle*, t'as pris ma place. »
— *Vas-y*, *cueilles*-en beaucoup.

■ Si les verbes pronominaux sont utilisés à la forme négative, les pronoms réfléchis restent devant le verbe.

EXEMPLES :
— *Ne t'*en va *pas*, j'ai besoin de toi.
— *Ne vous* couchez *pas* trop tard.

Remarquez :
— « Ça *les* rend paresseux. »
— Tes notes de cours ? Tu *ne me les* as pas passées.
— Il *leur en* parle tous les jours.

■ Les pronoms objets se placent généralement devant le verbe et suivent l'ordre :

TABLEAU 6:   pronoms objets

COD/COI	COD	COI	à + qqch.	de + qqch.
me				
te				
se	le, la	lui	y	en
nous				
vous				
se	les	leur		

■ Dans les temps composés, ils précèdent l'auxiliaire dans le même ordre.

Remarquez :   — Prends-*en* quelques-uns. (*N'en prends pas.*)

— Parle-*moi*. Parle *m'en*. (*Ne m'en parle pas.*)

— Passe-*le-nous*. (*Ne nous le passe pas.*)

— Amène-*nous-y*. (*Ne nous y amène pas.*)

■ À l'impératif affirmatif :

1. Les pronoms suivent le verbe et y sont reliés par des traits d'union ;
2. *Me* et *te* deviennent *moi* et *toi*, et se placent en dernier après le verbe.

■ À l'impératif négatif, les pronoms objets suivent l'ordre du Tableau 6.

Remarquez :   — *Va-t'en* vite, tu es en retard.

— Ne *t'en va* pas.

■ Le verbe *s'en aller* :

va-t'en	ne t'en va pas
allons-nous-en	ne nous en allons pas
allez-vous-en	ne vous en allez pas

APPLICATIONS

I *Remplacez les tirets par la forme de l'impératif qui convient.*

1. Mes amis, _____ (ne pas s'inquiéter).
2. Suzanne, _____ (se dépêcher).
3. Les enfants, _____ (étudier) vos leçons.
4. Chers amis, _____ (aller) au cinéma ensemble.
5. Robert, _____ (finir) tes exercices.

II *Dites à un(e) étudiant(e) de :*

1. ne pas avoir peur d'échouer

2. se laver et se peigner régulièrement
3. ne pas prendre d'alcool avant de conduire
4. se servir parfois d'un ordinateur
5. laisser sa place dans le métro à...
6. ne pas se coucher trop tard pendant la semaine
7. rendre service sans se faire payer
8. vous attendre après la classe
9. ne pas s'habiller trop chic pour venir en classe
10. ne pas s'attendre à recevoir une bonne note

III *Formulez dix recommandations qu'un étudiant modèle pourrait faire à un(e) camarade.*

> EXEMPLE : — « Ne remets pas à demain ce que tu peux faire aujourd'hui. »

IV *Vos parents partent en voyage et vous laissent responsable de vos jeunes frères et sœurs. Imaginez dix consignes qu'ils pourraient vous donner avant leur départ.*

V *Complétez ces phrases en donnant un ordre à l'impératif:*

1. Si tu veux passer de bonnes vacances...
2. Pour ne pas avoir d'indigestion...
3. Si vous achetez un nouvel appareil stéréo, ne...
4. Si tu t'ennuies ce soir...
5. Avant de sortir, (nous)...
6. Si vous voulez être aimé, ne...
7. Pour te cultiver un peu...
8. Si tu as fini tes devoirs...
9. Tu peux exprimer ton insatisfaction, mais ne...
10. Après nos cours, (nous)...

VI *Mettez les phrases suivantes à la forme négative en remplaçant les mots en italique par des pronoms. Faites les accords nécessaires.*

1. Prête *de l'argent à ton amie.*
2. Tous les samedis nous rencontrons *Paul et Jean chez Marie.*
3. Écoutez-vous *le voisin* quand il vous raconte *ses histoires ?*
4. Mets un peu *de sel dans ta salade.*
5. Dépose *ton sac sous ton pupitre.*
6. Téléphone à *tes amis* ce soir.
7. As-tu pensé *à tes affaires* en fin de semaine ?
8. Nous apporterons tous *nos livres chez toi.*
9. Voulez-vous *travailler* tout de suite ?
10. Le professeur explique bien *les exercices aux élèves.*

VII *Formulez les questions qui correspondent aux réponses ci-dessous:*

1. Non, nous ne les leur donnons pas.
2. Oui, tu m'y rejoins à 9 heures.
3. Oui, elle t'en achète un tous les jours.

 4. Non, ils ne lui en parlent jamais.
 5. Non, vous ne les lui enlevez jamais sans l'avertir.
 6. Oui, j'en veux trois tout de suite.
 7. Non, ils ne veulent plus y aller.
 8. Elle nous y amènera sans doute.
 9. Nous ne leur en avons jamais demandé.
10. Il ne s'en ira jamais sans elle.

TABLEAU 7:   expressions idiomatiques avec *avoir*

avoir beau	avoir honte de
avoir besoin de	avoir l'air de
avoir confiance en	avoir mal
avoir chaud	avoir peur de
avoir droit à	avoir raison
avoir envie de	avoir soif
avoir faim	avoir sommeil
avoir froid	avoir tendance à
avoir hâte de	avoir tort

RÉDACTION   *Faites dix phrases en utilisant cinq expressions différentes du Tableau 7.*

CHAPITRE 2

La francophonie en Amérique

Colin Lynch

Colin Lynch, 17 ans, habite Toronto. Né dans une famille de langue anglaise, il a, comme bien des jeunes de sa génération, fréquenté des écoles d'immersion en français. Il n'a pas encore choisi le domaine auquel il aimerait se consacrer, mais s'intéresse fortement à la politique.

Je parle français

Je parle français. C'est une chose dont je suis vraiment fier et dont je suis reconnaissant à mes parents. Ils sont anglophones mais ont voulu que mon frère et moi soyons bilingues.

Mes parents **avaient à cœur** que je participe à toutes sortes d'activités
5 afin que j'aie la possibilité de développer mes **dispositions** naturelles. L'étude du français, mes leçons de musique, la pratique des sports, mon éducation **en somme**, je la dois à mes parents et à leurs **conseils**.

Ma mère a une connaissance assez bonne du français qu'elle a appris à l'école secondaire. Cela l'a poussée à vouloir que j'**acquière** cette langue
10 comme langue seconde, que je puisse la parler et la lire **couramment**.

J'ai donc eu le privilège d'aller, dès la maternelle, à une école française. Quelle merveille pour les enfants d'apprendre deux langues au lieu d'une ! Nos esprits vifs cherchaient à comprendre, nos yeux clairs exploraient l'inconnu, une autre dimension s'ouvrait à nous : la com-
15 munication en deux langues.

Je me souviens du directeur qui **rôdait** dans les couloirs et nous **grondait** lorsque nous parlions anglais. L'école était un nouveau monde : les professeurs et mes camarades étaient français, les leçons données en cette langue. À la maison, je passais facilement à l'anglais. Très
20 vite, je pus parler, lire, penser, apprendre, désirer et même vivre en français aussi bien qu'en anglais.

Le temps passe et je deviens plus conscient de moi-même. Ce sont les moments **troubles** de l'adolescence. Le français fait toujours partie de moi-même car je continue mes études en français. Quand tout devient
25 confus, je me plais à m'écouter parler français et apercevoir ces sons si doux et si différents de l'anglais. **J'ai recours** sans difficulté **à** cette présence continuelle en moi. C'est un **apaisement**, un moyen innocent d'échapper au quotidien.

Cette affection pour le français est sans doute due, en partie, au
30 fait que ça me rappelle mon enfance mais il y a plus. Ne parler qu'une seule langue emprisonne dans des habitudes qui affaiblissent notre perception des choses, notre manière de s'exprimer [sic]. À la vue d'un

objet usuel, une chaise par exemple, il est probable qu'on ne remarque pas ses attributs distinctifs — sa couleur, sa taille, sa forme — mais qu'on la groupe avec les meubles semblables, sous le terme « chaise ». Notre cerveau analyse, classifie sans arrêt.

5 Le même phénomène se répète quand il s'agit de communiquer avec des personnes. Très souvent, on parle sans réfléchir, d'une manière automatique et sans vraiment écouter. En conséquence, on perd beaucoup de la magie, de la nature unique de ces conversations qui deviennent banales et sans signification vraie.

10 Quand je parle français et que j'entends ma voix et celle de celui qui me répond, je perçois un peu le mystère du moment comme une chandelle qui s'allume dans une immense nuit. Voir la beauté de l'homme et de ses actions sous un éclairage différent est exaltant. Existe-t-il quelque chose de plus intéressant que l'homme lui-même ? La communication, 15 les échanges avec les autres sont sans doute la plus précieuse des occasions de **s'épanouir**. Les langues étant nos moyens de contact, je crois que mes parents ont agi avec la plus grande **clairvoyance** en me faisant apprendre le français. Cette décision a beaucoup contribué à mon épanouissement.

20 Je pense poursuivre mes études universitaires au Québec. Quitter Toronto, ma ville natale, me permettrait de goûter l'aventure de vivre dans un nouvel environnement. Je crois à l'importance de changer d'habitudes ; demeurer toujours dans un même lieu rend trop **douillet**, fait perdre le désir du risque. Quelle chance donc de pouvoir parler 25 français ! Cela m'offre un pays nouveau, une culture nouvelle. Vivre au Québec serait d'autant plus un **défi** que je devrais changer non seulement mon environnement mais parler constamment une autre langue.

Ma décision n'est pas encore prise mais il me semble que je ne 30 devrais pas **rater** une si bonne occasion.

Quitter mes parents et vivre au Québec demanderaient un peu de courage mais je pense que cela **en vaudrait la peine**. Si passer à une autre langue m'**attire**, imaginez un peu un changement de culture et de milieu ! La meilleure des choses au Canada est, selon moi, la diversité 35 de ses groupes ethniques et le fait que c'est un pays bilingue. Un tel **mélange** de cultures nous offre à tous l'immense possibilité de connaître les coutumes et les manières de penser des autres. Celui qui connaît deux langues peut être l'initiateur d'un contact avec ces autres. C'est pour cela que je suis content de mon bilinguisme et de celui de mon 40 pays.

Lynch (Colin), *Langue et Société*, n° 18, Ottawa, Ministre des Approvisionnements et Services, sept. 1986, pp. 34–35.

d'Après le contexte

avoir qqch à cœur considérer qqch comme très important

disposition (f.) talent, capacité

en somme finalement, en conclusion

conseil (m.) avis, recommandation

acquérir apprendre

couramment facilement, naturellement

rôder surveiller en circulant

gronder réprimander

trouble tourmenté, difficile

avoir recours à faire appel à, se servir de

apaisement (m.) retour au calme, à la paix

s'épanouir se développer

clairvoyance (f.) lucidité, perspicacité

douillet délicat, trop sensible

défi objectif difficile à atteindre

rater manquer

en valoir la peine mériter qu'on se donne du mal pour

attirer plaire, tenter

mélange (m.) combinaison

À propos

1. Comment les parents de Colin Lynch l'ont-ils encouragé à développer ses talents ?
2. Avant d'aller à l'école maternelle, le jeune Colin Lynch parlait-il déjà français ?
3. Quelle prise de conscience a-t-il faite dès le début de son apprentissage du français ?
4. Qu'est-ce qui a causé « les moments troubles » de son adolescence ?
5. De quelle « présence continuelle » en lui parle-t-il ?
6. Qu'est-ce qui a changé sa perception de son milieu ?
7. En quel sens découvre-t-il un pays nouveau ?

À votre avis

1. Êtes-vous d'accord avec les opinions qu'il émet ?
2. Considérez-vous ce jeune homme représentatif des jeunes Canadiens ?
3. Trouvez-vous enrichissant, stimulant de vivre dans une ville où plusieurs personnes parlent deux langues ou plus ?
4. Croyez-vous, comme Colin Lynch, « à l'importance de changer d'habitudes » et au risque de devenir trop douillet si on ne bouge pas ?
5. Vous intéressez-vous à maîtriser d'autres langues ? Lesquelles ? Pourquoi ?
6. Quand on dit de quelqu'un(e) qu'il(elle) a du talent pour les langues, qu'est-ce que cela veut dire ?
7. Quelle est la « meilleure » façon d'apprendre une langue ? Peut-on apprendre une langue sans effort, comme l'annoncent certaines écoles de langues ?
8. Connaissez-vous des gens parfaitement bilingues ? Comment le sont-ils devenus ?

I *Trouvez deux mots de même famille et utilisez-les dans des phrases.*

Avec des mots

apaisement   défi
attirer   acquérir
trouble

II *Dans le contexte :*

1. Le verbe « pus » a un homophone. Identifiez-le au niveau de l'orthographe et du sens.
2. Pouvez-vous corriger la faute dans cette expression : « notre manière de s'exprimer » ?

III *Cherchez le sens des expressions idiomatiques suivantes et employez-les dans une phrase :*

avoir la langue bien pendue   se mordre la langue
donner sa langue au chat   une mauvaise langue
tirer la langue

IV *Répondez aux questions de style suivantes :*

1. a) Refaites le plan de cette composition en identifiant l'introduction, le développement et la conclusion.
   b) Montrez comment le développement suit une progression logique.
2. Qu'est-ce qui est « comme une chandelle qui s'allume dans une immense nuit ? » Soulignez la valeur littéraire de cette comparaison.

V *Cherchons : expliquez dans vos propres mots le sens des proverbes suivants :*

1. La parole est d'argent, mais le silence est d'or.
2. Les paroles s'envolent, les écrits restent.
3. Il faut tourner sa langue sept fois dans sa bouche avant de parler.
4. Qui ne dit mot consent.
5. Les grands parleurs ne sont pas les grands faiseurs.

VI *Rédigeons : en vous inspirant de l'article de Colin Lynch, écrivez deux pages dans lesquelles vous présentez, au choix, les mérites*

1. d'être bilingue;
2. de jouer d'un instrument de musique;
3. de faire des études universitaires.

Denise Ouellette

Denise Ouellette, 24 ans, est bilingue. De mère anglophone et de père francophone, elle a été élevée au Québec, mais habite actuellement Calgary (Alberta). Diplômée de l'Université du Québec à Trois-Rivières, elle travaille comme animatrice pour l'Association Francophonie Jeunesse de l'Alberta et fait partie du conseil d'administration de Télé-jeunesse Canada. Le goût d'écrire est présent chez elle depuis longtemps.

Vivre le Canada bilingue

Au Canada, depuis plus d'une décennie, des efforts considérables ont été faits pour que devienne réalité le **statut** de pays bilingue.

Le gouvernement fédéral a **mis au point** plusieurs programmes à cet effet. Il offre, par exemple, à certains fonctionnaires la possibilité
5   d'apprendre l'une des deux langues officielles. Il apporte une aide financière aux minorités officielles pour la protection de leurs droits et de leur langue.

Tout cela afin que tout(e) Canadien(ne) puisse vivre dans une des deux langues où qu'il(elle) se trouve au Canada.

10   Cependant **en dépit de** ces efforts du gouvernement, nous, de la minorité francophone habitant les provinces dites anglophones, vivons le quotidien du Canada bilingue d'une autre façon.

Pour nous…

Vivre le Canada bilingue, c'est le vivre **à force de** luttes et de combats
15   **livrés** par des hommes et des femmes qui ont cru au français et à sa survie et qui y croient encore.

C'est comprendre que le combat est loin d'être terminé. Que le courage et la détermination des militants, quoique fermes, demandent à être nourris. De petites victoires ici et là, le long d'une route ardue
20   où les haltes sont rares, seraient bien méritées.

Vivre le Canada bilingue, c'est plus qu'une question de langue. C'est cohabiter avec un peuple d'une autre culture sans y voir **pour autant** une menace pour notre propre culture. C'est surtout accepter de parler la langue d'un autre peuple, de la bien comprendre, avec tout ce que
25   cela demande d'ouverture et de **souplesse** d'esprit face à une perception de la réalité différente de la nôtre. C'est pour cela que le bilinguisme au Canada prend les couleurs d'une lutte et d'un **déchirement** profond car cela signifie être **dérangé** et avoir à changer, donc une **remise en question** pour nous. Les victoires sont arrachées **à coup de** gestes et
30   de **démarches** répétées avec persévérance, sans **se lasser**.

Vivre le Canada bilingue, c'est savoir que chaque pas en avant coûte cher à la minorité dont il faut soigner de nombreuses blessures. Toutes les démarches n'aboutissent pas à la victoire. Certaines **tentatives** déchirent même et font faire un pas en arrière.

Un droit reconnu n'est pas pour autant acquis. Les jeux politiques de notre pays, dit démocratique, nous forcent à rester vigilants car le
5 droit d'aujourd'hui peut demain se transformer en privilège.

Vivre le Canada bilingue, c'est pour les Francophones, accepter la frustration car nous semblons être les seuls à faire des concessions au nom de la bonne entente.

C'est entendre, nous, parents francophones, nos enfants s'adresser
10 à nous en anglais et parler cette langue entre eux en vue d'être acceptés de leurs amis anglophones.

Vivre le Canada bilingue, c'est voir des parents francophones, dans une province anglophone, inscrire leurs enfants aux écoles anglophones parce qu'ils veulent pour eux le « meilleur ».

15 C'est se voir **quémander** un privilège, lequel en fait est un droit dont nous pouvons exiger la **reconnaissance**.

Vivre le Canada bilingue, c'est se voir **baisser le nez**, accepter à titre de Francophone des mesures discriminatoires au lieu de se battre, de peur de provoquer la colère de l'autre peuple fondateur.

20 C'est **sombrer** dans une colère silencieuse lorsque l'élection de députés **repose sur** la promesse d'affaiblir les droits des Francophones au Canada.

Parfois, tard le soir, après une longue lutte, le désespoir nous prend à la gorge et au cœur. On ne veut plus que passer de « l'autre bord » en se disant qu'il n'y a rien à faire puisque de toute façon c'est là que
25 l'on va finir un jour ou l'autre.

Mais le rêve du Canada bilingue **resurgit** lentement des pleurs. Ce rêve revient toujours malgré la nuit et nos blessures. Ce rêve reprend de plus en plus de place dans notre vie, s'impose à nous, et nous dicte gestes et pensées. Il souligne les heureux événements qui **font date**.

30 À bien y penser, le Canada bilingue, c'est surtout la découverte de femmes et d'hommes appartenant aux deux peuples fondateurs, et qui partagent le même rêve d'un Canada bilingue.

C'est voir des parents anglophones inscrire leurs enfants aux classes immersives puisque c'est leur ouvrir des horizons nouveaux.

35 Le Canada bilingue, c'est aller où l'on veut au Canada et choisir sa langue.

Le Canada bilingue, c'est se rendre compte du fait que seul(e) un(e) candidat(e) bilingue peut maintenant espérer devenir Premier Ministre.

Vivre le Canada bilingue, c'est arriver un jour à se comprendre et
40 à s'aimer comme des êtres humains ayant quelque chose à se donner mutuellement pour enfin atteindre l'unité sans faire de différences entre nous.

Parfois, je pense à Lord Durham[1] et à son rapport sur la nécessité d'assimiler les Francophones. Je me demande s'il comprendrait pourquoi

---

[1]Lord Durham, dans son rapport de 1839 à l'Angleterre sur l'administration des deux Canadas, propose la soumission des Canadiens-français et leur assimilation éventuelle.

nous ne sommes pas anglicisés. J'espère qu'il se retourne dans sa tombe chaque fois que le rêve du Canada bilingue devient réalité dans le quotidien de ses **héritiers**. Oui, un jour, nous le vivrons ce Canada bilingue.

Ouellette (Denise), *Langue et Société*, n° 18, Ottawa, Ministre des Approvisionnements et Services Canada, sept. 1986, pp. 52–53.

d'Après le contexte

statut (m.)   état, situation légale dans la société

mettre au point   élaborer, mettre sur pied

en dépit de   malgré

à force de   par beaucoup de

livré   engagé

pour autant   pour cela

souplesse (f.)   flexibilité

déchirement (m.) (fig.)   grande douleur morale

dérangé   perturbé, troublé

remise en question (f.)   crise d'identité, nouvel examen de ses valeurs

à coup de   à l'aide de, au moyen de

démarche (f.)   réclamation, requête

se lasser   se fatiguer, se tanner (can.)

tentative (f.)   essai, démarche

quémander   demander humblement et avec insistance

reconnaissance (f.)   acceptation

baisser le nez   se laisser humilier

sombrer (fig.)   tomber, glisser

reposer sur   dépendre de

resurgir   réapparaître

faire date   marquer un moment important

héritier (m.)   successeur

À propos

1. Depuis combien de temps le gouvernement fédéral encourage-t-il le bilinguisme ?
2. Selon Denise Ouellette, ce Canada bilingue, est-il un désir ou une réalité ?
3. Quel point de vue l'auteure exprime-t-elle dans son article ?
4. Se dit-elle encouragée par quelques victoires ?
5. Quelles qualités sont requises pour être capable de « cohabiter avec un peuple d'une autre culture » ?
6. Pourquoi la démarche vers le bilinguisme cause-t-elle de « nombreuses blessures » ?
7. De quel « droit reconnu » parle Denise Ouellette ?
8. À force de réclamer la reconnaissance de ses droits, quel sentiment provoque-t-on parfois chez les Anglophones ?
9. Qui est cet « autre peuple fondateur » ?

10. Comment une colère peut-elle être « silencieuse » ?
11. Que signifie l'expression « passer de l'autre bord » ?
12. Quel exemple l'auteure donne-t-elle pour illustrer l'importance du bilinguisme au Canada ?

À votre avis

1. Cet article vous semble-t-il plutôt favorable au bilinguisme canadien ? Optimiste face à l'avenir du français à l'extérieur du Québec ?
2. Croyez-vous vraiment que le bilinguisme au niveau national soit souhaitable ? Est-ce un objectif réalisable ?
3. Quelles régions du Canada sont plus susceptibles d'atteindre un certain degré de bilinguisme ?
4. Le gouvernement fédéral « apporte une aide financière aux minorités officielles pour la protection de leurs droits… » À quels droits fait-on référence ?
5. Le gouvernement encourage aussi la préservation des langues et cultures d'origine des autres minorités.
   Est-ce que cela nuira à la création d'un Canada uni ?
6. Quel rôle Alliance-Québec joue-t-elle dans la protection des droits des minorités ?
7. Croyez-vous qu'on puisse imposer par la loi (légiférer) le bilinguisme ?
8. Pourquoi parle-t-on de « minorités officielles » ?
9. Sur le plan personnel, quelles difficultés peut-on éprouver à apprendre une langue seconde ?
10. Êtes-vous d'accord avec l'auteure pour reconnaître que les classes d'immersion ouvrent aux anglophones « des horizons nouveaux » ? Lesquels ?
11. Pensez-vous que les gens qui ont un préjugé à l'égard des Francophones aient plus de difficulté à apprendre le français ?
12. Si tout le monde était bilingue au Québec, il n'y aurait plus de problèmes. Commentez cet énoncé.

Avec des mots

I *Trouvez dans le texte une autre manière de dire :*

les descendants	angliciser	d'une autre manière
les pauses	la réceptivité	le combat
tentative	réclamer avec force	faire très mal
la vie de tous les jours		

II *Employez les expressions idiomatiques suivantes dans vos propres phrases :*

1. prendre la (les) couleur(s) de
2. faire un pas en avant (en arrière)
3. baisser le nez

III *Répondez aux questions de style suivantes :*

1. Quelle idée a donné naissance à cette composition ?
2. Quel leitmotiv se retrouve dans le texte ? Expliquez son effet sur le lecteur.
3. Dites si les mots en italique dans les propositions suivantes sont au sens propre ou au figuré :
   a) « C'est comprendre que *le combat* est loin d'être terminé. »
   b) « De *petites victoires* ici et là... »
   c) « ... avec tout ce que cela demande *d'ouverture et de souplesse d'esprit...* »
   d) « *Un droit* reconnu n'est pas pour autant acquis. »
   e) « *Les jeux politiques* de notre pays... »
   f) « C'est, pour les Francophones, *accepter la frustration...* »
   g) « Mais *le rêve du Canada bilingue...* »
   h) « Mais le rêve du Canada bilingue *resurgit lentement des pleurs.* »
   i) « Il *souligne* les heureux événements qui font date. »
   j) « C'est leur *ouvrir des horizons nouveaux.* »
4. Quelle figure de style y a-t-il dans cet extrait : « Ce rêve reprend de plus en plus de place dans notre vie, s'impose à nous, et nous dicte gestes et pensées. Il souligne les heureux événements qui font date » ? Expliquez comment cette figure est cohérente et soutenue.

Le Nouvel-Ontario, « pays sans frontière ni territoire », selon Gaston Tremblay[1], accueillit à Sudbury vers 1973 de jeunes artistes francophones ontarois qui se donnèrent pour mission de forger par la musique et la parole l'identité franco-ontarienne. Ainsi naquirent le Théâtre du Nouvel-Ontario, le Théâtre-Action, la Nuit sur l'étang, le groupe Cano et la maison Prise de Parole, où publient depuis quinze ans des écrivains tels que Patrice Desbiens, Robert Dickson et Hélène Brodeur. Conscients du fait que toute culture doit être à la fois vivante et enracinée, ces écrivains et artistes qui se consacrent à stopper l'hémorragie francophone du nord de l'Ontario, partagent un but unique, celui de délivrer leur peuple de sa honte séculaire. Car, ainsi que le dit si bien Fernand Dorais, « ce qui n'est pas exprimé n'existe pas. »[2]

Le Nouvel-Ontario

Marguerite Lapalme naquit à Sudbury en 1957. Après des études au Collège Notre-Dame, à l'Université Laurentienne et à l'Université d'Ottawa, elle publia un premier recueil de poésie, *Éperdument*, aux éditions Prise de Parole en 1980. La jeune poète affirme qu'elle s'intéresse à « tout ce qui a de l'énergie » : sens, hommes, femmes, enfants, mots, musiques, couleurs, jours et nuits[3].

Marguerite Lapalme

Assimilation

j'ai peur du mal qui flotte autour
aussi fort qu'un homme à mi-mort
a peur des vautours qui planent au-dessus
aussi fort que mon cœur tout nu
5 nageant dans tes yeux a peur des sangsues

je regarde autour
je ne vois que des hommes sans bras
partout
tout alentour
10 et qui foncent sur moi

tous les monstres de mon enfance
dans la poussière de ma mémoire
se lèvent et s'étirent
déploient dans ma tête
15 leurs grands bras de haine

[1]Tremblay (Gaston), *Poèmes et chansons du Nouvel-Ontario*, Sudbury, Prise de Parole, 1982, p. 5
[2]Dorais (Fernand), *ibid.*, p. 6
[3]*Ibid.*, p. 53.

and the arms of the monsters
blast through my head
snatching the men away one by one and giving them their arms
to strangle me

Lapalme (Marguerite), « Assimilation »,
Éperdument, Sudbury, Prise de Parole,
1980, p. 55.

À propos

1. De quel mal parle-t-on dans les premiers vers ?
2. Quelles images sont employées ici pour indiquer la menace qui pèse sur la poète ou son peuple ?
3. Qui sont les hommes sans bras qui entourent le sujet ? Pourquoi sont-ils particulièrement dangereux ?
4. De quelle haine s'agit-il dans la troisième strophe ?
5. Pourquoi l'auteure parle-t-elle de son enfance ?
6. Le danger ressenti par la poète est-il réel ou imaginaire ? Expliquez.
7. Que signifierait pour l'auteure l'assimilation de son peuple ? Trouvez dans le poème des images ou des expressions qui le suggèrent.
8. Y a-t-il une progression thématique à l'intérieur de l'œuvre ?
9. Quel est le ton du poème ?
10. Pourquoi la dernière strophe est-elle rédigée en anglais ?

À votre avis

1. Pensez-vous qu'il soit possible à une minorité francophone de survivre en Ontario ? Si oui, par quels moyens ?
2. La langue est-elle importante à un peuple ? Expliquez.
3. Faites-vous partie d'une minorité linguistique dans votre ville, votre province ou votre pays ? Pouvez-vous imaginer quels sentiments l'on ressent lorsqu'on craint d'être assimilé par une culture dominante ?
4. Pourrait-on comparer la situation des franco-ontariens à celle des anglophones du Québec ? Expliquez. Laquelle des deux minorités vous semble la plus menacée ?
5. Craignez-vous parfois que le Canada entier ne soit assimilé par la culture américaine ? De quels moyens disposons-nous pour nous protéger ?

Avec des mots

1. *Composez une phrase utilisant chacun des mots suivants :*

   vautour   sangsue
   déployer   foncer

2. *Organisez un débat sur l'une des questions suivantes, en trouvant tous les arguments possibles pour et contre :*
   a) l'assimilation des minorités francophones à l'extérieur du Québec
   b) l'assimilation des Amérindiens à la culture des Blancs
   c) l'assimilation de la culture canadienne à la culture américaine

3. *Quelles images vous inspire l'idée de l'assimilation ? Écrivez un court poème sur ce thème.*

En signant le traité d'Utrecht en 1713, la France céda à l'Angleterre son premier empire colonial : l'Acadie.

Après cent ans d'enracinement dans la culture française, depuis la venue de Champlain en 1604, ce vaste territoire passa sous la domination britannique. Ses habitants, parmi lesquels on comptait treize mille Français, devaient prêter le serment d'allégeance à la Couronne du Royaume-Uni. Les colons français s'y refusèrent à plusieurs reprises.

En guise de représailles, ne pouvant vaincre cette résistance tenace, le gouverneur Lawrence obtint l'autorisation de déporter les Acadiens en Nouvelle-Angleterre. Une nuit d'août 1755, l'on rassembla plus de huit mille personnes, brûla leurs propriétés, sépara les familles et les embarqua vers des destinations inconnues.

Ce « Grand Dérangement » a profondément marqué la mémoire collective des Acadiens. Édith Butler, fille de ce pays, chante son histoire, sa douleur et ses espoirs, ses traditions et son folklore.

L'Acadie

Originaire de Paquetville, au Nouveau-Brunswick, diplômée de l'Université Laval en ethnologie traditionnelle, Édith Butler n'avait pas du tout l'intention de devenir chanteuse professionnelle. Elle aimait mieux gratter la guitare et vivre au fond des bois avec ses chiens.

Ses talents de chanteuse, compositrice et folkloriste l'ont amenée à chanter partout dans le monde, autant en français qu'en anglais. Elle classe elle-même sa musique dans la catégorie du « folk-rock ».

Bien que ses thèmes soient universels, elle veut avant tout faire connaître, par ses chansons, son pays, l'Acadie, ses gens et ses rythmes traditionnels : « L'Acadie, pour moi, ce n'est pas un pays, c'est un état d'âme. C'est ma vie à moi, ce que je suis. »[1]

Édith Butler

J'étions fille du vent et d'Acadie

J'étions fille du vent et d'Acadie
J'avions vécu par devant la mer
J'étions fille du vent et d'Acadie
J'avions coupé les blés de la terre

---

[1]Beaulieu (Pierre), « L'âme de l'Acadie », Montréal, *La Presse*, 10 mars 1979, p. D-11.

Refrain :
Le temps viendra, je l'entends déjà
Il bat tambour dans nos souvenirs
Le temps viendra, je t'attends déjà
5 Le jour s'éveille sur notre avenir

J'étions fille du vent et d'Acadie
J'avions point de jardin en Italie
J'étions fille du vent et d'Acadie
J'vivions bien auprès de la baie Sainte-Marie

10 J'étions fille du vent et d'Acadie
Le vent a soufflé j'avions parti
J'étions fille du vent et d'Acadie
J'avions dans le cœur une journée de pluie
Je suis fille du vent et d'Acadie
15 Je porte nos joies, nos peines et nos cris
Je suis fille du vent et d'Acadie
Ma voix n'est que souffle du pays

Butler (Édith), « *J'étions fille du vent et d'Acadie* », paroles et musique de Daniel Deschênes et de Lise Aubut, Éd. Tric-Trac, 1978.

À propos

1. Quelle expression donne la situation géographique de l'Acadie ?
2. Quels métiers devaient exercer ses habitants ?
3. Voyez-vous un rapport entre « souvenir » et « tambour » ?
4. Que fait ressortir l'opposition entre le « jardin en Italie » et « la baie Sainte-Marie » ?
5. Quel rôle le vent joue-t-il dans cette chanson ?
6. Le mot « pays » a-t-il un sens particulier ?
7. Quels sentiments vis-à-vis de l'avenir sont exprimés ici ?
8. À quoi sert le refrain dans cette chanson ?

À votre avis

« ... Et c'est ainsi que l'Acadie a gardé en plus, au creux de ses mouchoirs brodés à la main et enfouis dans ses coffres tout travaillés au couteau de poche, des légendes, des contes, des coutumes, des chansons, des jeux, des proverbes, des mots et des arrière-pensées qu'on appelle là-bas la mentalité. »[1]

---

[1]Préface de Maillet (Antonine), dans Dupont (J.-C.), *Héritage d'Acadie*, Montréal, Éd. Leméac, 1977, p. 8.

1. Comment peut-on dire que cette chanson représente la « mentalité » acadienne ?
2. Quels traits de notre culture la chanson moderne manifeste-t-elle ?
3. Le folklore exprime l'âme collective d'un peuple et survit au changement et au temps. Décrivez des éléments de votre folklore national.
4. À quelles occasions aime-t-on retourner à ses origines et revêtir son costume national ? Pourquoi ?
5. Que signifie l'expression : « Ça, c'est du folklore » ?

I *Répondez aux questions de style suivantes :*

1. Comment s'appelle un verset à quatre vers en poésie ?
2. Identifiez les sortes de rimes à la base de ce texte.
3. Relevez quelques mots ou expresssions du français acadien et donnez leur équivalent en français international.
4. Trouvez des exemples de personnification dans ce texte.
5. Relevez quelques exemples de répétition dans cette chanson. Quels effets sont ainsi produits ?

II *Sur les pistes de l'histoire :*

1. Quelles régions faisaient partie de l'Acadie au moment de la déportation ?
2. De quels groupes ethniques la population de ce territoire se composait-elle ?
3. Où furent déportés les Acadiens ?
4. Quelle est la population francophone actuelle dans les Maritimes ? dans le reste du Canada ?

III *Rédigeons :*

1. Écrivez une composition sur l'avenir de l'Acadie.
2. Inspirez-vous de la structure de ce texte pour écrire une chanson ou un poème à la première personne.

La Louisiane

Après le Traité d'Utrecht entre la France et l'Angleterre en 1713, de nombreux Acadiens, préférant l'exil à la tutelle des Anglais, entreprirent un exode appelé « le Grand Dérangement ». Regroupés au Cap Breton en Nouvelle-Écosse, ces Acadiens continuèrent à pratiquer leur religion, le catholicisme, et à s'opposer ouvertement à la Couronne Britannique. Pour briser cette rébellion une fois pour toutes, les Anglais séparèrent et dispersèrent des familles entières à travers leurs territoires en Amérique du Nord.

Profitant de la paix établie de nouveau avec son ancien rival, la France prit pied en Louisiane en 1762 dans le port de la Nouvelle-Orléans. Pour des milliers d'Acadiens exilés, las de se battre, cette ville représentait un refuge parmi des gens qui parlaient leur langue et comprenaient leur religion. Les premiers immigrants arrivèrent en 1763 pour s'installer le long du Mississipi sur des terres qui, à l'époque, étaient administrées par un gouverneur espagnol.

Malgré leurs nombreuses preuves de loyauté et leurs accomplissements en Louisiane, les Acadiens furent longtemps dénigrés et ridiculisés à cause de leur parler et de leur mode de vie rural. Le français fut tout d'abord découragé puis interdit. De leur côté, les Acadiens eurent le plus souvent recours à l'anglais. Assaillies de tous côtés, la langue et la culture des Acadiens finirent par tomber en désuétude.

Aujourd'hui les Cajuns, descendants de ces Acadiens et fiers de leur héritage, retournent à leur langue et leurs coutumes. Le grand vent culturel qui souffle de nouveau en Louisiane francophone a mis à jour des richesses insoupçonnées, comme en témoignent, entre autres, les écrits de Jeanne Castille et d'Antoine Bourque.

Le texte qui suit, « Les déracinés », est extrait de Trois saisons, *une collection de contes, légendes et fables de Louisiane qu'Antoine Bourque a réunis et publiés en 1988.*

Antoine Bourque

Antoine Bourque est le pseudonyme d'un écrivain francophone qui a retracé l'histoire des Acadiens, et plus particulièrement celle de sa famille, établis en Louisiane en 1755 après le « Grand Dérangement ».

Pendant de nombreuses décennies, la langue et la culture françaises avaient presque totalement disparu de la Louisiane ; mais le désir de tout un peuple de lire la langue de son héritage a encouragé une véritable renaissance de la littérature cadienne.

Vers 1970, pour répondre à ce désir, des écrivains cadiens se sont attelés à la tâche et on fait paraître des pièces de théâtre et des poèmes qui s'appuient sur le folklore de la Louisiane. Ce fut une première étape. Grâce aux écrits d'Antoine Bourque, la littérature cadienne franchit une autre étape importante : celle du passage à la prose.

Les déracinés

La *Vierge* est arrivée à la Nouvelle-Orléans vers une heure de l'après-
midi, le 21 juillet 1767. Les Acadiens, assemblés sur le pont pour voir
la capitale de la Louisiane, avaient perdu espoir en apercevant le misérable
petit village. L'église, démolie par des **ouragans**, tombait en ruine et
5 avait été abandonnée plusieurs années auparavant. Les bâtiments gou-
vernementaux, à côté de l'église et le long de la **levée**, ne valaient guère
mieux. Les drapeaux français et espagnol flottaient sur la Place d'Armes,
juste devant l'église, symbole du gouvernement international de la
Louisiane.

10   Cédée à l'Espagne par le traité de Paris en 1763, la Louisiane était
restée aux mains des Français jusqu'au 5 mars 1766, quand le premier
gouverneur espagnol était arrivé. Pour le moment, la colonie était
gouvernée par les représentants des deux couronnes et les Espagnols
s'occupaient d'établir les immigrants comme les Acadiens. Avisés de
15 l'arrivée de la *Vierge*, deux officiers espagnols attendaient sur le quai
— Martín Navarro, assistant administratif du gouverneur, et Estában
Gayarré, officier financier du gouvernement espagnol.

     Navarro avait été le premier à monter à bord et puis le premier
à aborder les passagers. « Vous êtes venus ici, sans doute, comme vos
20 prédécesseurs du Maryland, à l'invitation de vos confrères d'Attakapas.
Pas à la nôtre. Vous êtes, néanmoins, bienvenus, et je vous apporte
l'invitation personnelle de Son Excellence, Antonio de Ulloa, notre
illustre gouverneur, de rester ici en Louisiane. »

     Ignace Granger et Joseph Hébert, élus délégués, représentaient les
25 passagers. « On a fait ce voyage », Granger a commencé, « avec l'intention
de rejoindre les amis et les parents dont nous avons été séparés par
les événements de 1755. J'ai pas vu mon frère et ma sœur depuis douze
ans et je ne les quitterai plus jamais. Les maudits Anglais nous ont
tout volé et nous sommes venus avec que de l'argent canadien fran-
30 çais qui vaut plus rien **asteur**. Nous avons besoin de l'aide des Acadiens
déjà en Louisiane. »

     « Et comme eux », Hébert a ajouté, « nous serons des serviteurs
du Roi très Catholique. »

     « Je suis persuadé de vos bonnes intentions et je vous promets toute
35 l'aide qu'on pourra fournir », Navarro a répondu. « Nous ne pourrons
vous donner que très peu d'aide », Gayarré a ajouté. « Comme vous,
nous nous trouvons sans argent. Néanmoins, nous pourrons vous donner
logement et nourriture pendant votre séjour à la Nouvelle-Orléans. »

     Le lendemain, les exilés se trouvaient dans un magasin récemment
40 abandonné par le gouvernement français, sur la rive droite du Mississipi
vis-à-vis de la Nouvelle-Orléans. **Exténués** par un voyage de cinquante

jours, les Acadiens se reposaient. Et étant donné la chaleur de la saison, ils avaient envie de faire le moins possible.

« Mais ça fait chaud. Sur le bateau, on avait au moins du vent pour adoucir la chaleur. Mais, asteur... » Ignace Granger a laissé tomber en faisant la grimace.

« Ouais, mais au moins on pourra dire qu'on a déjà fait notre temps au Purgatoire », Pierre Brasseaux a répondu.

« Toi, peut-être, tu avais besoin de ça, mais moi, j'avais déjà passé mon temps », et plus bas, il a ajouté, « une éternité avec ma vieille. »

« Je connais que trop bien », Pierre a répondu en riant. « Mais », a dit Ignace, redevenu sérieux, « il est temps de décider ça qu'on va faire après les nouvelles qu'on vient de recevoir. Si les Acadiens ici sont dispersés le long des **bayous** et du Mississipi, qu'est-ce qu'on va faire ? Aller aux Attakapas, ou à Saint-Jacques de Cabannocé où nos amis du Maryland se sont établis ? »

« Ouais, on devrait se rassembler ce soir pour décider. Navarro et Gayarré vont retourner demain matin. »

« Comme vous le savez bien, Monsieur », Ulloa, le gouverneur espagnol, disait à Charles Aubry, le gouverneur français, « je suis arrivé en 1766 avec une centaine de soldats, vingt desquels ont déserté quelques jours après. Il m'était alors impossible de protéger une colonie deux fois plus grande que celle des Anglais installés sur l'autre bord du Mississipi. »

« Monsieur », répondit Aubry, « je comprends votre dilemme et ne trouve qu'une solution : établir les Acadiens à des points stratégiques le long du fleuve. Ils ne sont pas seulement les ennemis **jurés** des Anglais, mais ils sont aussi des tireurs d'élite. »

« Vous avez raison, je n'ai aucune autre ressource. » Et se tournant vers Navarro, Ulloa dit résolument : « Les nouveaux-arrivés seront établis à St-Gabriel. »

« Messieurs, au nom des Acadiens ici assemblés, je vous annonce que nous avons décidé d'aller à Saint-Jacques de Cabannocé, pour y joindre nos confrères du Maryland », Ignace Granger avait commencé, mais son discours a été interrompu par la voix **retentissante** de Gayarré.

« Mais, c'est à nous qu'appartient la décision. Notre glorieux Roi, Carlos III, a daigné vous accorder sa protection. **En tant que** sujets reconnaissants et fidèles, vous devez vous soumettre à l'autorité de ses représentants. »

« On était les prisonniers des Anglais, pas leurs serviteurs. Mais asteur, nous nous trouvons réduits à être les esclaves des Espagnols. Non, nous préférons être des exilés sans pays. Au moins, nous serons libres », a répondu sèchement Ignace.

« Vous pouvez partir, mais la *Vierge* est partie ce matin », Gayarré a répliqué tranquillement. « Vous avez, sans doute, les moyens de vivre jusqu'à l'arrivée du vaisseau prochain dans deux ou trois semaines. »

« On va espérer aussi longtemps qu'il faudra. »

« C'est comme je pensais. Nous sommes encore des chiens », Pierre a dit d'un ton furieux.

« Ce n'est plus temps pour des regrets ! Ou pour des plaintes ! » Isabelle a répondu. « T'as une famille. Pense aux autres pour une fois ! »

5

Sa colère s'est transformée en compréhension, puis en remords quand il a compris la panique parmi ses confrères et la terreur gravée sur la figure de sa fille.

Regardant sa femme avec tendresse, Pierre a dit : « On va arranger l'affaire. »

10

S'approchant d'Ignace Granger, il a dit, à voix haute : « Ignace, t'as raison. On ne peut plus supporter les Européens qui voudraient nous enchaîner. Mais, on n'a pas d'argent et on peut pas partir. On va devenir, alors, des gens **sans aveu**, comme on était au Maryland. Nous pouvons vivre comme ça, peut-être, mais les enfants ? Ils ont jamais eu ce qu'on a eu en Acadie — une terre, une famille, et la liberté. »

15

« Il me semble », Pierre a continué, s'adressant à tous les Acadiens, « qu'on va jamais faire rien sans des terres à nous et à nos enfants. Une fois établis, on pourra rétablir nos familles. Après nous serons assez forts pour empêcher le gouvernement de se mêler à nos affaires. »

20

Son discours a eu l'approbation de la plupart des exilés. Seulement Ignace Granger et sa famille ont persisté dans leur opposition au plan proposé par les Espagnols.

25

Finalement, après une discussion longue et **acharnée**, les hommes ont voté sur le choix : soumission humiliante aux Espagnols ou continuation honorable de l'exil. Ils ont décidé d'accepter les conditions des Espagnols, mais il était bien entendu que cette soumission serait seulement temporaire.

Bourque (Antoine), *Trois saisons : contes, nouvelles et fables de la Louisiane*, Lafayette, Éd. de la Nouvelle Acadie, 1988, pp. 42–48.

---

d'Après le contexte

ouragan (m.) forte tempête
levée (f.) digue, remblai
asteur (can.) maintenant
exténué très fatigué, épuisé
bayou (m.) eaux peu profondes et stagnantes

juré déclaré
retentissant sonore, qui s'entend bien
en tant que comme
sans aveu sans pays
acharné très vif, passionné

À propos

1. À quelle époque se situe cette histoire ?
2. D'où venaient les Acadiens et pourquoi se sont-ils réfugiés en Louisiane ?

3. Quelle surprise les attendait ?
4. Que révèle le discours d'accueil de Martín Navarro ?
5. Pourquoi Pierre Brasseau dit-il qu'ils ont déjà fait leur temps au purgatoire ?
6. Que doivent décider les nouveaux-venus ?
7. Que décident Navarro et Aubry ? Pour quelles raisons ?
8. Quel effet le discours de Pierre a-t-il eu sur les exilés ?
9. Qu'espèrent les Acadiens ?
10. Quels sentiments se reflètent dans leurs dernières discussions ?
11. Pourquoi parle-t-on de « gouvernement international » en Louisiane ?

Projets

1. Révélez dans le texte des expressions ou tournures particulières aux Acadiens.
2. Retracez l'origine des mots suivants : « Acadie », « cajun » et « créole ».
3. Quel mouvement historique a mené les Acadiens en Louisiane ?
4. Dégagez du poème « Evangeline » de Longfellow les sentiments qui animent ces Acadiens.

À votre avis

1. L'Acadie existe-t-elle toujours ? Si oui, où ?
2. Les Acadiens se considéraient des « exilés » alors que leurs gouverneurs les appelaient des « nouveaux-venus ». Que révèle cette différence dans le choix des termes ?
3. Devrait-on encourager la survie d'un patois tel que le créole ou le joual ?
4. La diction et la chanson francophones en Louisiane ont-elles été influencées par d'autres groupes ethniques ?
5. À quelles difficultés les immigrants font-ils face dans leurs pays d'accueil ? Est-ce que d'autres groupes ethniques ont été traités de la même façon que les Acadiens ?
6. Une langue et une culture peuvent-elles continuer à exister sans structures politiques ?

Rédaction

1. Décrivez vos sentiments, ou ceux de vos parents ou grands-parents, lorsque vous vous êtes installés dans un nouveau pays.
2. Décrivez ce que vous avez ressenti quand vous êtes passé
   a) d'une école française à une école anglaise, ou inversement ;
   b) du niveau secondaire au niveau collégial ou du primaire au secondaire.
3. Lisez et comparez les deux versions suivantes de « La cigale et la fourmi » :

Cigale-la té chanté	La Cigale, ayant chanté
Tout l'été	Tout l'été
Li té pas gain arien,	Se trouva fort dépourvue
Quand l'hiver vini	Quand la bise fut venue.
Pas même ein ti mo'ceau	Pas un seul petit morceau
Desmouche ou ein desvers.	De mouche ou de vermisseau.
Li couri côté Froumi, so voisine.	Elle alla crier famine
Li hélé li té gain faim.	Chez la Fourmi sa voisine,
Si t'olait prête-moi ein graine	La priant de lui prêter
Pour' viv' jisqu'à printemps	Quelque grain pour subsister
N'a payer toi, li dit,	Jusqu'à la saison nouvelle.
Avant l'ôtonne, si' mo parole,	Je vous paierai, lui dit-elle,
L'intérêt-la et principal-la	Avant l'Août, foi d'animal,
Froumi-la laine pas prêter :	Intérêt principal.
C'est so sél défaut.	La Fourmi n'est pas prêteuse ;
Ça to fait quand li té fait chaud ?	C'est là son moindre défaut.
Cigale-la nonnedé li.	« Que faisiez-vous au temps chaud ?
Tout la nuite et tout la jou'née	Dit-elle à cette emprunteuse.
Mo té chanter, mo té chanter.	— Nuit et jour à tout venant
To té chanter ? Mo bein content.	Je chantais, ne vous déplaise.
Asté to ça danser, to ça danser.	— Vous chantiez ? j'en suis fort aise
	Eh bien ! dansez maintenant. »

Castille (Jeanne), *Moi, Jeanne de Louisiane*, Éd. Luneau-Ascot, 1983, p. 200.

Fables choisies de La Fontaine, Paris, 1974.

Repères grammaticaux

A. La place de l'adjectif qualificatif

- La place de l'adjectif qualificatif est déterminée à la fois par l'usage, le rythme de la phrase et l'effet stylistique désiré.

- En général, les adjectifs qualificatifs se placent après le nom.

  EXEMPLES :   — une histoire *intéressante*

  — des arbres *immenses*

- Les adjectifs qualificatifs suivants se placent le plus souvent **avant** le nom : *beau, bon, gros, haut, jeune, joli, long, mauvais, meilleur, petit, premier, vieux.*

  EXEMPLES :   — de *meilleurs* résultats

  — une *mauvaise* expérience

  — un *gros* chien *noir*

- Les adjectifs qualificatifs peuvent se placer **avant** le nom pour prendre une plus grande valeur affective et produire un effet spécial.

  EXEMPLES :   — un *énorme* insecte

  — une *immense* tristesse

- Certains adjectifs qualificatifs indiquant la couleur peuvent se placer **avant** le nom. Ils prennent alors un sens figuré.

  EXEMPLES :   — un *noir* chagrin

  — faire *grise* mine

- Les adjectifs *nu* et *demi* se placent **avant** le nom pour former des expressions toutes faites. Ils sont alors invariables et se joignent au nom par un trait d'union.

  EXEMPLES :   — Elle marchait *nu-pieds*.

  — Prenez une *demi-heure* de pause.

  Mais :   — Elle marchait les pieds *nus*.

  — Prenez une heure et *demie* de pause.

- Certains adjectifs se placent soit **avant** soit **après** le nom. En changeant de place, ils changent aussi de sens (Tableau 8).

TABLEAU 8: place de l'adjectif

	AVANT LE NOM	APRÈS LE NOM
ancien	un *ancien* ministre (il a cessé de l'être)	une maison *ancienne* (vieille)
brave	un *brave* homme (loyal, honnête)	un soldat *brave* (courageux)
certain	un *certain* sourire (bien particulier)	une chose *certaine* (sans aucun doute)
cher	une *chère* amie (à qui on est attaché)	une bague *chère* (qui coûte beaucoup)
curieux	un *curieux* garçon (bizarre, étonnant)	une femme *curieuse* (qui veut savoir)
dernier	une *dernière* aventure (définitive ou la plus récente)	le mois *dernier* (après des expressions de temps : semaine, année...)
méchant	une *méchante* affaire (qui attire des ennuis)	un chien *méchant* (qui veut faire du mal)
nouveau	une *nouvelle* robe (qui s'ajoute aux autres)	un modèle *nouveau* (qui vient d'apparaître)
pauvre	*pauvre* garçon ! (malheureux)	des enfants *pauvres* (sans argent)
propre	sa *propre* voiture (qui lui appartient)	une maison *propre* (nettoyée)
simple	un *simple* ouvrier (rien de plus)	un mécanisme *simple* (pas compliqué)
triste	de *tristes* résultats (médiocres)	une fille *triste* (très malheureuse)
vrai	un *vrai* comédien (excellent, digne de ce nom)	une histoire *vraie* (conforme à la réalité)

- Certains adjectifs qualificatifs font corps avec le nom. Ils ne sont jamais séparés de ce nom, même lorsqu'un deuxième adjectif est employé.

    EXEMPLES : — une *jeune* fille raisonnable

    — des *petits* pois sucrés

    — un film américain *ennuyant*

- Lorsque deux adjectifs précèdent ou suivent le nom, ils sont généralement séparés par **et**.

  EXEMPLES :   — des bas *longs* **et** *chauds*

                 — un *beau* **et** *grand* garçon

- Lorsque deux adjectifs précèdent le nom, leur ordre est dicté par l'usage.

  EXEMPLES :   — un *bon petit* diable

                 — son *premier grand* amour

                 — un *autre gros* camion

APPLICATION

Récrivez les phrases suivantes en mettant les adjectifs entre parenthèses à la forme et à la place qui conviennent :

1. Lorsqu'on voyage dans des pays, on voit beaucoup de maisons (européen / vieux / historique).
2. Notre ami Jules est mort après sa crise cardiaque (pauvre / dernier).
3. M. Dupont est un locataire qui s'occupe toujours de ses affaires (poli / gentil / propre).
4. *Le nom de la rose* est un roman (italien, sensationnel). Le film, tiré du roman, a eu un succès (certain).
5. À Paris, elle s'est acheté un manteau (neuf / léger).
6. Il aide tous les enfants de son quartier. Quel homme (brave) !
7. Nous avons fait une affaire en achetant cela (mauvais).
8. Mon voisin a un chien (gros / méchant).
9. Que fait-il dans la vie ? — Oh, c'est un mécanicien (simple).
10. Quel est votre prix ? (meilleur)
11. C'est une histoire de fous ! (vrai)
12. Ma fille, qui a peur des moustiques, a dit : « Maman, c'était un insecte (énorme) ! »
13. C'était son chagrin d'amour (premier).
14. Il a été victime d'une erreur (regrettable / judiciaire).
15. Après le shampooing, elle avait les cheveux (propre).

B. L'infinitif

Remarquez :   — Je vous offre le *boire* et le *manger*.

               — *Partir*, c'est *mourir* un peu.

               — Peut-on *souffrir* d'*avoir* trop *aimé* ?

               — Nous devons nous *laver* tous les jours.

- L'infinitif est la forme du verbe qui exprime une action de façon abstraite, sans relation à un sujet.
- Cette forme est invariable.
- L'infinitif s'emploie comme *nom* ou comme *verbe*.

L'infinitif employé comme nom

Remarquez :   — Il régnait un *laisser-aller* incroyable dans sa classe.

— Le *savoir-vivre* est une forme de civisme.

■ L'infinitif employé comme nom peut avoir les mêmes fonctions qu'un nom : sujet, complément d'objet, attribut...

■ Quelques infinitifs employés comme noms :

le boire, le manger
le coucher, le lever
le déjeuner, le souper, le dîner
l'être, le paraître
le goûter
le savoir-faire
le souvenir
le vouloir

L'infinitif employé comme verbe

Remarquez :   — Elle voudrait *avoir appris* l'espagnol.

— « *Vivre* le Canada bilingue, c'est *le vivre* à force de luttes (...) »

— Pour les snobs, c'est *le paraître* qui compte.

■ L'infinitif comme verbe a deux formes : **l'infinitif présent** et **l'infinitif passé**.

■ L'infinitif passé (être / avoir + participe passé) est employé pour indiquer une action antérieure à celle du verbe principal.

■ Lorsque deux ou plusieurs verbes se suivent, le deuxième et les suivants sont à l'infinitif. Dans ce cas, le pronom objet précède l'infinitif dont il est le complément d'objet direct.

EXEMPLES :   — « C'est *se voir quémander* un privilège (...) »

— Je dois les *amener faire* une promenade.

■ Le verbe s'emploie à l'infinitif après certaines prépositions (*à, de, pour...*)

EXEMPLES :   — « C'est arriver un jour *à se comprendre* et *à s'aimer.* »

— Il est sorti après *avoir reçu* le télégramme.

■ On emploie l'infinitif après les expressions impersonnelles comme : *il faut, il vaut mieux, il est bon de, c'est...*

EXEMPLES :   — *Il serait bon d'avoir fini* ce travail avant 3 heures.

— *C'est dire* combien le travail est facile.

■ Quand le verbe de la proposition principale est impersonnel, l'infinitif peut remplacer le subjonctif. Dans ce cas, l'on insère devant le verbe impersonnel un pronom représentant la personne qui fait l'action de l'infinitif.

EXEMPLES :   — Il faut que *tu travailles.*

— Il *te* faut *travailler.*

■ Les pronoms compléments d'objet direct et indirect se placent avant l'infinitif.

EXEMPLES :   — C'est *leur offrir* des horizons nouveaux (aux enfants).

— Est-elle contente d'*y être allée* (à Paris) ?

■ Dans le cas des verbes tels que : *laisser, écouter, entendre, regarder* et *sentir* suivis de l'infinitif, les pronoms compléments d'objet direct et indirect se placent avant le verbe principal.

EXEMPLES :   — Tu *l'*entends tomber (*la pluie*).

— Je *les* regarde jouer (*les enfants*).

APPLICATION

I *Récrivez les proverbes suivants en employant l'infinitif :*

EXEMPLES :   — Il faut *que vous battiez* le fer pendant qu'il est chaud.

— Il faut *battre* le fer pendant qu'il est chaud.

1. Il faut que vous appeliez un chat un chat.
2. Il vaut mieux que vous soyez seul plutôt qu'en mauvaise compagnie.
3. Il faut que chacun lave son linge sale en famille.
4. Il ne faut pas que tu remettes au lendemain ce que tu peux faire aujourd'hui.
5. Il faut que tu tournes la langue sept fois dans la bouche avant que tu parles.
6. Il ne faut pas que nous réveillions le chat qui dort.
7. Il faut qu'on prenne le temps comme il vient.
8. Il vaut mieux que vous mangiez pour vivre et non pas que vous viviez pour manger.
9. Il est bon que vous cultiviez votre jardin.
10. Il ne faut pas que vous disiez du mal des absents.

II *Complétez les phrases suivantes avec l'infinitif présent ou passé selon le sens :*

1. Tes parents t'avaient pourtant conseillé de ne pas _____ (revoir / avoir revu) cette fille.
2. Après _____ (acheter / avoir acheté) de la bière, il l'a bue.
3. Cette règle de grammaire est facile à _____ (comprendre / avoir compris) du premier coup.
4. Ne me reprochez pas de vous _____ (appeler / avoir appelé) hier soir.

5. Il a réussi à s'en aller avant de _____ (terminer/avoir terminé) son contrat.

6. Sans _____ (perdre/avoir perdu) un instant, le médecin tente de ranimer le blessé.

7. Nous arriverons à Québec, après nous _____ (arrêter/être arrêtés) à Trois-Rivières.

8. Il me faudra beaucoup plus d'ambition pour _____ (terminer/avoir terminé) mes études universitaires.

9. Nous aurions pu _____ (finir/avoir fini) ce travail depuis longtemps si tu ne nous avais pas dérangés.

10. Je vous félicite de _____ (être/avoir été) si consciencieux pour ce qui est de _____ (faire/avoir fait) vos devoirs.

III *Joignez les deux parties de ces phrases en mettant l'infinitif présent ou passé à la forme négative. Ajoutez une préposition si nécessaire.*

    EXEMPLES :   — L'institution nous oblige/manquer des cours.

                     — L'institution nous oblige *à ne pas manquer de cours.*

1. Ton patron te promet/baisser ton salaire.
2. Tout le monde tient/perdre la face.
3. Je regrette/m'excuser de mon retard hier.
4. Vous semblez/vous attendre à voyager cet été.
5. La directrice t'a remercié/partir sans l'avertir.
6. Il a été récompensé/endommager ses jouets.

IV *Répondez aux questions suivantes en remplaçant les mots en italiques par des pronoms :*

1. Ce patron force-t-il *ses employés* à faire *des heures supplémentaires* ?
2. Aimez-vous aller *à la discothèque* et danser *la lambada* ?
3. Entends-tu *ton voisin* chanter un air d'opéra dans sa douche le matin ?
4. Quand as-tu expliqué *à Pauline* comment interpréter *les rêves* ?
5. Ont-il bien vu *l'accident* se produire *près de la rivière* ?

C. La ponctuation

Remarquez :   — Regardant son ami, Pierre a dit : « Nous nous reverrons plus tard. »

                 — Pense aux autres pour une fois !

                 — « Vous êtes, néanmoins, bienvenus (...) »

■ La ponctuation indique, par des signes conventionnels, un moment d'**arrêt** ou de **pause**. Elle sépare et ordonne les idées, assurant la clarté d'un texte.

Remarquez :   — Le « *nœud* » du problème est (ce que je crains depuis toujours) le doute, la paresse, l'inconscience !

■ La ponctuation joue aussi un rôle d'ordre stylistique. Elle peut mettre certains mots **en relief**, souligner des **nuances affectives** et indiquer un **changement de rythme**.

- Les principaux signes de ponctuation sont la virgule (,), le point-virgule (;), les deux points (:), les points de suspension (…), le point (.), le point d'interrogation (?), le point d'exclamation (!), les guillemets (« »), le tiret (—), les parenthèses ( ) et les crochets ([ ]).

La virgule

- Elle sépare une suite de mots qui ont la même fonction grammaticale (noms, adjectifs, verbes…)

  EXEMPLES :   — Je l'ai trouvée trop grande, grosse, laide.

  — Marie, étudiante en médecine, travaille dur.

Mais :   Il n'y a pas de virgule avant les conjonctions *et* et *ou*.

EXEMPLES :   — Je l'ai trouvée grande, grosse et laide.

— Faut-il jouer mieux, plus sérieusement ou plus vite ?

- Elle sépare deux propositions qui se suivent.

  EXEMPLES :   — Puisque tu ne m'aimes plus, je te quitterai.

  — Il a embrassé sa femme, puis ils se sont mis à table.

- Elle sépare le sujet de la proposition principale des mots explicatifs qui le précèdent.

  EXEMPLES :   — Une fois rentré, il se jeta sur le lit.

  — Cédée à l'Espagne par le Traité de Paris en 1763, la Louisiane était restée aux mains des Français.

- Elle délimite une incise, groupe de mots insérés dans une phrase, pour isoler une réflexion ou un commentaire, rappeler le personnage qui s'exprime ou indiquer une nuance de la pensée.

  EXEMPLES :   — La meilleure chose au Canada est, selon moi, la diversité de ses groupes ethniques.

  — « C'est merveilleux », s'exclama-t-il, « c'est la solution à tous nos problèmes ! »

  — « Vous êtes, néanmoins, bienvenus. »

Le point-virgule

- Il sépare du reste de la phrase une ou plusieurs propositions contenant déjà des virgules.

  EXEMPLE :   — J'ai toujours travaillé très consciencieusement ; si l'on ne le fait pas, l'échec est certain.

- Elle sépare aussi des propositions d'une certaine longueur qui expriment des aspects différents de la même idée.

  EXEMPLE :   — Je te raconterai tout ; ce ne sera pas facile.

Les deux points

- Ils introduisent une énumération.

    EXEMPLES : — Voici ce qu'il faut faire : écouter, étudier, travailler et prier !

    — J'ai tout perdu : vêtements, bijoux, livres, souvenirs...

- Ils peuvent être suivis d'une définition, d'une explication ou d'une précision.

    EXEMPLES : — « L'école était un nouveau monde : les professeurs et mes camarades étaient français. »

    — « Les hommes ont voté sur le choix : soumission humiliante aux Espagnols ou continuation honorable de l'exil. »

- Ils introduisent une citation placée entre guillemets.

    EXEMPLES : — Ulloa dit résolument : « Les nouveaux-arrivés seront établis à Saint-Gabriel. »

    — Il a dit, à voix haute : « Ignace, t'as raison. »

Les points de suspension

- Ils sont utilisés pour indiquer au lecteur qu'une pensée n'est pas complètement exprimée.

    EXEMPLES : — Elle est parti soudain et me laissa songeur...

    — « Sur le bateau, on avait au moins du vent pour adoucir la chaleur. Mais asteur... »

- Ils peuvent servir à mettre en valeur ce qui suit.

    EXEMPLE : — Cette remarque me paraît... étrange.

Les points

- Le point, le point d'interrogation et le point d'exclamation indiquent qu'une phrase est complète. Ils sont utilisés respectivement pour exprimer une affirmation, une interrogation ou une exclamation.

    EXEMPLES : — « Comme vous, nous nous trouvons sans argent. »

    — « Nous pouvons vivre comme ça, peut-être, mais les enfants ? »

    — « Ce n'est plus temps pour des regrets ! »

Les guillemets

■ Ils encadrent une citation.

EXEMPLES : — Elle dit : « Va t'en ! »

— Isabelle a répondu : « T'as une famille. Pense aux autres pour une fois ! »

■ Ils peuvent mettre un ou plusieurs mots en relief, soulignant un sens particulier.

EXEMPLES : — Leurs parents veulent pour eux le « meilleur ».

— C'est un groupe « révolutionnaire » : il n'a rien changé.

■ Ils indiquent l'origine étrangère d'un ou plusieurs mots.

EXEMPLE : — Les Italiens aiment les pâtes « al dente ».

Les parenthèses

■ Elles isolent une partie de phrase ou une phrase entière pour en indiquer le caractère non essentiel.

EXEMPLES : — À la veille de l'examen (quelle bêtise !), il oublia chez son ami toutes ses notes de cours.

— Le bilinguisme au Canada est un puissant atout (mais qui veut en convenir ?) dans tous les secteurs de la vie professionnelle.

Le tiret

■ Il indique le début d'un dialogue ou un changement d'interlocuteur dans un texte.

EXEMPLES : — De quel pays viens-tu ?

— Du Vietnam.

■ Il isole une partie de la phrase pour la mettre en relief.

EXEMPLES : — « Ils n'ont jamais eu ce qu'on a eu en Acadie — une terre, une famille et la liberté. »

— « À la vue d'un objet, il est probable qu'on ne remarque pas ses caractéristiques — sa couleur, sa taille, sa forme — mais qu'on le classifie immédiatement en catégorie. »

Les crochets

■ Ils s'emploient pour indiquer une coupure faite dans un texte cité, soit au milieu ou à la fin de la citation.

EXEMPLES :
— « Vivre le Canada bilingue, [...] C'est cohabiter avec un peuple d'une autre culture sans y voir pour autant une menace pour notre propre culture. »

— « Je parle français. C'est une chose dont je suis vraiment fier [...]. »

APPLICATIONS

I *Ajoutez la ponctuation nécessaire aux phrases suivantes :*

1. Comment dit-il tu es encore là alors que tout le monde est déjà parti

2. Le repas terminé il se prépara à sortir toutefois sa mère l'appela pour faire la vaisselle

3. Est-ce pour cela que tu as négligé de faire ton travail que tu nous as trompé ou volé

4. Je vais vous dire ce que c'est qu'une catastrophe la perte d'un être cher ou un échec global

5. Ensuite il se leva et ouvrit la porte à l'extérieur de la maison le vent hurlait dans la nuit

6. Voici deux qui ont réussi Jacqueline et Olivier

7. Dans tout ce qu'on fait il faut y mettre du sien de l'énergie et de l'endurance

8. Jacques lâcha prise soudain et se laissa choir sur le sol une heure plus tard il dormait alors que le jour commençait à poindre à l'horizon

9. Il a trouvé tout ce qui était nécessaire à son bonheur amour emploi argent

10. Je voulais tellement me rendre au but je m'y efforçais chaque jour dans mon esprit ce but était déjà atteint mais

II *Ajoutez la ponctuation au paragraphe suivant. Commencez chaque nouvelle phrase par une lettre majuscule.*

Minuit l'horloge a sonné douze fois alors que moi je m'obstine à ne pas dormir à prolonger cet état de veille en vain pendant que d'autres moins lucides dorment jour et nuit si j'étais plus sot le sommeil me fuirait-il autant l'autre soir je m'amusais à faire un dessin sur un bout de papier mais voilà comptons les moutons un deux trois non ça ne marche pas la file de moutons est interminable semblable à mes doutes mes regrets mon impuissance mes erreurs tout quelle sotte litanie je crie mais arrête donc ma boîte crânienne est sans fond comme le génie malfaisant qui l'habite tandis que c'est au vide que j'aspire à la chute profonde dans la nuit une heure le timbre de l'horloge ne sonne plus je sombre au fond du temps.

RÉDACTIONS

I *Écrivez un paragraphe descriptif dans lequel vous utiliserez dix adjectifs différents.*

II *Composez trois phrases illustrant chacun des emplois suivants :*

     a) l'infinitif après la préposition *de*
     b) l'infinitif après la préposition *à*
     c) l'infinitif pour exprimer l'action du deuxième verbe
     d) l'infinitif après une expression impersonnelle
     e) l'infinitif avec compléments d'objet direct et indirect
     f) l'infinitif passé

III *Rédigez une lettre à un(e) ami(e) dans laquelle vous employerez, au moins une fois, chacun des signes de ponctuation suivants :*

, / ; / : / ... / . / « » / ? / ! / ( ) / — / [ ] / .

*Quelle voix pourra se
glisser, très doucement,
sans me briser, dans
mon silence intérieur ?*

Garneau (Saint-Denys),
Lassitude, Poésies,
Montréal, Fides, 1972,
p. 105.

CHAPITRE 3

La solitude

Hubert de Ravinel

Hubert de Ravinel, directeur-fondateur du mouvement humanitaire *Les petits frères des pauvres de Montréal*, est un collaborateur régulier à la chronique « Vivre son âge » du journal *La Presse*. Ce mouvement fut fondé à Paris en 1946 par Armand Marquiset, sous le nom *Les petits frères des pauvres*. Il vise à soulager les personnes âgées qui vivent dans l'isolement et la pauvreté.

La vieille dame aux chats

Né d'un fait divers, l'article « La vieille dame aux chats » prend la forme d'une émouvante réflexion sur la solitude des êtres, particulièrement des marginaux, vivant dans l'anonymat d'une grande ville.

Récemment un **fait divers** émergeait du **flot** d'informations qui **déferlent**
5   quotidiennement sur nous : une femme, âgée de 78 ans, demeurant sur le plateau Mont-Royal à Montréal, mourait dans l'incendie de son logement… avec ses 30 chats. On pense qu'elle avait d'abord pu s'échapper, mais qu'elle était ensuite retournée chez elle pour tenter de sauver ses animaux.
10   On peut facilement **deviner** le contexte quotidien de cette femme : 30 chats, un petit logement de quatre pièces. **L'entourage** ne devait pas pouvoir comprendre : « Imaginez ! tant d'animaux, il y a quelque chose qui ne va pas, l'hygiène, la vermine, le danger pour les voisins… » On peut même imaginer son **retrait** progressif du monde des humains,
15   auquel elle avait préféré peu à peu celui des animaux. Les responsables du bien-être des personnes âgées vont sans doute invoquer l'isolement des personnes âgées, leur pauvreté, **voire** parfois leur misère. On va parler de **pénurie** de logements décents et l'on aura sans doute raison : les **taudis** sont encore **nombreux** à Montréal. Il y aura probablement
20   des débats sur l'exclusion des **aînés**, des **mesures** sociales **seront prises**, d'autres problèmes **surgiront**. On essaiera de les **régler**, car l'affaire de la rue Coloniale est maintenant classée : la vieille dame aux chats a sans doute été enterrée **aux frais** de l'administration du Bien-Être social. Le **cercueil** gris des pauvres aura été sa dernière demeure. La SPCA
25   a fait son travail, le logement sera détruit, peut-être restauré car sur le plateau Mont-Royal, une maison rénovée, à proximité du métro, c'est une valeur sûre…

Mais personnellement, je n'oublierai pas cette vieille dame. Elle ressemble à tant d'êtres qu'il m'a été donné de connaître. Isolés, asociaux,
30   marginaux, ils peuvent **au premier abord** nous **repousser** : « Ils seraient mieux s'ils étaient **pris en charge** par les services sociaux, ils constituent un danger pour le quartier… »

Mais en réalité, pour **quiconque** va au-delà de ces réactions de défense, comme la nuit qui peu à peu nous révèle les étoiles, un **contour** nouveau se dessine : des images anciennes fixées au mur, une vieille photo d'ancêtre dans son **cadre** ovale, quelques meubles de famille tout
5 **démantibulés**, un univers parfois très sordide, souvent très humain. La vieille dame aux chats avait sans doute bien des choses à nous dire, mais elle avait préféré se confier à ses animaux et partager avec eux ses pensées et ses pulsions. Je l'imagine très bien leur **marmonnant** mille confidences pendant qu'elle leur ouvrait ses boîtes de Kalkan ou
10 de Miss Mew. Elle les **grondait**, les **interpellait**, elle les connaissait tous, elle les sentait autour d'elle, assis sur la table, **juchés** sur son épaule, **tapis** sous son lit. Elle leur racontait ses souvenirs de petite fille, elle leur révélait ses peurs et ses espoirs, elle les **flattait**, elle les calmait. Elle leur disait sans doute, comme des milliers d'êtres humains qui ne
15 possèdent pas nécessairement de chats, qu'elle les trouvait bien gentils, ces chers animaux, mais qu'elle aimerait peut-être aussi une visite **inopinée**, une vraie lettre glissée sous la porte...

Mais la dame aux chats devait être **bourrue**, timide avec le monde, **renfermée**. Le monde n'est pas très tendre pour les bourrus, les timides
20 et les renfermés. Le monde aime bien qu'on soit sociable, propre et qu'on ne **dérange** pas trop. Le monde aime qu'on soit conforme. Ce qui est anormal. La vieille dame aux chats a eu justement le tort de provoquer, alors que tant d'êtres humains, en particulier les aînés, plus éduqués, plus dignes, se conforment et **passent inaperçus**.

25 La vieille dame nous a donc quittés. Le plus triste, c'est que personne n'a probablement rien su de ses **entretiens** quotidiens, de ses tendres **soliloques**. Personne n'a eu droit aux trésors de tendresse dont ses chats ont profité. Au contraire, il fallait que cesse une telle situation. On aurait évidemment souhaité un **épilogue** moins dramatique, plus propre :
30 la police serait sans doute intervenue, la vieille dame aurait été relocalisée, nettoyée, **dépouillée**, placée dans un contexte plus hygiénique. Les circonstances, toutes autres, m'amènent à réfléchir quelques instants non pas sur la solitude des personnes âgées — la dame aux chats aurait pu avoir aussi bien trente ou quarante ans — mais sur l'isolement complet,
35 en pleine ville, en plein quartier « in », d'un être humain dont seuls des animaux sont les témoins de sa tendresse, de sa chaleur et de sa vie. Il ne s'agit pourtant pas de **culpabiliser** quiconque, de crier à la méchanceté humaine. Des poètes, des écrivains, des vedettes **se sont** déjà **fait une gloire de** préférer la compagnie des bêtes à celle de leurs
40 **semblables. Ils avaient beau jeu**, car ils n'étaient guère ainsi désapprouvés ni contestés.

La vieille dame est donc morte pour ses chats comme d'autres sont morts pour la **patrie**. Ce qui est un peu triste, c'est qu'il a fallu cet incendie banal (il y en a chaque jour) pour qu'un coin de son univers
45 nous soit révélé. N'aurait-il pas été concevable que quelqu'un d'entre nous eût pu avoir accès à cet univers, au risque d'être **éconduit**, mais peut-être aussi d'être accueilli, voire attendu ?

Mais le miracle n'a pas eu lieu et la vieille dame est partie sans nous déranger.

de Ravinel (Hubert), « La vieille dame aux chats », Montréal, *La Presse*, 1er mars 1986.

---

d'Après le contexte

fait divers (m.) nouvelle peu importante d'un journal
flot (m.) abondance
déferler envahir
deviner imaginer
entourage (m.) voisinage
retrait (m.) action de s'isoler, de se retirer
voire et même
pénurie (f.) manque
taudis (m.) logement misérable
nombreux en grande quantité
aîné (m.) personne âgée, vieillard
prendre des mesures agir pour résoudre qqch
surgir se manifester, apparaître tout à coup
régler trouver la solution de, résoudre
aux frais de sur le compte de
cercueil (m.) caisse pour déposer un mort
au premier abord à première vue
repousser éloigner, dégoûter
prendre en charge s'occuper de
quiconque toute personne qui
contour (m.) profil, perception

cadre (m.) bordure entourant une photo
démantibulé démoli
marmonner murmurer
gronder réprimander, blâmer
interpeller appeler
juché perché
tapi caché
flatter caresser, complimenter
inopiné inattendu, surprenant
bourru peu aimable
renfermé introverti
déranger perturber
passer inaperçu ne pas être remarqué
entretien (m.) conversation
soliloque (m.) monologue intérieur
épilogue (m.) conclusion
dépouillé dépossédé de ses biens
culpabiliser faire que qqn se sente coupable
se faire une gloire de se vanter de
semblables (m. pl.) êtres humains
avoir beau jeu réussir facilement
patrie (f.) pays natal, d'origine
éconduit repoussé

À propos

1. Quel fait divers cet article de journal relate-t-il ?
2. N'y a-t-il que des chats dans l'entourage de la vieille dame ?
3. Y a-t-il encore beaucoup de taudis à Montréal ? Où sont-ils surtout situés ?
4. Qui payera les frais d'enterrement de la vieille dame ?
5. Que fera-t-on éventuellement de son logis ?
6. Comment l'auteur imagine-t-il que cette femme traitait ses chats ?

7. Quelle sorte de caractère la société va-t-elle prêter à cette dame ?
8. Quels mots sont utilisés pour désigner sa triste fin ?
9. Qui, d'après l'auteur, aura été responsable de ce drame humain ?
10. Pensez-vous que, sans l'incendie de son logement, on aurait réfléchi à sa mort ?

À votre avis

1. Les vieillards qui vivent ainsi isolés, sont-ils un « danger pour le quartier » ?
2. Notre société crée-t-elle plus de misanthropes et de marginaux qu'autrefois ?
3. Est-il normal de préférer la compagnie des bêtes à celle de ses semblables ?
4. Avez-vous entendu parler de cimetières pour animaux ? Qu'en pensez-vous ?
5. Si vous avez encore vos grands-parents, sont-ils autonomes ou ont-ils besoin d'être aidés ? Êtes-vous proche d'eux ?
6. Les sociétés orientales vénèrent leurs vieillards parce qu'ils représentent la sagesse. Êtes-vous d'accord avec la manière dont les Nord-Américains traitent les personnes âgées ?
7. Comment vous représentez-vous votre vieillesse ? Qu'attendez-vous de vos proches ? De la société ? Vous devra-t-on alors une attention particulière ?
8. Quand et comment doit-on planifier ce stade de la vie ?
9. « La vieille dame est morte pour ses chats comme d'autres sont morts pour la patrie. » Ces deux actes d'héroïsme vous semblent-ils comparables ?

Avec des mots

I *À partir des verbes suivants, trouvez des noms et des adjectifs de la même famille.*

EXEMPLE : — émerger, émergence (f.), émergent

mourir	tenter	pouvoir	deviner
imaginer	détruire	oublier	connaître
souhaiter	intervenir		

II *Prenez cinq des noms et adjectifs de l'exercice précédent et utilisez-les dans des phrases.*

III *Reliez les mots de la colonne de gauche à leur contraire de la colonne de droite.*

1. renfermé
2. pénurie
3. taudis
4. bourru
5. démantibulé
6. aîné

a) attirer
b) abondance
c) cadet
d) société
e) complimenter
f) neuf

7.	isolement	g)	communicatif
8.	marmonner	h)	château
9.	repousser	i)	crier
10.	gronder	j)	agréable

Francine Dufresne est née à Montréal dans les années 40. Issue d'une famille bourgeoise, elle a voulu tâter de plusieurs métiers : caissière, serveuse, politicienne, attachée de presse, journaliste et animatrice de télévision.

Fine gastronome, elle est reconnue pour ses livres sur l'art d'apprêter le poisson et le gibier. À la suite d'une dépression nerveuse, elle a publié *Une femme en liberté* en 1972 et *Solitude maudite* en 1973.

Francine Dufresne

Solitude maudite

Dans cet extrait, l'auteure tente d'apprivoiser la solitude qu'elle éprouve dans sa vie de femme libre. À défaut de pouvoir réaliser le grand rêve de sa vie, celui d'avoir des enfants, elle s'efforce d'apprécier les petits bonheurs de tous les jours.

5 … Pour avoir si souvent vécu avec ma solitude, je m'en suis fait presque une amie, une douce habitude. Oui, je dois bien **m'avouer** que, parfois, c'est vrai. C'est vrai, par exemple, lorsque je me raconte toutes ces histoires et qu'ensuite je cours au marché Jean-Talon pour **me repaître**, **m'enivrer à satiété** de cette odeur de fruits et légumes, **chiper** un raisin rouge,
10 une petite pomme verte, goûter un morceau de cheddar canadien, flirter en passant avec un gars de la campagne au cou **buriné** par le vent et le soleil, faire provision de pâté de foie, de bouquets de thym, d'estragon et de fenouil frais et délicatement **odoriférant**, attarder mon regard sur certaines mains **gercées** de terre généreuse, rire du jargon de vieilles
15 immigrées toutes de noir vêtues, et **enguirlander** le boucher italien, afin qu'il me prépare ces fines tranches de steak **farcies** en abondance d'oignons et d'herbes aromatisées et **ficelées** très serré, mais dont j'oublie toujours le nom. Savourer à l'avance cette odeur de **ragoût** que j'en ferai et qui habitera franchement toute la maison.
20   Puis je remplirai l'arrière de la voiture de belles et abondantes plantes vertes et de ces autres à la texture **veloutée** et au rouge de framboises fatiguées : une pour la cuisine, une autre pour la chambre. Je la déposerai dans le joli panier en **osier** suspendu au-dessus de mon lit et la troisième, plus **fournie**, au-dessus de ma table de travail. L'autre jour, je lui ai
25 fait de la musique. Et… elle m'a souri. J'aime ce contact avec des choses qui me parlent de la vie, qui sont la vie. Elles me procurent un sentiment d'**appartenance**, une identité, un enthousiasme qui me font sentir davantage moi-même.
      Lorsque je vais au marché, je fais toujours des provisions en
30 abondance. Pour la seule **coquetterie** parfois que les marchands soient persuadés que j'ai une dizaine d'enfants à nourrir. Parfois j'ai le **culot** de leur dire : « Allez-y, mettez-en, les enfants adorent ça » et je m'imagine

qu'il y a quatre petits **morveux**, la face souriante et maculée de beurre de peanuts, qui m'attendent à la maison et ça me rend joyeuse. Jusqu'au moment... où j'aperçois une vraie mère, elle qui traîne deux, trois petits, et puis son mari, qui porte le petit dernier et lui essuie en **grimaçant**
5 un surplus de **morve**, qui traîne au bout de l'appétissante **frimousse**. J'admire, je contemple et j'en **braille** d'envie et de jalousie. Pourquoi pas moi ? Pourquoi est-ce que cela ne m'arriverait-il pas ? C'est un **serrement de cœur** toujours **douloureux**, un **orage** intérieur instantané, tumultueux et d'une tristesse incommensurable que cette **prise de**
10 **conscience** simultanée de la réalité des gens heureux et de la mienne. Je **ne fais pas le poids** !

Dans ces moments-là, c'est toujours une chance que j'aie les deux pieds bien ancrés dans le sol, sinon, d'un geste impulsif, fou, irrécupérable et irréversible... je me garrocherais en bas de la fenêtre.
15 Pourquoi est-ce que je **tiens le coup** ? Quel espoir fou me réchauffe le cœur et le ventre, et l'**âme** et les **tripes** ? Qu'est-ce que j'espère ?

En attendant, j'écris. J'écris pour briser le mur de ma solitude, communiquer, me réchauffer l'âme, l'**attiser**, la garder prête pour l'amour. J'écris pour d'autres comme moi. Avec en tête des visages inconnus
20 mais que j'imagine aisément, des silhouettes **entrevues**, des tristesses **soupçonnées**, des désirs **inassouvis**. Mais surtout, j'écris parce que j'aime ça, pour me faire plaisir, parce que c'est une façon d'être moi-même, de me réaliser, de témoigner, et de me sentir **à part entière** membre de cette vaste fraternité humaine. Pour me distraire aussi, quand je
25 n'ai personne avec qui échanger, partager des bouts de vie. J'écris comme on écoute de la musique, parfois sans y penser, nonchalamment, en suivant mon rythme et en me laissant emporter par ma musique. Pénélope de l'écriture, j'écris comme on fait l'amour. Parce que écrire est un acte d'amour. Une tendresse, une disponibilité à l'idée qui passe et visite
30 l'âme, un accomplissement, une concrétude, un **accouchement**. J'écris, parce que je ne peux faire autrement. Je sais que ce ne sera jamais une raison d'être, mais plutôt une façon d'être. Mais j'échangerais bien autant de livres contre autant de têtes d'enfants.

Dufresne (Francine), *Solitude maudite*, Montréal, Ferron Éditeur Inc., 1973, pp. 33–35.

---

d'Après le contexte

s'avouer admettre
se repaître manger à sa faim, calmer sa faim
s'enivrer se soûler, s'exalter
à satiété (f.) complètement, jusqu'à saturation
chiper (pop.) voler, piquer (pop.)

buriné marqué et bruni par le soleil
odoriférant parfumé
gercé endommagé, crevassé par le froid
enguirlander (can.) charmer, flatter
farci rempli

ficelé   attaché avec de la corde, de la ficelle

ragoût (m.)   mets composé de morceaux de viande et de légumes

velouté   doux comme le velours

osier (m.)   sorte de paille

fourni   abondant, feuillu

appartenance (f.)   enracinement, possession

coquetterie (f.)   désir d'attirer l'attention, de se faire valoir

culot (m.)(pop.)   audace

morveux (m.)(pop.)   gamin, enfant

grimacer   faire des contorsions du visage

morve (f.)   écoulement du nez

frimousse (f.)   visage enfantin

brailler (pop.)   pleurer bruyamment

serrement du cœur (m.)   angoisse, tristesse

douloureux   qui fait mal

orage (m.)   tempête

prise de conscience (f.)   moment où l'on se rend compte de qqch

ne pas faire le poids   ne pas être à la hauteur, se juger inférieur

tenir le coup   résister, persévérer

âme (f.)   esprit, conscience

tripes (f. pl.)(fig.)   la partie profonde de l'être

attiser   ranimer

entrevu   vu trop rapidement

soupçonné   deviné, imaginé

inassouvi   insatisfait

à part entière (f.)   complètement

accouchement (m.)   action de donner la vie à

À propos

1. Quelles sortes d'histoires se raconte l'auteure ? Pourquoi ?
2. Pourquoi enguirlande-t-elle le boucher ?
3. Achète-t-elle des framboises au marché ?
4. Sa plante lui a-t-elle vraiment « souri » ? Que veut dire cette métaphore ?
5. Elle peut éviter le désespoir parce qu'elle vit très près du réel. Expliquez comment.
6. Qu'envie-t-elle le plus chez les autres ?
7. Où la mène parfois son désespoir ?
8. Qu'est-ce qui la console temporairement ?
9. À quoi compare-t-elle l'art d'écrire ?
10. À quoi serait-elle prête pour avoir un enfant ?

À votre avis

1. Nous éprouvons tous de la solitude à certains moments. Tout comme Francine Dufresne, remplissez-vous votre solitude d'activités diverses ? En êtes-vous satisfait ?
2. Êtes-vous d'accord avec les gens qui ne veulent pas d'enfants ? Pourquoi ?
3. Dans un couple, l'un des conjoints a-t-il le droit d'imposer à l'autre son désir d'avoir ou de ne pas avoir d'enfants ?
4. Venez-vous d'une famille nombreuse ? Sinon, le regrettez-vous ?

5. Le Canada et le Québec tout particulièrement vivent une sérieuse période de dépopulation (1,4 enfant par femme). Quelle en est la cause ? Quelles en seront les conséquences ?
6. Voyez-vous des moyens de corriger ce problème de dépopulation ?
7. Est-ce une obsession ou un désir légitime pour Francine Dufresne de tant vouloir des enfants ?
8. Quel rapport pourrait-on voir entre la solitude et le suicide ?
9. Est-ce que l'adoption peut compenser le fait de ne pas avoir donné naissance à un enfant ?
10. Pensez-vous que l'écriture puisse rompre la solitude ? Avez-vous jamais ressenti le besoin d'écrire dans un moment de solitude ? Qu'avez-vous écrit alors ?

Avec des mots

I *Préparez dix questions qui exigeraient l'utilisation des mots du vocabulaire dans les réponses. Posez-les à la classe.*

II *Complétez à votre manière ces débuts de phrases :*

1. Chiper, c'est…
2. Toute de noir vêtue…
3. Pour travailler davantage…
4. Le commerçant avait farci…
5. Je pense que…
6. Ma disponibilité…
7. Après un orage…
8. Il ne faut jamais…
9. Manger à satiété veut dire…
10. Elle a grimacé lorsque…

Hector de Saint-Denys Garneau est né à Montréal en 1912 d'une grande famille québécoise. Il passe son enfance au manoir familial de Sainte-Catherine de Fossambault, près de Québec. Il y entretient une relation privilégiée avec Anne Hébert, sa cousine.

En même temps qu'il débute ses études classiques et ses Beaux-Arts, vers 1923, il commence à écrire des poèmes. Le seul recueil publié de son vivant, *Regards et jeux dans l'espace* (1937), est mal reçu ou passé sous silence. Déprimé et malade, il se réfugie au manoir familial où une crise cardiaque l'emporte très jeune, en 1943.

Ses *Poésies*, publiées à titre posthume, font l'objet de nombreuses études. On y apprécie la grande liberté de la forme exprimant à la fois le jeu et les confidences tragiques.

Saint-Denys Garneau

Lassitude

Le poème « Lassitude » témoigne d'une recherche passionnée de l'absolu ainsi que d'un combat pour vaincre l'anéantissement progressif ou la mort.

Je ne suis plus de ceux qui donnent
5 Mais de ceux-là qu'il faut **guérir**.
Et qui viendra dans ma misère ?
Qui aura le courage d'entrer dans cette vie à moitié morte ?
Qui me verra sous tant de **cendres**,
Et **soufflera**, et ranimera l'**étincelle** ?
10 Et m'emportera de moi-même,
Jusqu'au loin, ah ! au loin, loin !
Qui m'entendra, qui suis sans voix
Maintenant dans cette attente ?
Quelle main de femme posera sur mon front
15 Cette douceur qui nous endort ?
Quels yeux de femme **au fond des** miens,
au fond de mes yeux **obscurcis**,
Voudront aller, **fiers** et profonds,
Pourront passer sans **se souiller**,
20 Quels yeux de femme et de bonté
Voudront descendre en ce **réduit**
Et **recueillir**, et ranimer
et **ressaisir** et retenir
Cette étincelle **à peine** là ?

Quelle voix pourra **retentir**,
quelle voix de **miséricorde**,
voix claire, avec la transparence du cristal
Et la chaleur de la tendresse
5 Pour me réveiller à l'amour, me rendre à la bonté,
m'éveiller à la présence de Dieu dans l'univers ?
Quelle voix pourra **se glisser**, très doucement,
                                            sans me **briser**,

Dans mon silence intérieur ?

Saint-Denys Garneau, *Les solitudes :*
Poésies, Montréal, Fides, 1972, pp.
104–105.

d'Après le contexte

guérir   rendre la santé à qqn
cendres (f. pl.)   résidu du feu
souffler   expulser de l'air par la bouche, exhaler
étincelle (f.)   particule de feu
au fond de   dans la profondeur de
obscurci   assombri, troublé
fier   digne, noble
se souiller   se salir
réduit (m.)   petit espace retiré

recueillir   recevoir, prendre chez soi
ressaisir   reprendre
retenir   garder
à peine   très peu, guère
retentir   se faire entendre avec force
miséricorde (f.)   compassion
se glisser   pénétrer, s'infiltrer
briser   détruire

À propos

1. Quel contraste l'auteur fait-il ressortir en opposant « ceux » à « ceux-là » ?
2. De quoi veut-il être « guéri » ?
3. Dans les six premiers vers, le pronom relatif « qui » est vague. Est-ce intentionnel ?
4. Qui veut-il fuir ?
5. De quelle « attente » parle le poète ?
6. Quelle sorte de pouvoir la femme exerce-t-elle sur lui ? Quels moyens utilisera-t-elle pour y parvenir ?
7. Comment les yeux de cette femme pourraient-ils « se souiller » ?
8. Quelle est la plus grande crainte de l'auteur ? Quelles images ou expressions la suggèrent ?
9. Quelle expression utilise-t-il à la fin pour désigner sa grande solitude ?
10. Au vers 18, le poète parle de « réduit ». De quoi s'agit-il ?
11. Quel est le sens que l'auteur donne au mot « lassitude » dans ce poème ? Le mot est-il bien choisi ? Pourquoi ? Auriez-vous choisi un autre titre ?

I *Répondez aux questions suivantes :*

Avec des mots

1. Relevez les différentes formes interrogatives utilisées dans le poème et comparez-les. Quel effet ont-elles sur l'ensemble du poème ?
2. L'auteur utilise abondamment des mots concrets qui ont une valeur de symbole. Exemple : *étincelle* pour *vie.* Veuillez en relever trois autres et dire ce qu'ils représentent.
3. Regroupez les termes qui se rattachent à chacun de ces motifs. Les ensembles ainsi créés sont-ils cohérents ?
4. Trouvez trois exemples de répétitions de mots ou de groupes de mots. Quel effet cette technique d'écriture a-t-elle sur le poème ?
5. Voyez-vous une relation entre le choix du futur de l'indicatif qui domine dans le poème et le thème général ?
6. « Qui m'entendra, qui suis sans voix » — Comment ce vers, dont la structure binaire contient une ellipse, présente-t-il un contraste intéressant ?
7. Pourquoi l'auteur a-t-il choisi une série de verbes contenant le préfixe « re » : recueillir, ressaisir, retenir ?
8. Pouvez-vous retracer quels vers forment l'introduction, le développement et la conclusion de ce poème ?
9. Énumérez tous les contrastes dessinés par le poète entre sa propre vie et celle de la femme imaginaire.
10. Pouvez-vous identifier le thème principal de l'œuvre et les thèmes secondaires ?

II *Trouvez des noms de la même famille.*

EXEMPLE : — donner : don, donateur, donnée, donneur...

guérir	souffler	souiller (se)	descendre
recueillir	retentir	réveiller	briser
passer	entendre		

Repères grammaticaux

A. Le futur

1. Le futur proche

Remarquez :   — « On *va parler* de pénurie de logements décents. »

- Le futur proche, *aller* + *infinitif*, exprime un état ou une action qui aura lieu dans un avenir rapproché. On le retrouve souvent dans la langue parlée.

2. Le futur simple

Remarquez :   — « Je n'*oublierai* pas cette vieille dame. »

                  — « Il y *aura* probablement des débats. »

- Le futur simple des verbes réguliers se forme à partir de l'infinitif auquel on ajoute les terminaisons suivantes : **ai, as, a, ons, ez, ont**.
- On supprime le **e** des verbes en **re**

1ER GROUPE EN **ER**	2E GROUPE EN **IR**	3E GROUPE EN **RE**
j'aimer**ai**	je finir**ai**	je vendr**ai**

- Le futur simple des verbes irréguliers est formé selon le Tableau 20.
- Le futur simple indique une action ou un état futur par rapport au présent.

Remarquez :   — Vous *ferez* vos devoirs, sinon…

                  — Tu *iras* acheter du lait après l'école.

- On peut utiliser le futur à la place de l'impératif pour donner des ordres atténués.

Remarquez :   — *Si* tu le *désires*, je t'accompagnerai.

- Le futur est employé dans la proposition principale comme résultat de certaines hypothèses introduites par *si* + *présent*.

Mettez les verbes entre parenthèses au futur ou au futur proche, selon le cas. **APPLICATION**

1. Je _____ (aller) avec vous bientôt.
2. Quand elle _____ (avoir) seize ans, elle _____ (obtenir) son permis de conduire.
3. Qu'est-ce que vous _____ (faire) cette fin de semaine ?
4. Nous _____ (s'ennuyer) beaucoup quand nous _____ (être) séparés l'an prochain.
5. Silence ! Le professeur _____ (se fâcher).
6. Tu _____ (prendre) ces vitamines et tu _____ (voir) ton énergie doubler en une semaine.
7. Où _____ (acheter)-tu ton chandail cet après-midi ?
8. Quand je _____ (savoir) le prix, je _____ (décider).
9. Nous _____ (venir) vous voir ensemble en taxi.
10. Vous _____ (faire) les exercices, puis vous les _____ (corriger).

3. Le futur antérieur

Remarquez : — Dès qu'on l'*aura enterrée*, on l'oubliera.

■ Le futur antérieur est la forme composée du futur : *avoir* ou *être* au futur + *participe passé*.

EXEMPLES : — **J'aurai bu**

— Je **serai sorti(e)**

— Je **me serai habillé(e)**

N.B. Pour la formation et l'accord du participe passé, voir Chapitre 4.

■ Il exprime une action future antérieure à une autre action future. Il est souvent introduit par des conjonctions temporelles : *quand, lorsque, après que, tant que, aussitôt que, dès que…*

EXEMPLE : — *Quand* elle *aura accepté* sa solitude, elle pourra être plus heureuse.

Remarquez : — Appelle-le ce soir : il *aura eu* le temps de se reposer.

■ Le futur antérieur indique aussi qu'une action sera accomplie à un certain moment à venir.

Remarquez : — « Le cercueil gris des pauvres *aura été* sa dernière demeure. »

— Il a fait un voyage ; il *se sera* bien *amusé*.

■ Il peut enfin indiquer un fait passé imaginé ou probable.

APPLICATION

Complétez les phrases suivantes en employant les temps du futur qui conviennent.

1. Quand tu _____ (apprendre) à nager, tu _____ (pouvoir) aller à la piscine.
2. À la fin du voyage, ils _____ (parcourir) plus de 2 000 kilomètres.
3. D'ici l'année prochaine je _____ (économiser) assez d'argent pour m'acheter une motocyclette.
4. Il _____ (vaincre) parce qu'il _____ (battre) le record de vitesse.
5. Dès qu'ils _____ (atteindre) le sommet, ils y _____ (mettre) un drapeau.
6. Après ses études, il _____ (être) ingénieur.
7. Si vous venez avec nous au restaurant, nous _____ (payer) votre repas.
8. Il _____ (pleuvoir) cet après-midi.
9. Attention ! Tu _____ (s'asseoir) sur une aiguille.

B. Le mode conditionnel

1. Le conditionnel présent

Remarquez : — Elle leur disait qu'elle leur *rendrait* visite la semaine prochaine.

— Il pensait que nous ne *viendrions* jamais.

■ Le conditionnel présent s'emploie à la place du futur dans des phrases où le verbe de la proposition principale est au passé.

Remarquez : — *Si* tu le *désirais*, je *t'accompagnerais*.

■ Le conditionnel présent est employé dans la proposition principale comme résultat d'une hypothèse introduite par **si** + **imparfait**.

Remarquez : — « Hé, Bourgault ! Tu *pourrais* quand même nous souhaiter une bonne année ! »

— *Voudriez*-vous marcher un peu plus vite ?

■ Avec les verbes *vouloir* et *pouvoir*, le conditionnel présent peut s'employer pour exprimer la politesse. Il est alors un équivalent atténué de l'impératif.

Remarquez : — Marie n'est pas venue ? *Serait*-elle malade ?

— Prends ton parapluie au cas où il *pleuvrait*.

■ Le conditionnel présent sert aussi à exprimer un doute, une supposition, en particulier après la locution *au cas où*.

I *Complétez les phrases suivantes en employant le conditionnel présent. Soyez imaginatifs !*

1. Madame Thatcher a déclaré que...
2. Le professeur a annoncé que...
3. Le journaliste soulignait que...
4. La bibliothécaire a dit que...
5. J'ai toujours pensé que...
6. Venez tôt au cas où...

II *En vous servant du verbe **vouloir** ou **pouvoir** au conditionnel présent, demandez à un groupe de personnes de*

1. parler moins fort ;
2. consulter l'annuaire téléphonique ;
3. ne pas faire signe à leurs amis ;
4. remettre le travail à temps ;
5. ne pas se coucher trop tard ce soir.

III *En vous servant du conditionnel présent, faites cinq phrases exprimant une supposition, une hypothèse ou une éventualité.*

EXEMPLE : — Je vous le *donnerais* avec plaisir, si je le pouvais.

2. Le conditionnel passé

Remarquez : — Elle *aurait* tout *essayé*, mais c'était inutile.

■ Le conditionnel passé, tout comme le conditionnel présent, est le mode de l'action éventuelle. Il est employé dans des constructions qui expriment une éventualité dans le passé.

Remarquez : — La police *serait* sans doute intervenue, si elle l'avait jugé utile.

— Si tu l'avais désiré, je t'*aurais accompagné*.

■ Le conditionnel passé peut marquer le résultat d'une hypothèse irréelle ou impossible.

Remarquez : — Selon la presse, la vieille femme *aurait voulu* sauver ses chats.

■ Il s'emploie aussi pour exprimer un fait qui semble douteux.

I *Mettez les verbes entre parenthèses au conditionnel présent ou passé.*

1. Elle a dit qu'elle _____ (pouvoir) expédier le paquet hier, mais qu'elle ne l'a pas fait.
2. Téléphonez à ma mère au cas où vous _____ (avoir) un problème.
3. Il paraît que le jeune garçon _____ (voler) la bicyclette.

4. _____ (vouloir)-vous me passer le sel ?

5. Le professeur nous a avertis que l'examen de demain _____ (être) difficile.

6. J'ai commandé du poulet mais je _____ (préférer) du rosbif.

7. Selon la radio, le tremblement de terre de la semaine dernière _____ (détruire) tout le village.

8. Tu ne savais pas que tu _____ (devoir) le faire avant ce jour-là ?

9. Armand a déclaré qu'il _____ (partir) le lendemain.

10. Ils ne sont pas venus au rendez-vous. L' _____ (oublier) ?

II *Complétez les phrases en employant le conditionnel présent ou passé.*

1. À mon avis, la police…

2. Vous allez à la cafétéria ! Alors…

3. Tu es allé au cinéma sans moi ? …

4. Dans le système scolaire, il y a longtemps que…

5. Vous avez fait cela ? Moi, à votre place…

6. Je me suis dit que, peut-être, tu…

7. Téléphonez-leur au cas où…

8. Elle lui a déjà affirmé que demain…

9. Vous n'avez pas annoncé votre mariage à votre sœur ? Ce n'est pas gentil ! Vous…

10. Si vous étiez venu, vous…

RÉDACTIONS

I *Écrivez une lettre à votre ami(e) dans laquelle vous racontez vos projets pour l'année prochaine.*

II *Imaginez que vous êtes à la place de Francine Dufresne. Écrivez ce que vous diriez si vous étiez en contact avec une mère de famille nombreuse.*

III *Rédigez un texte d'une page à partir d'une des hypothèses suivantes :*

a) Si tu m'aimais…

b) Si le monde était à l'envers…

c) Si je me sentais seul(e)…

*L'éducation qui mérite
son nom, c'est celle qui
donne à l'esprit ses
assises véritables ; des
connaissances articulées,
qui forment un tout co-
hérent, et une capacité
d'assimilation et de
critique.*

Chabot (P.C.),
« L'école de qualité »,
Revue Notre-Dame,
mars 1986, p.9.   .

CHAPITRE 4

L'éducation

Gabrielle Roy

Gabrielle Roy est née à Saint-Boniface, au Manitoba, le 22 mars 1909. En 1928 elle entre dans l'enseignement, métier qu'elle quittera en 1937 pour faire un séjour de deux ans en France et en Angleterre à la veille de la deuxième guerre mondiale. De retour au Canada en 1939, elle choisit de s'établir à Montréal et devient journaliste-pigiste auprès de certains journaux où elle publie des récits et plusieurs séries de grands reportages.

Son premier roman, *Bonheur d'occasion*, obtient en France le Prix Fémina en 1947 et a été sélectionné, à New York, par la Literary Guild of America. Séjournant de nouveau en Europe entre 1947 et 1950, elle y écrit son deuxième livre, *La petite poule d'eau*. Par la suite, elle revient vivre au Québec où elle continuera d'écrire jusqu'à la fin de sa vie.

L'œuvre de Gabrielle Roy, qui comprend une douzaine de romans, des essais, et des contes pour enfants, est reconnue comme l'une des plus importantes de la littérature québécoise et canadienne contemporaine, ainsi qu'en témoignent les nombreuses distinctions qui lui ont été attribuées (Prix Duvernay 1956, Prix David 1971, Prix de littérature de jeunesse du Conseil des arts du Canada 1979, etc.) En 1984 paraît *La détresse et l'enchantement*, l'autobiographie que Gabrielle Roy a commencé à écrire en 1976 et qui l'a occupée jusqu'à sa mort en 1983.

La petite poule d'eau

Ce roman raconte les efforts d'une mère franco-manitobaine pour établir une école dans sa région. Grâce à la persévérance de Luzina Toussignant, le gouvernement fédéral accepte enfin d'envoyer un enseignant pour les enfants Toussignant qui, à eux seuls, constituent l'unique classe de
5 *cette école. C'est donc toute une série d'instituteurs qui défilent à la Petite Poule d'Eau, depuis l'aimable Mlle Côté jusqu'au paresseux Armand Dubreuil, en passant par la très britannique Miss O'Rorke. Les aventures et les déceptions se multiplient jusqu'au jour où le village se retrouve sans instituteur, au grand chagrin de Luzina.*

10 *À la fois cocasse et triste, l'œuvre souligne la richesse culturelle d'une population rurale manitobaine, au début du siècle. Ces gens veulent s'intégrer à la société canadienne tout en conservant leur propre individualité.*

Le passage qui suit relate l'arrivée et le départ du dernier instituteur,
15 *Armand Dubreuil.*

La maîtresse d'école qui arriva dans l'île, au début de mai, était un jeune homme.

Celui-ci **débarqua** dans l'île, vêtu du moins pour les circonstances. Luzina trouva même qu'il exagérait. Elle vit en effet s'avancer une curieuse silhouette **surmontée** d'un casque colonial, en chemise de flanelle à carreaux rouges et grosses bottes huilées, chargée de tout un **attirail** meurtrier, petites et grandes carabines. À son épaule pendait un **carnier**. Il avait une couverture **ficelée** au dos. Les **arpenteurs** qui s'enfonçaient au delà des routes pour trois ou quatre mois à la fois n'étaient pas plus prévoyants. Il y avait un autre motif à l'embarras de Luzina. Elle était à son cinquième mois et elle trouva plutôt inconvenante, en ces conditions, la présence d'un jeune homme qui pourrait de jour en jour la voir grossir. Il avait déjà été bien assez gênant de subir l'examen quotidien de Miss O'Rorke derrière ses lunettes, qui s'alarmait d'ailleurs sans cause, puisque, cet été-là, Luzina se reposait.

C'était un garçon aimable pourtant, sans prétentions, qui parut tout de suite se plaire dans l'île. Aucun de ses regards vers Luzina n'eut l'air de chercher si elle était plus grasse, plus ronde que **de coutume**. Luzina l'aurait trouvé tout à fait sympathique, si seulement il avait porté autant d'intérêt à sa classe qu'il en marqua pour la chasse.

Il demandait à Luzina de lui laisser un peu de café de la **veille**. Il se levait quand c'était encore la nuit, se servait lui-même, et il devait **gagner** les roseaux, car, de la maison endormie, on entendait dans cette direction des sifflements de balles. C'était l'heure où s'animaient les petites poules d'eau, les sternes, les canards, créatures que ravissent les pâleurs de l'**aube**. Le soleil se levait ; les détonations cessaient. Cependant, le maître ne rentrait pas. Les enfants l'attendaient parfois jusqu'à dix heures assis à leur petit pupitre, et ils avaient terminé les devoirs inscrits au tableau noir. Que pouvait faire le maître ? Luzina envoya voir, un matin ; elle était inquiète. Or voici ce que les enfants découvrirent : allongé dans une barque plate entre les roseaux, son casque sur le visage pour le protéger des mouches et du soleil, leur maître dormait.

Sa méthode d'enseignement était d'ailleurs des plus curieuses. Il avait l'air de **prendre** tout cela **en blague**.

— Apprenez cette page **si le cœur vous en dit**, disait-il en riant, et, **sournoisement**, il semblait conseiller : « Ne l'apprenez pas si cela ne vous tente pas plus que cela me tente de vous faire la classe. »

Mais les enfants de Luzina tenaient à apprendre.

À la **veillée**, ils se mettaient chacun dans son coin et ils criaient pendant des heures, l'un une règle de grammaire, l'autre une phrase d'histoire ; de plus en plus, pour s'entendre, chacun **haussait le ton**. Joséphine avait une voix particulièrement **écorchante**. Tout ce **tapage** ne déplaisait pas à Luzina. Elle avait alors l'impression que ses enfants faisaient beaucoup de progrès. Mais lorsqu'ils venaient, tout fiers, annoncer à leur instituteur qu'ils « savaient leur page », Armand Dubreuil se mettait à rire.

— Eh bien, puisque vous allez si vite, apprenez donc la page suivante !

De ses **propos**, il semblait découler qu'on serait plus intelligent d'**éluder** l'effort. Au bout de quelques semaines, plutôt que de rattraper l'heure de classe soustraite aux enfants le matin, Armand Dubreuil leur en **dérobait** une de plus à la fin de la journée. Il lui arriva de **congédier** la classe à trois heures. Il **s'enfonçait** alors, son fusil sous le bras, vers la partie boisée de l'île.

5   * * *

Il s'intéressait à tout sauf à son école. Luzina cherchait la manière de lui **faire des remontrances** sans le blesser. **Sur ces entrefaites**, il donna congé toute la journée sous prétexte d'une fête quelconque dont Luzina ne pouvait trouver la moindre mention au calendrier. Il était très **prodigue**
10 de congés. Au **mât**, le drapeau de Miss O'Rorke était beaucoup trop souvent **en berne**. Luzina crut avoir enfin trouvé la façon de réprimander l'instituteur sans le vexer. Elle se mit à vanter Mademoiselle Côté **à tout bout de champ**.

      — Notre première maîtresse, mon Dieu, que c'était donc une fille
15 à son devoir ! Vous rappelez-vous, les enfants, les belles étoiles d'or qu'elle vous donnait ! Avec elle, la classe commençait à neuf heures **tapantes**. Fine, **avenante**, mais ambitieuse ! elle avait trouvé les enfants bien en retard. Pour rattraper le temps perdu, elle faisait la classe même le samedi ! Armand Dubreuil **riait de bon cœur**.
20   — Ma méthode est différente, disait-il. Trop forcer les enfants, je n'y crois pas. La nature, comprenez-vous, est encore la meilleure éducatrice. La nature nous en apprend plus que tous les livres. Mais il faut des années pour voir les fruits de ma méthode. La nature, voilà ma méthode. C'est la meilleure.

25   * * *

Mais il était bien tard maintenant pour se fâcher contre Armand Dubreuil. Il **prenait** de plus en plus **ses aises** dans la maison. Il pratiquait à son goût une méthode d'enseignement de plus en plus singulière : le laisser-aller, la fantaisie, la liberté. « Il n'y a rien comme la liberté,
30 disait-il. Pourquoi tant pousser les enfants ? Ils auront toujours assez de science. Qu'est-ce que vous voulez qu'ils fassent ici de la grammaire, de l'histoire ? »
      — Est-ce que vous n'êtes pas heureux ici ? demandait-il.
      Bien sûr, ils étaient heureux, mais qu'est-ce que cela avait à faire
35 avec le peu qu'ils connaissaient ?
      Portée comme elle était **à** voir le beau côté des choses, Luzina ne pouvait pas ne pas s'apercevoir qu'**en fait d'**instruction ils allaient **de mal en pis**. Ils finiraient peut-être par voir arriver quelqu'un qui viendrait tout simplement prendre ses vacances dans l'île de la Petite Poule d'Eau.

40   * * *

Un soir, en fermant son livre, Armand Dubreuil tout calmement annonça son départ pour le lendemain.

                              * * *

C'était comme si l'un deux partait, et le cœur de Luzina fut touché d'inquiétude. Au cours de l'hiver, elle s'imposa de ne pas penser trop haut au nouveau maître, par prudence, pour obtenir mieux de l'avenir, peut-être, en n'exigeant que peu de chose. Quiconque voudrait venir
5 à la Petite Poule d'Eau y serait bien reçu et dûment apprécié.
Mais l'été suivant, il ne vint personne dans l'île.

Roy (Gabrielle), *La petite poule d'eau*,
Montréal, Beauchemin, 1970, pp.
111–114, 117, 121, 125.

---

d'Après le contexte

débarquer quitter un bateau
surmonté de dominé par
attirail (m.) équipement compliqué, parfois ridicule
carnier (m.) petit sac qu'un chasseur porte pour les animaux tués
ficelé attaché avec des cordes, des ficelles
arpenteur professionnel qui mesure les terrains
de coutume d'habitude
veille (f.) jour précédent
gagner arriver à, atteindre
roseau (m.) genre de plante qui pousse au bord de l'eau
aube (f.) début du jour
prendre en blague ne pas prendre au sérieux
si le cœur vous en dit si cela vous plaît
sournoisement d'une manière qui n'est pas franche
veillée (f.) soirée
hausser le ton parler plus fort
écorchant qui fait mal aux oreilles, strident

tapage (m.) bruit violent et confus
propos (m.) parole, discours
éluder tromper, éviter avec adresse
dérober enlever, voler
congédier renvoyer, laisser partir
s'enfoncer s'éloigner, avancer
faire des remontrances blâmer
sur ces entrefaites à ce moment
prodigue généreux
mât (m.) pilier, poteau supportant un drapeau
en berne à moitié baissé
à tout bout de champ souvent, à chaque occasion
tapant exact
avenant agréable, sympathique
rire de bon cœur rire sincèrement
prendre ses aises faire comme chez soi, ne pas se gêner
porté à ayant tendance à
en fait de en ce qui concerne
de mal en pis de plus en plus mal

À propos

1. Comment était vêtu le nouvel instituteur ? Est-ce surprenant ? Pourquoi ?
2. Pourquoi Luzina était-elle embarrassée par la présence de Dubreuil ?
3. À quoi Dubreuil s'intéressait-il surtout ?
4. Les jours de classe, que faisaient les enfants en attendant leur instituteur ?

5. Comment Armand enseignait-il aux enfants ?
6. Que pensait Luzina de cette méthode ?
7. Est-ce que les enfants aimaient étudier ? Comment le savez-vous ?
8. Pourquoi Luzina mentionnait-elle toujours la première maîtresse ?
9. Quelle était la réaction d'Armand quand on parlait de la première maîtresse ?
10. Comment Armand expliquait-il sa méthode d'enseignement ?
11. Quelle nouvelle Armand a-t-il annoncée ?
12. Quelle fut la réaction de Luzina à cette nouvelle ? Pourquoi ?

À votre avis

1. Dans l'éducation des enfants, quel est le rôle de la famille et quel est celui de l'école ?
2. Que pensez-vous des programmes de télévision tels que « Sesame Street » ?
3. L'école doit-elle instruire en amusant ?
4. Les parents devraient-ils intervenir dans ce qui se passe à l'école ?
5. Avez-vous connu des professeurs comme Armand Dubreuil ? Est-ce que c'étaient de bons professeurs ?
6. Peut-on vaincre les difficultés sans faire de grands efforts ?
7. Les étudiants devraient-ils apprendre des poèmes par cœur ? Pourquoi ?
8. À quoi servent les dictées ?
9. Devrait-on insister davantage dans nos écoles sur la lecture des œuvres classiques ?
10. Êtes-vous en faveur d'un système de classement homogène qui séparerait les élèves forts des élèves faibles ?
11. Devrait-on éliminer les examens ? Pourquoi ?

Avec des mots

I *En vous servant du vocabulaire étudié dans le texte, remplacez les mots en italique par des expressions équivalentes.*

1. C'était tellement drôle que j'*ai ri sincèrement.*
2. La dame *a blâmé* la domestique qui a cassé le vase.
3. Le criminel a su *tromper* la police.
4. Je n'aime pas faire du camping parce qu'il faut toujours un *équipement compliqué.*
5. Ils aiment leur patron car c'est un homme *simple.*
6. La voix de cette jeune fille est vraiment *stridente.*
7. Tu n'as pas voulu la blesser par ces *paroles* irréfléchies ?
8. L'échelle était *attachée avec des cordes* sur la toiture.
9. Avant *d'entrer* dans une mine, il faut porter un casque de sécurité.
10. Marc ne *prend jamais au sérieux* ce que je lui dis.

II *Répondez aux questions de style suivantes :*

1. Comment Gabrielle Roy retient-elle notre attention dès le début de ce texte ? Quels mots emploie-t-elle ? Pourquoi ces mots sont-ils frappants ?

2. À quoi les mots « casque colonial » vous font-ils penser ? Quelle image évoquent-ils ? Pourquoi cette image est-elle incongrue dans ce contexte ?

3. Le mot « curieux » est employé à deux reprises dans ce texte. A-t-il son sens ordinaire ? Expliquez.

4. Que veut dire l'expression « une fille à son devoir » ? Est-ce une expression courante ? Que dirions-nous aujourd'hui ?

5. Expliquez l'expression « trouver quelqu'un sympathique ».

6. Dans la phrase « ... Armand Dubreuil calmement annonça son départ... », pourquoi le mot « calmement » est-il particulièrement bien choisi ? Quel contraste se dégage-t-il de l'emploi de ce mot ?

7. « Quiconque voudrait venir à la Petite Poule d'Eau... » Expliquez le mot « quiconque » et dites ce qu'il révèle au sujet de Luzina.

8. Dans cet extrait, l'auteure a fait le portrait physique et moral de plusieurs personnages. Expliquez ce que c'est qu'un portrait physique et un portrait moral.

9. Faites le portrait physique et moral des deux personnages principaux de cette histoire.

10. Certains personnages sont simplement mentionnés dans cet extrait et pourtant nous avons d'eux un portrait assez vivant. Qui sont ces personnages et comment sont-ils décrits ? Quels procédés Gabrielle Roy a-t-elle employés pour rendre ces portraits vivants ?

III *Rédigeons :*

1. Commentez cette citation : « Mieux vaut une tête bien faite qu'une tête bien pleine. »

2. Discutez du sujet suivant : « Les cégeps et les universités préparent les étudiants à s'intégrer dans la société à la fin de leurs études. »

Drop-out

Vingt ans après la réforme scolaire, un jeune Québécois sur trois ne se rend pas au terme du secondaire !

Sur son sweat-shirt, en grosses lettres rouges : *Rebel, the quest of adventure*. Denise DesRoches a 22 ans. Elle a laissé l'école au secondaire.
5 « Pour avoir du fun. » Le fun a duré deux semaines ; puis sa grande aventure, ce fut de devenir caissière dans un Provigo…

Vingt ans après la « réforme scolaire », un jeune Québécois sur trois ne se rend pas au **terme** du secondaire. Les « **décrocheurs** » sont-ils tous des incapables, des inadaptés ? Ou se pourrait-il au contraire que
10 ce soit l'école qu'il faille réformer, et que ces **empêcheurs de tourner en rond** soient une sonnette d'alarme ? Et si, en s'adaptant à eux, l'école devenait plus **vivable** pour tous ?

« Décrocher » est une solution instantanée. Après ? On est drop-out deux semaines, en période de réflexion deux mois, « **jobinard** »,
15 puis chômeur. Assisté social, à 150 dollars par mois.

« Je n'étais pas une lâcheuse, dit Denise DesRoches. L'école, je trouvais ça **trippant**. Mais je doublais certains cours avec des élèves beaucoup plus jeunes. Le directeur a refusé de me laisser reprendre des cours en été. Il m'a même invitée à partir si je n'étais pas contente !
20 J'ai suivi son conseil. Sur un **coup de tête**. »

Dans l'opinion courante, le décrocheur est un **insouciant**, délinquant **sur les bords**, qui **vit aux crochets de** ses parents ou de la société. Et une « **poche** » à l'école. La réalité est plus complexe. Christophe est pusher : lunettes de soleil Vuarnet, blouson de cuir de 500 dollars, il
25 correspond à l'image que les adultes se font des décrocheurs. Sylvain Moreau, par contre, est « une **bol** ». Il **a viré** délinquant, mais à 13 ans il lisait Sartre, rêvait d'être un **savant**… Après son secondaire deux, il **a roulé sa bosse** d'un centre d'accueil à l'autre, de Chibougamau à Montréal, en passant par une commune aux États-Unis.
30 Au ministère de l'Éducation, les études sur les décrocheurs consistent principalement à les **dénombrer**. Le tout dernier document, *Les Abandons au secondaire : une mesure du phénomène* (1984), conclut à une baisse « spectaculaire » : en trois ans, le nombre en serait passé de 46 000 à moins de 30 000. Sur 400 000 élèves. En somme, presque rien.
35 « Pourquoi vous intéresser à un phénomène en voie de disparition ? » demande Robert Maheu, démographe. « **D'autant plus** que 50 % des abandons survenant en secondaire cinq, le rattrapage est très facile. »

Dans sa brochure *Pourquoi le décrochage ?*, le ministère de l'Édu-
40 cation expédie en 19 mots leur sentiment d'hostilité générale : « Il serait

vain d'insister sur le fait que les jeunes ne se sentent pas heureux à l'école. » Point, à la ligne.

Pierre Malouin, 21 ans, est allé au bout de son trip de rocker avant de revenir aux études : « Les adultes ont kidnappé l'école et s'y sont
5 installés en rois et maîtres. C'est révoltant. Nous devons nous ajuster à leur système alors que ce devrait être l'inverse. »

L'école reste le vrai milieu de vie des jeunes : c'est là qu'ils se réfugient pour fuir leurs parents, là qu'ils se font des amis, organisent leurs loisirs, se préparent à travailler.
10 Peut-elle redevenir « vivable » ?

L'école Marie-Anne, à Montréal, accueille 850 retour-à-l'école, âgés de 17 à 22 ans. Pour être admis, il faut avoir quitté les études depuis un an et montrer, lors d'une entrevue **préalable**, un fort désir de réussir. On y enseigne les matières de base à compter du secondaire trois. Le
15 rythme est accéléré : on fait une année en une seule session.

Martin Fournier a décroché 12 mois, le temps d'être admissible : « J'en ai pour trois sessions, 18 mois, au lieu de trois ans ! Ici, il n'y a pas de **niaisage**. Pour la première fois de ma vie, je rush. Je découvre qu'on peut même avoir du *fun* en travaillant. »
20 Sylvain Moreau a fini lui aussi par **aboutir** à Marie-Anne : « Dans une école ordinaire, la matière est tellement diluée qu'on peut manquer quatre cours de suite sans prendre de retard. Comme les téléromans ! Je trouvais ça long pour rien. Et à Marie-Anne, les professeurs sont disponibles après la classe ou le soir au téléphone. Ils **ont** ta réussite
25 **à cœur**. »

Fernand Fournier et Michel Blais aident les enseignants à découvrir les valeurs des adolescents. Et les « **repeper** ». Ils rapportent de leurs stages des observations concrètes sur « l'école par et pour les adultes » : « Les professeurs nous disent qu'ils prennent souvent congé pour refaire
30 le plein. Reconnaît-on la même nécessité aux élèves ? Des écoles permettent aux enseignants de fumer dans les couloirs mais l'interdisent aux élèves sans leur prévoir de fumoir. Les jeunes **ressentent** cela comme une profonde injustice. Dans les écoles où ça marche bien, on évite ces discriminations. Et le directeur fait confiance aux élèves. »
35 L'**évangile** scolaire, selon les décrocheurs ? Cours intensifs, avoir du fun, des maîtres intéressés et intéressants...

* * *

« Je n'ai pas connu un seul bon professeur en 12 ans, dit Pierre-Luc Marie. Ils **débitent** machinalement leur matière. Quand ils ne nous
40 répètent pas **à cœur de jour** qu'il n'y aura pas d'emploi pour nous ! Pourquoi continuer à étudier ? »

Rachel Bigras a 24 ans. Après cinq ans d'interruption, elle vient de terminer ses études secondaires. « Les professeurs ne se rendent pas compte de leur responsabilité, dit-elle. Les jeunes ne sont pas équipés
45 pour subir leurs **divagations**. Certains **prônent** l'homosexualité, d'autres

sont contre les relations sexuelles avant le mariage. Qu'est-ce qui est
bien ? Qu'est-ce qui est mal ? On se croit plus libre mais on ne sait
plus où donner de la tête. Tout **s'écroule** : la famille, l'amour, le travail.
Même la terre risquerait de sauter... »

5   Une génération de contestataires **désabusés** est-elle en train de former
une génération d'angoissés ?

À Marie-Anne, Louise Lavigne, professeur de français, fait lire à
ses élèves un extrait de *La Condition Humaine* où Malraux montre
que la personnalité profonde se trouve au-delà des apparences. Les élèves
10   doivent ensuite se décrire, par écrit, sur le même modèle. Rachel Bigras
a appris l'extrait par cœur : « Ce travail m'a permis de mieux me
connaître », dit-elle.

« L'enseignement est un fin dosage, dit Louise Lavigne. À mon
ancienne polyvalente, j'étais en train de décrocher. Je **n'en pouvais plus**
15   d'enseigner ce que j'aime dans l'indifférence générale. Ici, il faut motiver
les élèves, mais ils te motivent en retour. C'est l'effet Hygrade. Et j'ai
retrouvé le plaisir d'enseigner. »

Un apprentissage concret. Cela est-il possible dans toutes les
matières ? Selon André Boivin, président de la Corporation des conseillers
20   d'orientation, les mathématiques et les sciences sont trop abstraites :
« L'adolescent s'ouvre aux réalités qui l'entourent. Il veut voir le sens
immédiat de ce qu'il apprend. Seuls les bébés et les plus mûrs réussissent
dans les matières scientifiques. Les autres **pataugent** ou échouent. »

Le décrochage est aussi une forme de panique devant l'avenir. Les
25   élèves réclament des contacts directs avec le marché du travail : visites
dans les entreprises, conférenciers, informations sur « comment ça se
passe ». C'est justement ce que l'école leur offre le moins. Les projets
les plus **courus**, parmi les 300 que finance le ministère de l'Éducation,
sont **axés** sur la recherche d'un emploi. Donald Leblanc en dirige un
30   à la polyvalente Pierre Dupuy :

« Il est **destiné** à des élèves très faibles qui auraient décroché à cause
de leur incapacité intellectuelle. Pour eux, lire un texte à haute voix
est une **épreuve** humiliante. Tout en corrigeant leurs grosses faiblesses
académiques, nous leur apprenons à identifier leurs intérêts, à parler,
35   à se présenter devant un employeur. Parce que ça touche directement
l'emploi, ils sont très motivés. »

Au Lasalle Extended School, en banlieue de Montréal, d'ex-drop-
out ont ouvert un garage coopératif. Il a fallu rédiger des annonces,
expliquer le projet aux habitants du quartier, **tenir les livres** : toutes
40   choses qui s'acquièrent sur les bancs d'école.

Après notre première rencontre, Denise DesRoches a annoncé à
ses parents sa décision de reprendre les études : « Je m'attendais à être
félicitée : ils m'ont mise à la porte ! Je vis du bien-être social. »

« Si l'école n'était pas obligatoire, dit Claude Fournel, du ministère
45   de l'Éducation, vous seriez surpris du nombre de parents qui en
retireraient leurs enfants après le primaire ! À leurs yeux, le secondaire
est de la **coquetterie intellectuelle** ou réservé aux petits génies... »

Les décrocheurs comprennent mal comment ils en sont arrivés là, mais ils ne veulent plus se poser de questions, mais agir : « On a tous eu nos petits problèmes d'adolescence », écrit Mollo dans le journal de l'école Marie-Anne. « Puis, **tannés** de rien faire ou écœurés de
5 travailler dans les shops, on s'est décidé à finir notre secondaire. Il y en a qui **raccrochent** après avoir pris conscience de problèmes tels que la pollution, la faim, la menace nucléaire : pour bâtir un monde nouveau. Mais la majorité retourne aux études pour ne pas crever de faim aujourd'hui et pouvoir se nourrir demain. »
10   L'éducation des adultes est déjà un incroyable **fourre-tout** de **raccourcis**. À 21 ans et quelque expérience de travail en poche, vous pouvez court-circuiter joyeusement le cheminement « normal ». Comme ce diplômé du secondaire qui a découvert sa vocation en travaillant chez H & R Block ; après un cours de maths au cégep, il a été accepté
15 aux Hautes Études commerciales. Ou Denis Blain, qui a suivi un cours de mécanique automobile au secondaire, puis travaillé comme gardien de nuit tout en suivant quelques cours du soir au cégep : il termine sa première année de Polytechnique.

« Nous sommes **coincés** », dit Marc Choquette, directeur de l'école
20 Eulalie-Durocher. « Le ministère veut des diplômes à tout prix, la CECM, un taux de réussite supérieur et les élèves **marchandent** pour avoir le minimum de cours ! »

Risque-t-on de dévaloriser les diplômes ? Les « cheminements spéciaux » peuvent contredire cet autre objectif essentiel qu'est une bonne
25 formation générale. Ne faut-il pas plutôt **resserrer les exigences académiques** ? Les décrocheurs que nous avons interviewés ne **s'en sont pas pris à** la difficulté des cours, mais à leur caractère dilué, à la perte de temps, à la longueur inutile de l'année académique.

Et combien décrochent à cause de « notes de charité » qui les ont
30 conduits trop haut pour leurs **moyens** ? Jocelyn Bouchard, par exemple, a réussi un professionnel court, soit l'équivalent du secondaire quatre ; à l'éducation des adultes, cependant, il s'est vu rétrograder, **sur la foi de** tests, en secondaire un pour les mathématiques et en pré-secondaire pour le français. Il a décidé de **foncer** quand même, mais tous n'ont
35 pas ce courage. « Bah ! deux ans de retard, ce n'est pas la fin du monde », dit Monique Giroux, vice-présidente de la CEQ...

En donnant le certificat d'études secondaires à tout le monde, on reporte simplement le problème. Au cégep, le taux d'abandon dépasse les 30%. Mais puisque ces jeunes ont terminé le secondaire, le ministère
40 de l'Éducation ne les inclut pas dans ses statistiques sur les décrocheurs : ils sont en année sabbatique, en « période d'exploration personnelle » ou « de réflexion » !

Blouin (Jean) et Martino (Marie-Josée),
L'Actualité, fév. 1986, pp. 81–84.

d'Après le contexte

drop-out (m. et f. amér.) personne qui abandonne ses études

terme (m.) fin

décrocheur (m.)(néol.) voir drop-out

empêcheur de tourner en rond (fig.) personne qui fournit des obstacles, qui met des bâtons dans les roues

vivable supportable, facile à accepter

jobinard (m.)(can.)(pop.) qui a un emploi médiocre et temporaire

trippant (can.)(pop.) excitant, passionnant

coup de tête (fig.) action spontanée et irréfléchie

insouciant qui ne se préoccupe de rien

sur les bords (fig.) légèrement, un peu

vivre aux crochets de (fig.) vivre aux dépens, aux frais de

poche (f.)(can.)(pop.) ignorant, cancre

bol (f.)(can.)(pop.) génie, personne douée

virer devenir

savant (m.) personne qui sait beaucoup de choses

rouler sa bosse (fig.) voyager sans cesse

dénombrer compter

d'autant plus surtout

préalable qui précède

niaisage (m.)(can.) perte de temps

aboutir arriver, se retrouver

avoir qqch à cœur (fig.) considérer qqch comme très important

repeper (néol.) redonner de l'enthousiasme

ressentir sentir vivement, considérer

évangile (m.)(fig.) doctrine, principe indiscutable

débiter dire, raconter mécaniquement

à cœur de jour (fig.) toute la journée, tous les jours

divagation (f.) digression, discours sans but précis

prôner recommander fortement

s'écrouler tomber soudainement, tomber en ruine

désabusé déçu, dégoûté

ne plus en pouvoir être à bout de forces, démoralisé

patauger (fig.) ne pas avancer, ne pas progresser

couru (fig.) recherché, désiré

axé fondé

destiné réservé, prévu

épreuve (f.) expérience difficile et douloureuse

tenir les livres faire la comptabilité

coquetterie intellectuelle (fig.) luxe, vanité de l'esprit

tanné (can.) fatigué, écœuré

raccrocher (fig.) reprendre ses études

fourre-tout (m.)(fam.) système où tout est en désordre, sans logique

raccourci (m.) chemin le plus court

coincé (fig.) bloqué, immobilisé

marchander négocier

resserrer les exigences académiques demander davantage, être plus sévère avec les élèves

s'en prendre à critiquer

moyens (m. pl.) capacités, aptitudes intellectuelles

sur la foi de d'après, en se fondant sur

foncer continuer, aller plus loin

À propos

1. Qu'est-ce que les statistiques révèlent au sujet des élèves du secondaire ?
2. Quelle est la définition d'un « décrocheur » ?
3. Par quelles phases un décrocheur passe-t-il ?
4. Quelle image les adultes se font-ils d'un décrocheur ? Cette image est-elle conforme à la réalité ?
5. Quelle est l'attitude du ministère de l'Éducation vis-à-vis des décrocheurs ?
6. Que demandent les élèves pour que l'école redevienne « vivable » ?
7. À qui s'adressent principalement les reproches que font les élèves ?
8. Que veut-on dire par « notes de charité » ?
9. Y a-t-il un message dans cet article ? Si oui, lequel ?

À votre avis

1. Est-il vrai que les décrocheurs sont des incapables, des inadaptés ?
2. Quel rôle les administrateurs peuvent-ils jouer dans la formation scolaire des élèves ?
3. Quelle attitude les parents devraient-ils adopter devant un enfant décrocheur ?
4. Est-il possible pour quelqu'un qui a abandonné ses études de réussir dans la vie ?
5. À une époque où l'on dépense des millions pour l'éducation, comment une personne peut-elle rester analphabète ?
6. Un étudiant devrait-il recevoir une note basée sur les efforts qu'il a fournis ou sur les résultats qu'il a obtenus ?
7. Est-il vrai que la plupart des cours du secondaire sont « dilués » et causent ainsi une perte de temps ? Que dire du niveau collégial ?
8. L'apprentissage dans nos écoles devrait-il être plus pragmatique ? Si oui, comment y arriver ?
9. Quelles réformes proposeriez-vous pour rendre l'école plus vivable et efficace ?
10. On reproche aux programmes de télévision de rendre les élèves passifs. Ce reproche est-il justifié ?

Avec des mots

I *Ci-dessous vous trouverez des termes d'école (*maître, plume, livre, *etc.) employés dans des expressions idiomatiques. Après en avoir trouvé le sens, employez ces expressions dans vos propres phrases.*

un coup de maître
faire l'école buissonnière
vivre de sa plume
s'écouter parler

rester maître de soi
parler comme un livre
un rat de bibliothèque
infliger une punition exemplaire à qqn

II *En vous servant de l'exemple ci-dessous comme modèle, trouvez les dérivés des verbes suivants :*

EXEMPLE :   — lire : lecteur — lecture — liseur — lisible

écrire	composer
rédiger	étudier
appliquer	apprendre

III *Charades : ce jeu porte sur l'homophonie et l'association de certains mots pour en arriver à un mot final.*

EXEMPLE :   — Mon premier est un animal domestique
_____ (réponse : *chat*)

— Mon deuxième recouvre le corps _____
(réponse : *peau*)

— Mon tout peut s'envoler au vent _____
(réponse : *chapeau*)

N.B. Pour arriver au mot final, un certain changement orthographique (comme de *chat/cha*) s'impose.

Êtes-vous prêt ? Allons-y !

1. Mon premier est un adjectif possessif _____
Mon deuxième n'est pas vêtu _____
Mon troisième est un pronom personnel _____
Mon tout s'utilise en classe _____

2. Mon premier et mon deuxième sont un synonyme de *marquer* au passé simple _____
Mon troisième veut dire : *ne dit pas la vérité* _____
Mon tout veut dire : *spécialement* _____

3. Je dors sur mon premier _____
Mon deuxième supporte une fleur _____
Mon tout est un conflit _____

À vous d'en faire maintenant !

IV *Questions de style : en vous servant de dix des expressions ou mots suivants, complétez les phrases ci-dessous :*

ne plus en pouvoir	un coup de tête	doubler des cours
à cœur	rouler sa bosse	marchander
contestataire	cheminement	débiter
tenir les livres	l'inverse	disponible
destiné	échouer	refaire le plein
vivre aux crochets de	épreuve	

1. Cet homme n'a jamais travaillé. Il _____ toujours _____ sa femme.

2. Je ne comprends pas exactement _____ de votre raisonnement.

3. Après un long hiver de peine et de travail, nous avons tous besoin de _____.

4. Elle a trouvé un emploi où, parmi ses responsabilités, elle doit _____.

5. Dans le métro il y a toujours des sièges _____ aux vieux et aux handicapés.

6. Il existe des marchés où, si l'on n'est pas content du prix, on peut toujours _____.

7. Seriez-vous _____ samedi prochain pour faire l'inventaire ?

8. Dans la vie, il y a toujours des _____ auxquelles nous devons faire face.

9. La défense des opprimés, voilà ce qu'il a _____.

10. Mon frère a quitté son emploi sur _____.

Pierre Lauzon

Quand Pierre Lauzon fit paraître son livre *Pour une éducation de qualité* en 1977, il était dans l'enseignement depuis neuf ans et avait participé à plusieurs luttes syndicales intenses. Le rapport Parent[1] avait été diffusé dix ans auparavant et, depuis le 15 novembre 1976, les rênes du gouvernement avaient changé de mains. Mais, si le régime avait changé, les administrateurs, les enseignants, les dirigeants syndicaux et les parents, eux, n'avaient pas changé. L'enfant restait toujours « le grand oublié ».

C'est contre cet état de choses que Pierre Lauzon s'insurge dans son étude mordante et magistrale.

Pour une éducation de qualité

Lors d'un atelier de discussion avec des élèves de sixième année, je leur posais un jour la question suivante : « Est-ce important de travailler, et pourquoi ça l'est ou non ? » Les enfants furent unanimes à dire que c'était très important. Les raisons qui **appuyèrent leur affirmation** furent
5   les suivantes. Premièrement, si on ne travaille pas, on n'a pas d'argent ; donc il faut travailler si on veut avoir des sous. Pourquoi avoir de l'argent ? Pour acheter une automobile, une maison, un téléviseur couleur, une motoneige, une piscine, des voyages. Deuxièmement, il faut travailler à l'école si on veut devenir médecin, avocat, ingénieur ou architecte ;
10 donc si on veut acquérir un certain statut social, un certain prestige.

* * *

Déjà le départ est faussé. Ce qui importe c'est la course au diplôme le plus haut qui soit et qui **conférera** le statut social, la véritable qualification, une police d'assurance contre la misère matérielle et sociale.
15 Si en plus, l'enfant peut vraiment **se réaliser**, alors tant mieux, mais c'est davantage un luxe, du superflu, du secondaire. […] Ce n'est un secret pour personne que c'est le développement économique qui conditionne celui de l'éducation, plutôt que l'inverse.

L'éducation est d'autant plus le portrait de la société qu'elle en est
20 la création politique. Toute l'organisation éducationnelle est guidée par

---

[1]Le rapport Parent proposait la création des cégeps.

la volonté politique des élus. C'est pourquoi elle **a ses hauts et ses bas.** La structure démocratique qu'est la nôtre n'est pas sans influencer fortement la vie et la qualité de l'éducation. On a **traduit** cette démocratie dans notre province par une plus grande accessibilité aux ressources
5 éducatives. [...] Par rapport à la situation qui **prévalait** en 1960, il est grandement **indiscutable** que nous avons grandement progressé. Mais le but n'est pas **atteint pour autant.** Encore aujourd'hui, de nombreux jeunes ne peuvent poursuivre leurs études à cause d'un manque de ressources financières. Un certain minimum est acquis. Un Québécois
10 peut espérer recevoir un enseignement de niveau élémentaire ou secondaire sans **se soucier** de l'aspect financier. [...] Mais le cégep ou l'université demeurent plus difficilement accessibles **en raison de** leur non totale gratuité.

D'autres raisons limitent aussi l'accès au CÉGEP. L'aspect financier
15 en est une, et souvent **de taille**, mais il y a aussi les possibilités d'admission. De nombreuses études ont démontré que ce sont surtout les enfants de milieux **aisés** qui fréquentent le plus haut niveau scolaire. Depuis le très jeune âge, l'enfant a vécu dans un milieu très riche (pas dans le sens monétaire). Les possibilités financières des parents ont permis
20 à celui-ci d'avoir une multitude de livres, de disques, de jouets, de loisirs facilitant son développement. [...] Ses chances de réussite augmentent et, par le fait même, la possibilité d'accéder à des études universitaires. Car les **barèmes** d'admission sont basés sur la moyenne supérieure via la **normalisation** des notes. Des enfants de milieux défavorisés ou de
25 la classe moyenne réussiront aussi à être admis à l'institution de haut savoir, mais la partie sera plus difficile en raison du manque plus ou moins grand de ressources mises à leur disposition au cours de leur éducation.

* * *

30 Nous pouvons conclure que notre système contient au départ les **germes** qui affaiblissent la qualité de l'éducation. Nous vivons dans une société de consommation où ce qui **prime** est la jouissance d'un nombre de plus en plus grand de biens. Nous pouvons en jouir par l'acquisition de plus en plus grande de ressources monétaires. Il est impossible d'en
35 sortir car notre faim augmente sans cesse, la publicité aidant. [...] Et nous acceptons cela. Chacun se dit que ce n'est pas lui qui va changer la situation. On se sent vraiment impuissant. Pourtant, il faudra se réveiller une fois pour toutes. La société, terre du développement de l'être humain, est trop pauvre. Nous devons la **labourer**, l'aérer et
40 **l'ensemencer** à nouveau, sinon il n'y poussera que du **chiendent**, des **pissenlits** et quelques **marguerites**.

Lauzon (Pierre), *Pour une éducation de qualité*, Montréal, Les Éditions Quinze, 1977, pp. 22–24, 31–32, 35.

d'Après le contexte

appuyer une affirmation
    fournir des arguments pour
conférer   accorder, donner
se réaliser   se développer au
    plan intellectuel
avoir ses hauts et ses bas   être
    inégal dans son
    développement, fluctuer
traduire   mettre en pratique
prévaloir   exister, avoir le dessus
indiscutable   évident, qu'on ne
    peut pas discuter
atteindre   parvenir à
pour autant   pour cela
se soucier   s'inquiéter
en raison de   à cause de

de taille   très important
aisé   qui a une certaine fortune
barème (m.)   norme, critère
normalisation (f.)
    standardisation
germe (m.)   cause, origine
primer   avoir le plus
    d'importance
labourer   travailler la terre
ensemencer   planter des graines,
    rendre fertile
chiendent, pissenlit (m.)   sortes
    de mauvaises herbes
marguerite (f.)   fleur blanche à
    cœur jaune, commune dans
    les champs

À propos

1. Quelles raisons les enfants donnent-ils pour expliquer la nécessité du travail ?
2. Pourquoi l'auteur dit-il que « le départ est faussé » ?
3. Comment est-ce que le système démocratique influence notre organisation éducationnelle ?
4. Pourquoi de nombreux jeunes ne peuvent-ils pas continuer leurs études ?
5. Qui a le plus facilement accès aux cégeps et aux universités ? Pourquoi ?
6. Pourquoi notre société n'encourage-t-elle pas l'éducation ?
7. L'auteur dit que nous avons fait des progrès depuis 1960 mais que nous n'avons pas encore atteint le but. De quel but parle-t-il ?
8. Quel est le rôle de la publicité dans notre système scolaire ?
9. D'après l'auteur, sommes-nous totalement impuissants devant cette situation ?

À votre avis

1. Quel est, à votre avis, le rôle d'un cégep ?
2. Est-ce que les cégépiens ont la possibilité de participer au fonctionnement de leurs collèges ?
3. La présence aux cours devrait-elle être obligatoire ? Quand ne le serait-elle pas ?
4. Est-il trop tôt au secondaire pour demander à un élève de choisir un programme pour le cégep ?
5. Est-ce que tous les étudiants admis au cégep terminent leurs études collégiales ? Pourquoi ?

6. Les cégeps et universités devraient-ils être totalement gratuits ?
7. Est-ce que tous les élèves, sans distinction de fortune ou de classe, devraient avoir accès aux mêmes ressources (jouets, livres, disques, etc.) ? Comment réaliser cela ?
8. Est-ce qu'on devrait admettre au cégep tous les étudiants qui en font la demande ? Pourquoi ?
9. Quels problèmes les cégépiens affrontent-ils de nos jours ?
10. En quoi un cégep diffère-t-il d'une école secondaire ou d'une université ?

Avec des mots

I *Répondez aux questions de style suivantes :*

1. Indiquez les parties principales du texte *Pour une éducation de qualité :*
   a) l'introduction ;
   b) le développement ;
   c) la conclusion.
2. Regroupez les idées contenues dans chacune de ces parties.
3. Pourriez-vous donner un titre à chacune de ces parties ?
4. Relevez dix liens logiques utilisés par l'auteur pour développer ses idées.
5. Quel point de vue l'auteur a-t-il choisi ? Quelle est l'idée centrale de ce texte ?
6. L'auteur s'est efforcé d'employer un vocabulaire riche et précis. Expliquez pourquoi les mots suivants sont bien choisis.
   a) être *unanimes*
   b) avoir *des sous*
   c) *la course* au diplôme
   d) *conférer* le statut social
   e) le diplôme (est) une *police d'assurance*
   f) l'organisation éducationnelle a *des hauts et des bas*
7. La métaphore est une forme de comparaison, une image qui enrichit le sens. Lauzon écrit : « ... notre système contient au départ les germes qui affaiblissent la qualité de l'éducation. » L'emploi du mot *germes* crée une métaphore. Pourquoi l'auteur s'en est-il servi ? Que voulait-il dire vraiment ? Y a-t-il d'autres exemples de ce genre dans le texte ?
8. Quand Lauzon dit que « notre faim augmente sans cesse », parle-t-il de cette « faim » au sens propre du mot ? Expliquez ce procédé. Faites deux phrases dans ce style.

II *En vous servant du vocabulaire du texte, remplacez les mots en italique par des expressions équivalentes.*

1. La misère *existe* encore dans beaucoup de pays.
2. Tout le monde *s'inquiétait* de cette pénible situation.
3. L'économie canadienne *fluctue beaucoup*.
4. *On ne peut pas nier* qu'elle fait des progrès.

5. Avez-vous l'intention de *continuer* vos études et *parvenir à* l'université ?
6. Le train a déraillé à *cause de* la tempête.
7. Ses problèmes financiers sont *très graves*.
8. Venir d'un milieu *fortuné* favorise la réussite.
9. Ce qui *est important* pour vous c'est un diplôme.
10. Le président *a accordé* un titre honorifique à cet homme.

III *En vous servant des expressions suivantes, complétez le texte ci-dessous :*

rire de bon cœur	misère
en raison de	réprimander
prendre en blague	éluder
milieux aisés	prévaloir

« Une femme a battu son mari ! » annonce la manchette d'un journal. Vous riez ? Pourtant, il n'y a rien de comique ici. Ce genre de déclaration nous fait _____ d'une situation qui, _____ sa gravité, a d'énormes répercussions dans notre société. Depuis trop longtemps, nous avons _____ le problème de la violence dans les familles, un mal qui _____ partout, même dans les _____, car, dites-vous que la violence n'a aucun lien avec la _____ matérielle. Donc, la prochaine fois que vous lirez un tel fait divers, ne le _____, mais plutôt, _____ ceux qui le font car alors le départ est faussé et ce mal continuera à faire des ravages.

IV *Rédigeons :*

1. Comparez les textes *La Petite Poule d'Eau* de Gabrielle Roy et *Pour une éducation de qualité* de Pierre Lauzon en tenant compte des considérations suivantes :
   a) l'époque où chaque texte a été écrit ;
   b) les idées, implicites ou explicites, de chacun des auteurs sur l'éducation en général.

Repères grammaticaux

Remarquez :   — L'incendie *vient* d'éclater.

     — Joseph *venait de* s'enrôler quand la guerre s'est terminée.

A. Le passé récent

- Le passé récent indique un fait terminé dans un passé immédiat. Il s'exprime par le verbe *venir de* + *l'infinitif* du verbe.

- Le verbe *venir de* s'emploie au présent ou à l'imparfait selon le moment où se passe l'action.

APPLICATIONS

I *Répondez aux questions en employant le passé récent.*

1. Y a-t-il longtemps qu'il est parti ?
2. As-tu entendu cette nouvelle ?
3. Pourquoi ris-tu ?
4. Faut-il t'expliquer cela de nouveau ?
5. Vont-ils ouvrir bientôt le magasin ?
6. Tiens ! Vous avez une nouvelle adresse ?
7. Pouvez-vous me raconter le début de ce film ?
8. Est-ce que Nathalie a décroché depuis longtemps ?
9. Est-ce que la communauté de la Petite Poule d'Eau a un instituteur ?
10. Pouvons-nous interviewer cette vedette ?

II *Complétez les phrases suivantes en employant le passé récent.*

1. _____ quand la lumière s'est éteinte.
2. _____ quand la bombe a éclaté.
3. _____ quand il s'est enrôlé dans l'armée.
4. _____ quand tu m'as annoncé la nouvelle.
5. _____ quand nous lui avons téléphoné.

III *Remplacez les tirets par la forme correcte du passé récent ou du futur proche.*

1. Est-ce que tu crois qu'elle _____ arriver bientôt ?
2. L'enfant a les yeux rouges : il _____ pleurer.
3. Vite ! Les cyclistes _____ partir !
4. Comme il fait chaud ! Je _____ me déshabiller tout de suite.
5. Tu es bien coiffée. Tu _____ sortir de chez le coiffeur ?
6. Ils travaillent encore à ce projet mais ils _____ le finir bientôt.

B. Le passé composé

Remarquez :   — « Je n'ai pas *connu* un seul bon professeur... »

— « La vieille dame *est* donc *morte* pour ses chats... »

— Les vacances que nous *avons passées* à la campagne étaient agréables.

■ Le passé composé est formé de l'auxiliaire *avoir* ou *être* et du *participe passé*.

avoir/être (présent) + participe passé

■ Seuls les verbes pronominaux et les verbes intransitifs suivants se conjuguent avec l'auxiliaire *être* :

aller	venir (devenir)	arriver
entrer	naître	mourir
partir	rester	tomber
descendre	monter	passer
rentrer	retourner	sortir

N.B.   Les verbes composés formés à partir de ces verbes + le préfixe **re** (comme retomber) se conjuguent aussi avec *être*.

Remarquez :   — Elle *est descendue* à la cave.

— Elle *a descendu* la bouteille à la cave.

■ Parmi les verbes qui se conjuguent normalement avec *être*, certains prennent l'auxiliaire *avoir* s'ils sont suivis d'un complément d'objet direct. Ces verbes prennent alors un sens transitif.

monter	descendre	rentrer
sortir	passer	retourner

■ Le passé composé s'emploie pour indiquer

1. un fait (action ou état) situé à un moment déterminé ou indéterminé du passé :
   — « J'*ai épousé* un Québécois francophone. »
   — « Quelque chose leur *est arrivé* qu'ils n'ont pas cherché. »

2. un fait qui a eu lieu pendant un temps limité :
   — « Le fun *a duré* deux semaines... »
   — « Martin Fournier *a décroché* 12 mois. »

3. une action répétée déjà terminée :
   — Nous *nous sommes disputés* à plusieurs reprises.
   — Il *est tombé* deux fois.

4. plusieurs actions successives complétées :
   — « Ils *sont sortis* du néant, ils *se sont éveillés*, ils *ont trouvé* des sentiments dans leur âme. »

Relevez dans un des trois textes dix verbes de forme variée au passé composé. Justifiez l'emploi de ce temps.

APPLICATION

C. Le participe passé

Remarquez :
— Elle a *réfléchi* avant de parler.

— Les routes, *détruites* par la tempête, étaient impraticables.

■ Le participe passé des verbes réguliers se forme de la façon suivante :

CATÉGORIE DU VERBE	TERMINAISON	EXEMPLE
Premier group en **er**	**é**	aimé
Deuxième groupe en **ir**	**i**	fini
Troisième groupe en **re**	**u**	vendu

■ Pour le participe passé des verbes irréguliers, voir le Tableau de conjugaison (Tableau 20).

■ Le participe passé s'emploie comme **forme verbale** dans les temps composés, ainsi qu'à l'infinitif passé. Il est utilisé alors soit avec *avoir*, soit avec *être*.

■ Le participe passé s'emploie aussi comme **adjectif**.

N.B. Pour le participe passé à la forme composée, voir chapitre 5.

1. Le participe passé employé comme forme verbale avec *avoir*

Remarquez :
— J'ai *parcouru* le Canada.

— Pour être admissible, il faut *avoir quitté* les études depuis un an.

— Il *avait plu.*

— *Ayant roulé* sa bosse partout, Joseph a *acquis* beaucoup d'expérience.

■ La plupart des verbes emploient l'auxiliaire *avoir* pour former les temps composés.

Remarquez :
— « Les décrocheurs que nous *avons interviewés...* »

— « Des notes de charité qui les ont conduits trop haut... »

■ Le participe passé employé avec **avoir** s'accorde en genre et en nombre avec le complément d'objet direct (COD) s'il est placé devant le verbe.

N.B.   *En* n'est pas un complément d'objet direct.

- Le participe passé suivi d'un **infinitif** s'accorde avec le complément d'objet direct (COD) s'il est placé devant le verbe, et s'il fait l'action exprimée par l'infinitif :

  — Ces enfants que j'ai *vus pleurer* étaient les tiens.
  — La comédie qu'on a *vu jouer* était intéressante.

- Le participe passé employé avec *fait + l'infinitif* est invariable :

  — « Ils se sont *fait jouer* un tour. »
  — « Nous nous sommes *fait arrêter* par la police. »

- Le participe passé des verbes impersonnels est invariable.

  — Quelle chaleur il a *fait* !

- Le participe passé de certains verbes comme *croire*, *espérer*, *permettre* est invariable lorsque ces verbes ont pour objet un infinitif exprimé ou sous-entendu :

  — Les résultats que nous avons *espéré* (obtenir) ne se sont pas réalisés.

APPLICATION

Faites des phrases interrogatives au passé composé en utilisant les expressions ci-dessous. Répondez à ces questions en employant des pronoms.

  EXEMPLES :   — traduire la lettre

                 — Avez-vous traduit la lettre ?

                 — Oui, nous l'avons traduite.

traduire la lettre	annoncer les nouvelles
commettre la faute	découvrir la vérité
remettre les compositions	examiner la patiente
inscrire la date de naissance	proposer l'amendement
conduire la camionnette	

2. **Le participe passé employé comme forme verbale avec être**

  Remarquez :   — Elle *était allée* en ville.

                      — *Étant arrivés* en retard, nous n'avons pas vu le début du film.

                      — Ils *se sont amusés*.

- Le participe passé employé avec *être* s'accorde généralement avec le sujet.

- Le participe passé des **verbes pronominaux** s'accorde généralement avec le **complément d'objet direct** placé avant le verbe :

  — Elle *s'est lavée*. (**s'** : objet direct)
  — Elle *s'est lavé* les mains. (**s'** : objet indirect)

— Ils *se* sont *téléphoné.* (**se** : objet indirect)

— Ils *se* sont *entendus* pour sortir. (**se** : objet direct)

■ Le participe passé des **verbes pronominaux non réfléchis** ou **idiomatiques** s'accorde avec le **sujet**. Dans ces verbes (*s'évanouir, s'en aller, se moquer de...,*) le pronom réfléchi **se (s')** fait corps avec le verbe et ne joue aucun rôle de complément :

— « Les punks ont kidnappé l'école et se sont *moqués* des lois. »

— Les oiseaux se sont *envolés.*

Mais : ***Le participe passé des verbes suivants est invariable*** *: s'imaginer, se plaire, se rendre compte.*

EXEMPLE : — Ils se sont vus et ils *se* sont *plu.*

■ Quand *on* est le sujet d'un verbe au passé composé, le participe passé s'écrit ordinairement au masculin singulier.

EXEMPLE : — On est *sorti* trop souvent.

APPLICATIONS

I *Mettez les phrases suivantes au passé composé.*

1. Joseph se moque de l'opinion des autres.
2. Bérénice voit ses parents se disputer.
3. La grand-mère rentre le linge sec.
4. Ma voiture se vend facilement.
5. À cause de la chaleur, les jeunes filles s'évanouissent.
6. Jacques comprend les règles de grammaire et les applique.
7. Durant sa promenade, Emmanuël ne voit personne.
8. Nous nous rendons compte de nos erreurs.
9. Les décrocheurs se révoltent et quittent leur foyer.
10. Passes-tu une bonne soirée ?
11. Azare et Alphonse parlent longuement de la guerre.
12. Ces sentiments ne s'éveillent pas en elle.
13. La Charte accorde tous les droits. Elle n'en refuse aucun.
14. Emmanuël aperçoit sa grand-mère et l'examine.
15. Martine, t'amuses-tu bien ?

II *Mettez les verbes entre parenthèses au passé composé et faites les accords nécessaires.*

1. Ils _____ (se frotter) les mains dans la neige pour les réchauffer.
2. Quels effets la Charte _____ (avoir) sur la société québécoise ?
3. Le Canada _____ (ouvrir) ses portes à l'immigration et les _____ (refermer) rapidement à cause de taux élevé de chômage dans le pays.
4. Nous _____ (se dire) des mots doux en français.

5. Voilà les droits que les tribunaux _____ (faire) respecter.
6. Ils _____ (se plaire) aussitôt qu'ils _____ (se voir).
7. Deux criminels _____ (s'enfuir) de la prison cette semaine.
8. J'ai visité plusieurs régions : j'en _____ (adopter) une finalement.
9. À quelles amies_____-tu _____ (téléphoner) ?
10. Les étudiants _____ (ne pas se souvenir) de l'explication du professeur.

III *Mettez ce passage au passé composé.*

Quand nous _____ (arriver) dans ce nouveau pays, nous _____ (attendre) trois ans et nous _____ (devenir) citoyens canadiens. Des souvenirs de notre terre natale, il nous en _____ (rester) beaucoup. Cependant comme nous _____ (vivre) beaucoup d'expériences positives, nous _____ (passer) la période d'adaptation sans trop de peine. Des voyages à l'extérieur du pays, nous en _____ (faire) plusieurs, mais nous _____ (revenir) toujours à Montréal avec plaisir. Nous _____ (se rendre compte) finalement du fait que nous nous intégrions à la vie d'ici.

IV *Utilisez le participe passé comme forme verbale dans les phrases suivantes :*

1. On a arrêté Pierre pour _____ (voler) une auto.
2. Elle s'est endormie avant de _____ (finir) son repas.
3. La vieille dame est morte pour _____ (vouloir) sauver ses chats.
4. Bérénice reproche à ses parents de la _____ (enfanter).
5. Les élèves se plaignent de _____ (avoir) trop de travail pendant le semestre.
6. La mère de François l'a puni pour _____ (désobéir).
7. Cet homme passe en justice pour _____ (massacrer) des innocents.

V *Mettez les verbes entre parenthèses au passé composé.*

1. Ils _____ (s'attendre) à une grande réception.
2. Marie _____ (se moquer) de son frère.
3. Nous _____ (se laver) les mains, ensuite nous _____ (s'habiller).
4. Vous _____ (se parler) longuement au téléphone.
5. Tu _____ (s'allonger) sur le sol, puis tu _____ (s'endormir).
6. Ils _____ (s'écrire) plusieurs lettres d'amour.
7. Je _____ (se fouler) la cheville en patinant.
8. Elle _____ (s'imaginer) sur une plage exotique.
9. Les jeunes filles _____ (se passer) des notes en classe.

10. Nous _____ (s'entendre) chanter malgré notre chagrin.

VI *Mettez les phrases suivantes au passé composé, à la forme négative. Remplacez les noms par des pronoms personnels.*

    EXEMPLE :   — Armand enseigne la grammaire aux enfants ?

                         — Non, Armand ne la leur a pas enseignée.

1. On admet les étudiants au cégep.
2. Les écoles offrent des possibilités à tous les élèves.
3. La vieille dame raconte des histoires à ses chats.
4. Francine parle à ses plantes.
5. Les enfants écrivent les phrases sur le tableau.
6. Le poète envoie son poème à celle qu'il aime.
7. Le petit phoque part en Alaska.
8. Le décrocheur accepte ces explications.
9. Les chômeurs trouvent des emplois à Montréal.

3. Le participe passé employé comme adjectif

    Remarquez :   — « ... une curieuse silhouette *surmontée* d'un casque colonial... ».

                         — « Il avait une couverture *ficelée* au dos. »

■   Le participe passé employé comme adjectif s'accorde en genre et en nombre avec le nom qu'il qualifie parce qu'il représente un état, une caractéristique du même ordre que les adjectifs qualificatifs dont **grand, malheureux,** etc.

I *Trouvez dans les textes* La Petite Poule d'Eau *et* Pour une éducation de qualité *dix exemples de participes passés employés comme adjectifs.*

APPLICATIONS

II *Employez le participe passé des verbes suivants comme adjectifs dans des phrases simples.*

    EXEMPLE :   — allonger — allongé

                         — Nous l'avons trouvé allongé sur son lit.

construire	repeindre	recevoir	recouvrir
surveiller	décevoir	surprendre	ouvrir
créer	déchirer		

III *Transformez les phrases suivantes en employant un participe passé qui a une fonction d'adjectif. On passe ainsi de l'action au résultat de cette action :*

    EXEMPLES :   — La police confisque les drogues. Les drogues sont confisquées par la police.

                         — On accorde la priorité aux aînés. La priorité est accordée aux aînés.

1. Ils gagnent la bataille.
2. Tu voles les bijoux.
3. Je dilue cette solution chimique.
4. On destine ces places aux universitaires.
5. Le chat coince la souris.
6. La grand-mère ravit l'enfant avec ses gâteaux.
7. Le pansement sale infecte la blessure.
8. On adapte ces cultures au climat canadien.
9. J'aiguise les couteaux.
10. La mère abandonne ses enfants.

D. Liens logiques

1. Pour relier une phrase à une autre, une proposition à une autre, et même un paragraphe à un autre, on emploie des conjonctions. Ces conjonctions sont divisées en deux catégories :
   a) les conjonctions de **coordination**, qui servent à joindre deux propositions semblables ou deux parties semblables de la même proposition ;
   b) les conjonctions de **subordination**, qui servent à relier une proposition subordonnée à la principale.

TABLEAU 9:   conjonctions de coordination et de subordination

CONJONCTION DE COORDINATION	CONJONCTION DE SUBORDINATION
cause :	
car, en effet, effectivement	comme, parce que, puisque, étant donné que, vu que
— Il a consulté le médecin, car il est malade.	— Comme il était malade, il a consulté le médecin.
conséquence :	
donc, ainsi, aussi, alors, enfin, par conséquent	de peur que (ne), de sorte que, si bien que, en sorte que, tellement que
— Il a menti, il a volé, enfin, c'est un voyou.	— Les rues étaient encombrées si bien que nous n'avons pas pu passer.
opposition, restriction, concession :	
mais, cependant, au contraire, toutefois, pourtant, d'ailleurs, néanmoins, par contre	à moins que (ne), bien que, quoique, malgré que, tandis que, sans que
— Je me suis dépêchée ; néanmoins, je suis arrivée en retard.	— Bien que vous soyez malade, vous devriez venir.
— Il est gentil, mais paresseux.	

but :

pour, afin

— J'ai pris l'autobus pour aller en ville.

afin que, pour que

— Nous te l'expliquerons afin que tu comprennes.

---

supposition, condition :

peut-être que, à supposer que, probablement que, si, au cas où, à condition que, pourvu que

— Je viendrai à condition qu'il ne pleuve pas.

---

union, liaison :

et, puis, ensuite, alors

— Il a pris son chapeau, ensuite il est sorti.

---

temps :

depuis, avant, après, en même temps

jusqu'à ce que, en attendant que, avant que, après que, quand, lorsque, depuis que, dès que, à mesure que, pendant que, aussitôt que, tandis que

— Nous nous sommes mariés en décembre et depuis nous sommes plus heureux.

— À mesure qu'il avançait, son cœur battait plus fort.

---

alternative :

ou bien... ou bien, soit... soit, tantôt... tantôt, sinon

soit... que

— N'abandonne pas tes études, sinon tu le regretteras.

— Soit qu'il pleuve soit qu'il vente nous sortirons quand même.

---

transition :

or

— Il a dit qu'il était malade, or je l'ai vu au cinéma.

---

comparaison :

plus... plus, moins... moins, comme

de même que, autant que, comme, comme si, moins que

— Plus je te vois, plus je t'aime.

— Il marchait comme s'il avait bu.

N.B. Certaines conjonctions et locutions introduisent des subordonnées au subjonctif. Voir Tableau 19, chapitre 7.

2. Lors de la rédaction d'un texte, les mots ou locutions suivants servent à établir une séquence logique.

TABLEAU 10:   liens logiques

d'abord	ensuite	finalement
premièrement	après	enfin
primo	deuxièmement	en fin de compte
en premier lieu	puis	en conclusion
	secundo	en dernier lieu

EXEMPLE :   — Les étudiants croient qu'on ne devrait pas hausser les frais de scolarité au Québec. *Or*, voici les faits. *D'abord*, cela fait plusieurs années que ces frais n'ont pas été augmentés. *Ensuite*, les frais de scolarité au Québec sont sans doute les moins élevés au Canada, voire en Amérique du Nord. *Enfin*, les étudiants eux-mêmes ne devraient-ils pas assumer en plus grande partie le coût de leur propre éducation ?

APPLICATIONS

I *Remplacez les tirets par la conjonction de coordination ou de subordination qui convient.*

1. Il la regardait _____ il avait peur d'elle.
2. Je t'enverrai le billet d'avion _____ tu puisses venir me voir.
3. Nous voudrions bien le faire, _____ nous avons trop de travail.
4. Il a volé cette voiture, _____ il a été arrêté.
5. La chaleur était insupportable, _____ plusieurs personnes se sont évanouies.
6. Elle se sentait très mal, _____ elle avait menti.
7. Vous croyez qu'ils se tairont _____ le concert commencera ?
8. Je sortirai avec toi, _____ tu cesses de fumer.
9. Joseph ne s'est pas battu en Europe, _____ il s'était enrôlé pour le faire.
10. Ce mois de mai est bizarre : il fait _____ chaud _____ froid.
11. Pour faire un gâteau, il faut _____ avoir tous les ingrédients nécessaires, _____ bien mélanger ces ingrédients, _____ placer le tout dans un four bien chaud.

12. Tu viendras avec nous, _____ il fasse froid ?
13. _____ la fin du semestre approchait, _____ les étudiants paniquaient.
14. Ils devront se hâter, _____ ils ne verront pas le début du film.
15. Elle refuse de sortir de sa chambre _____ son chat est mort.

II *Faites cinq phrases employant des conjonctions de coordination, et cinq autres utilisant des conjonctions de subordination.*

III *Complétez les phrases suivantes :*

1. Je suis arrivée en retard ; pourtant...
2. Les enfants apprenaient leur leçon mais...
3. Ou bien tu mets tes bottes...
4. Luzina était triste car...
5. Les cégépiens entreront à l'université si...
6. La vieille dame voulait sauver ses chats ; par conséquent...
7. Il avait froid et il frissonnait ; en effet...
8. Ma sœur s'endormait à mesure que...
9. Baisse le son de cette télé sinon...
10. Nous irons au concert après que...

RÉDACTIONS

I *Faites la description d'un paysage dans laquelle vous emploierez autant de participes passés que possible.*

II *En vous inspirant du vocabulaire proposé ci-dessous et en l'enrichissant, racontez ce qu'a fait le chasseur.*

se lever tôt	enfiler ses vêtements	mettre ses bottes
saisir son fusil	avaler son petit	suivre la route
s'enfoncer dans les	déjeuner	attendre les canards
bois	gagner les roseaux	
s'allonger sur le sol	s'endormir	

III *À l'aide du vocabulaire de* Drop-out, *imaginez les raisons ou les événements qui auraient poussé un(e) de vos ami(e)s à abandonner ses études.*

Quel jour s'est levé
à la pointe de leurs
    armes
quel matin de gloire
commencé par la mort

    […]

Ils tuaient tuaient
au lieu de manger
au lieu de dormir
au lieu d'aimer

Ils s'élevaient
à la hauteur de leur cri
et tombaient
comme des mouches

Perrier (Luc),
« Guerre », dans Cot-
nam (Jacques), *Poètes*
du Québec, Ottawa,
Fides, 1969.

CHAPITRE 5

Guerre et paix

Marcel Dubé

Né dans un quartier populaire de l'est de Montréal en 1930, Marcel Dubé a fait ses premières armes de dramaturge alors qu'il était encore étudiant. En 1950, il fonde avec des amis une troupe de théâtre, La Jeune Scène, et écrit sa première pièce, *Le bal triste*. Jouée à l'Ermitage en 1951, cette pièce n'attire pas l'attention du public. Sans toutefois se décourager, Dubé fait paraître en 1952 une autre pièce, télévisée en circuit fermé par Radio-Canada, *De l'autre côté du mur*, qui sera la première œuvre dramatique de la télévision canadienne.

Pendant une dizaine d'années, soit de 1952 à 1962, Dubé rédige quarante-deux textes dramatiques, réalisés par Radio-Canada, dont trente pour la télévision. C'est une période d'activité intense durant laquelle le jeune dramaturge fait publier, entre autres, *Zone* (1956), *Le temps des lilas* suivi de *Un simple soldat* (1958), *Florence* (1960), *Au retour des oies blanches* (1966), *Les Beaux dimanches* (1968), *Un matin comme les autres* (1971) et *L'été s'appelle Julie* (1975).

Les honneurs ne tardent pas à suivre. Boursier du gouvernement du Québec et du Conseil des arts du Canada, membre de l'Académie canadienne-française et de la Société Royale du Canada, vice-président du Théâtre de l'Égregore, Marcel Dubé reçoit le Prix Morin en 1966, puis le Prix David en 1973 pour l'ensemble de son œuvre. Il est, de 1979 à 1985, directeur général de la Corporation du comité organisateur des Rencontres francophones du Québec.

Le plus vigoureux et, sans nul doute, le plus prolifique des dramaturges de sa génération, Dubé a marqué le théâtre québécois d'aujourd'hui car il a su reproduire dans ses pièces le milieu et les personnes qu'il a connus. Il s'est surtout intéressé, avec complaisance, voire même complicité, aux révoltés, aux jeunes en particulier, pour qui les exigences réalistes de la vie ont anéanti l'enfance poétique, « le rêve idéal ».

Un simple soldat

Un simple soldat *est une comédie dramatique en quatre actes.*

C'est la fin de la deuxième guerre mondiale. Joseph Latour revient chez lui déçu et aigri. Il retrouve son quartier, ses amis et ses habitudes inchangés. Pour oublier sa peine, il traîne de bar en bar, d'abord avec
5 *Dolorès, ensuite avec Émile, un ami de longue date. C'est auprès de ce dernier qu'il déverse le trop-plein de son cœur rempli de regrets et d'amertume.*

Le texte suivant est extrait des premier et troisième actes. Au début, l'on retrouve Joseph dans son « grill » habituel, assis à une table en
10 *compagnie de Dolorès.*

Joseph :   Je peux te dire une chose, Dolorès : c'est pas drôle la guerre, **c'est pas drôle une miette.** J'étais à Dieppe, j'ai vu mourir des gars à côté de moi. Ils **tombaient comme des mouches** [...]. J'étais en train d'enterrer un de mes amis quand tout à coup je reçois une balle dans le côté. Ça m'a comme brûlé. Un autre serait tombé sur le dos, mais pas moi, je suis resté debout. Plus tard, si t'es **fine** avec moi, je te montrerai ma **cicatrice.**

5

Dolorès :   Tu peux être certain que je vais être fine, mon minou.

10   Joseph :   Je saignais comme un bœuf à l'**abattoir.** Mais ça fait rien, j'avais pas envie de mourir comme un rat. Je **me suis raidi,** j'ai ramassé une mitrailleuse qui traînait pas loin et puis là, les Allemands y ont goûté. Mais qu'est-ce que tu veux ? À Dieppe, on n'avait pas de chance, c'est une affaire qui avait été organisée par les Anglais. [...]

15

(Dolorès sort. Joseph remarque la présence d'Émile.)

* * *

Joseph :   Ça me fait plaisir de voir que t'as pas changé. Tu **prends un coup solide** !

20   Émile :   C'est avec toi que j'**ai pris** ma première vraie « **brosse** ».

Joseph :   **Du train qu'on s'en va** là, on **est relancé** pour quarante-huit heures. **Parle-moi de ça.**

Émile :   Ouais... Moi aussi je me serais enrôlé, Joseph, j'avais le goût de te suivre. Mais l'armée voulait pas de moi.

25   Joseph :   Je me suis toujours demandé pourquoi.

Émile :   Les pieds plats, **daltonien** [...]. Ris pas de mes infirmités, **Chrysostôme** !

Joseph :   Moi, ils m'ont classé numéro un tout de suite.

Émile :   Quand j'ai vu qu'ils me refusaient, j'ai décidé de profiter du temps de la guerre pour faire de l'argent...

30

* * *

Joseph :   Moi, je serais peut-être quelqu'un si les Alliés avaient attendu encore un peu avant de gagner la guerre. Je serais allé là-bas, de l'autre côté, et puis je serais peut-être jamais revenu.

35   Un gars qui se bat à la guerre c'est un gars qui gagne pas sa vie comme tout le monde, qui fait quelque chose de spécial. Tu peux lui donner un nom, c'est un gars qui a une raison de vivre.

Émile :   Tu voulais recevoir la Croix Victoria ?

40   Joseph :   C'était pas les **grades,** c'était pas pour les décorations, Émile.

Émile :   Tu te prenais pour Jeanne d'Arc ! T'aurais délivré la France ?

Joseph :   Regarde-moi, Émile, regarde-moi ! J'ai jamais rien fait de bon dans ma vie. J'ai jamais été autre chose qu'un **voyou.**

J'avais une chance devant moi tout à coup, ma première chance, je l'ai manquée. Je suis resté ce que j'étais : un voyou, un bon-à-rien.

Émile :   Y a tellement de contradictions dans ta vie, Joseph. En
5   quarante-deux, rappelle-toi, t'étais contre la **conscription**, tu voulais pas te battre pour le roi d'Angleterre et puis t'as été pris dans une **émeute** au marché St-Jacques, t'as passé une semaine en prison. Quand t'entendais parler du monde libre, ça te faisait rire, tu **jurais** que tu serais **déserteur**, je
10   t'ai vu provoquer des gars de la Gendarmerie Royale, et puis tout à coup, personne a su pourquoi, tu **t'es enrôlé**.

Joseph : J'étais contre la conscription, Émile, parce que le Québec avait voté contre au plébiscite. Puis après, quand je me suis enrôlé, c'est pas pour le roi d'Angleterre que je serais allé
15   me battre, c'est pour moi-même, pour moi tout seul. Mais depuis que je suis haut comme ça, je sais pas ce qui **joue** contre moi, je réussis jamais rien.

Émile :   Un gars comme toi, Joseph, un gars qui gagne sa vie comme soldat, un gars qui tue du monde par métier, on appelle
20   ça un mercenaire.

Joseph : Fais-moi rire avec tes grands mots. Moi, je savais ce que je voulais, c'est tout ! Ah ! Puis je **me sacre de** tout ça maintenant, je vis au jour le jour et puis je me sacre de tout le monde. Ce soir, je m'amuse, Émile, et puis j'aime
25   autant plus penser à rien.

(*Une heure plus tard devant la maison des Latour.*)

Joseph : Pas de lumière, Émile, rien, tout le monde est couché. Si on réveillait Armand et Bertha, ce serait drôle !

Émile :   T'es mieux de les laisser dormir en paix. Sont bien, sont
30   au chaud, sont **corrects**. On devrait faire la même chose. On pourrait rentrer sans les réveiller, et puis dormir un peu. Moi, je coucherais par terre, ça me **serait égal**.

Joseph : Non. Je rentre pas. J'y remettrai plus jamais les pieds.

Émile :   C'est ton **orgueil** qui te fait parler.

35 Joseph : Peut-être, je m'en sacre. Regarde ! La rue a pas changé. Tu reviendrais dans cinquante ans et puis ce serait encore la même chose. Comprends-tu ce que je veux dire, Émile ?

Émile :   Non.

Joseph : Tu dois **avoir du lard dans le cerveau**.

40 Émile : C'est bien possible. J'ai jamais prétendu que j'étais un génie.

Joseph : Je vais t'expliquer quelque chose. Si tu passes toute ta vie à **étouffer** dans le même petit coin, tu vieillis sans rien apprendre. Et puis un jour tu t'aperçois que ta peau a pris la même couleur que celle de la brique. C'est ça que je veux
45   dire.

Émile :   Je vais essayer de m'en rappeler, Joseph. Mais pour l'instant, j'aimerais me reposer un peu. Dormir comme il faut toute une nuit.

Joseph :   Ça ne donne rien. C'est pas en dormant que tu t'instruis.
5 C'est en voyageant, en bougeant ! Nous autres, si on était resté dans notre coin à pas bouger, sais-tu ce qu'on serait devenu ? Des pauvres **caves**. On se serait mariés à des **enfants de Marie** et puis on leur aurait fait des p'tits comme tout le monde. Au lieu de ça, on a voulu, on a connu la misère
10 puis on s'est battu. **Autrement dit**, on a appris quelque chose. C'est pour ça qu'il faut pas s'arrêter, Émile, c'est pour ça qu'il faut continuer.

(*On apprendra plus tard que Joseph s'est engagé de nouveau dans l'armée pour se battre en Corée où il est mort.*)

Dubé (Marcel), *Un simple soldat*, Montréal, Éditions de l'Homme, 1967, pp. 40–44, 82–83.

---

d'Après le contexte

c'est pas drôle une miette (pop.) ce n'est pas drôle du tout

tomber comme des mouches tomber en masse

fin (can.) gentil

cicatrice (f.) marque laissée par une blessure après la guérison

abattoir (m.) lieu où l'on tue les animaux destinés à la consommation

se raidir tendre ses forces pour résister, se donner du courage

prendre un coup solide (can.)(pop.) boire beaucoup

prendre une « brosse » (can.)(pop.) se soûler, demeurer ivre longtemps

du train qu'on s'en va (can.)(pop.) au rythme où l'on va

être relancé repartir

parle-moi de ça (can.) d'accord, tu parles !

daltonien personne qui ne distingue pas bien les couleurs

Chrysostôme (can.)(pop.) nom de saint employé comme juron

grade (m.) titre militaire, promotion

voyou (m.)(pop.) garçon mal élevé qui traîne dans les rues

conscription (f.) enrôlement obligatoire

émeute (f.) rassemblement tumultueux, révolte

jurer promettre sur son honneur

déserteur (m.) soldat qui abandonne l'armée sans permission

s'enrôler s'engager dans l'armée

jouer agir

se sacrer de (can.)(pop.) se moquer, se ficher de

correct (angl.) tranquille, bien

être égal laisser indifférent

orgueil (m.) fierté exagérée

avoir du lard dans le cerveau ne pas comprendre vite, être stupide

étouffer (fig.) ne pas pouvoir évoluer ou se développer normalement

cave (m.)(can.)(pop.) imbécile

enfants de Marie jeunes filles dévotes et innocentes

autrement dit en d'autres termes

À propos

1. Où est Dieppe ? Que s'y est-il passé et quand ?
2. Quelle scène Joseph décrit-il à Dolorès ?
3. Quelle image de lui-même veut-il projeter ?
4. Pourquoi dit-il : « À Dieppe, on n'avait pas de chance » ?
5. Expliquez chacune de ces expressions :
   a) tomber comme des mouches ;
   b) saigner comme un bœuf ;
   c) mourir comme un rat.
6. Émile s'est-il enrôlé ? Pourquoi ?
7. Que veut dire « être classé numéro un » ?
8. Qu'est-ce qu'Émile a fait pendant la guerre ?
9. Joseph s'est-il vraiment battu à Dieppe ? Comment le savez-vous ?
10. D'après Joseph, pourquoi est-ce qu'un gars qui se bat à la guerre « fait quelque chose de spécial » ?
11. Pourquoi Émile a-t-il été surpris d'apprendre que Joseph s'était engagé dans l'armée ?
12. Quelles sont les raisons qui ont poussé Joseph à s'enrôler ?
13. Pourquoi Joseph ne veut-il plus revenir chez lui et pourquoi, d'après lui, faut-il « continuer » ?

À votre avis

1. Pourquoi Joseph raconte-t-il qu'il s'est battu de façon héroïque à Dieppe ?
2. Joseph déclare qu'un « gars qui se bat à la guerre… fait quelque chose de spécial. » Êtes-vous d'accord ?
3. Jean-Jacques Rousseau a écrit que les conflits sociaux ont commencé quand le premier homme a déclaré : « Cette propriété m'appartient. » Êtes-vous d'accord ?
4. Organisez un débat sur la guerre auquel participeraient
   a) un chef d'état-major ;
   b) un déserteur ;
   c) un objecteur de conscience ;
   d) un ancien combattant ;
   e) le dirigeant d'une organisation religieuse.
5. Aimez-vous les films de guerre ? Pourquoi ce genre de film est-il très populaire ?
6. Devrions-nous mettre des jouets de guerre entre les mains des enfants ?

I *Expliquez les expressions suivantes et employez-les dans des phrases.*   **Avec des mots**

se prendre pour qqn   se porter volontaire
être sous les drapeaux   prendre d'assaut
déclarer la guerre à qqn   être égal
saigner comme un bœuf   tomber comme des mouches
vivre au jour le jour   comme il faut
autrement dit   mourir comme un rat

II *Commentez par écrit.*

Joseph, le héros de *Un simple soldat*, déclare :

« On a vu du pays, on a marché [...] on s'est battu. Autrement
dit, on a appris quelque chose. C'est pour ça qu'il ne faut pas s'arrêter
[...] c'est pour ça qu'il faut continuer. »

Gabrielle Roy

Pour une biographie de Gabielle Roy,
lisez la page 86, *La petite poule d'eau*

Bonheur d'occasion

Au début de la deuxième guerre mondiale, dans le quartier de Saint-Henri, Florentine Lacasse travaille dans un « snack-bar » où elle fait la connaissance de Jean Lévesque, un machiniste ambitieux, et d'Emmanuël, un soldat de bonne famille. Les deux hommes tombent
5 *amoureux de Florentine, mais le cœur de cette dernière penchera du côté de Jean.*

Dans l'extrait suivant, Emmanuël, revenu en permission à Saint-Henri, déambule dans le quartier, après avoir discuté de guerre avec deux de ses connaissances. Pendant sa promenade, il rencontre Pitou, un
10 *jeune garçon qui vient de s'engager dans les forces armées.*

Le débat intérieur qui **se déchaînait** en lui **contraignait** Emmanuël à marcher sans arrêt malgré l'heure avancée. Azarius Lacasse, Alphonse Poirier, sa pensée ne pouvait se détacher de ces deux êtres qu'un hasard lui avait révélés dans toute leur solitude. « Pourquoi ? songeait-il. Ils
15 me sont étrangers. Je ne suis rien pour eux ; ils ne sont rien pour moi. Pourquoi viennent-ils ce soir m'inquiéter ? » Et soudain, il comprit qu'à travers leur faillite, c'était sa belle ardeur juvénile, sa foi dans le bien, son enthousiasme, son élan vers l'action qu'il voyait **chanceler**.

« Vous êtes ben chanceux, jeune soldat ! » lui avait déclaré Azarius.
20 Et l'autre aussi, le pauvre **bougre**, à sa manière **détournée** et **amère** lui avait tenu le même langage. Chanceux ! Fallait-il quand même que la vie fût devenue affreuse à certains pour qu'on lui enviât, plus encore peut-être que l'uniforme et la **solde** assurée, sa baïonnette, son fusil, ses outils de mort ! Et sans trop comprendre encore contre qui s'en
25 servir, car Alphonse, par exemple, était incapable de haïr l'ennemi plus qu'il ne haïssait son propre pays. Était-il le seul de son espèce, cet être dénaturé ? Mais non, Emmanuël aurait pu en nommer vingt, cinquante, cent qui lui ressemblaient. Moins **aigris** peut-être mais engagés sur la même pente. Mais alors, que leur donner à ceux-là, que donner à ceux
30 qui hésitaient, que trouver donc pour conduire les hommes à la guerre en chantant, en battant du tambour, et en chantant donc ? Emmanuël fut pris d'une espèce de **frémissement**. Car subitement il avait cru comprendre une chose épouvantable, horrible, qui dépassait l'imagination, choquait la raison, et pourtant semblait contenter l'homme : c'est

que pour faire la guerre, il fallait être rempli d'un amour, d'une passion
véhémente, il fallait être exalté par une **ivresse**, sans quoi elle restait
inhumaine et absurde.

Quelle était donc la passion si forte qu'elle pouvait ainsi soulever,
5 entraîner l'homme ? Était-ce un idéal de justice, de beauté, de fraternité ?
Avait-il encore, lui, cet idéal ? Tout était là. Alphonse ne l'avait point,
Azarius non plus. Mais lui, Emmanuël, pouvait-il encore retenir cet
idéal, cette passion de sa jeunesse, ou **succomberait**-il à faire la guerre
sans comprendre où cela le menait ?

10 Le **faubourg** le tenait maintenant comme dans une prison de doute,
d'indécision, de solitude. Il décida de **gravir** la montagne. Plusieurs fois
il y avait trouvé une sorte d'**apaisement**.

Il se trouvait dans Westmount. Les odeurs de blé, d'huile, de tabac
sucré, s'étaient détachées de lui en route, et, maintenant, arrivé au-
15 dessus du faubourg, il aspira un air **salubre**, **imprégné** de feuilles fraîches
et de gazon humide. Westmount, la cité des arbres, des parcs et des
silencieuses demeures l'accueillait.

Il tourna vers l'ouest et arriva bientôt à la **caserne** de la rue Sainte-
Catherine. Un jeune soldat y **montait la garde**, baïonnette au canon.
20 Emmanuël se préparait à murmurer un mot de salutation à ce camarade
d'armes, lorsqu'il aperçut son visage. Il resta paralysé de surprise.

C'était Pitou.

* * *

C'était Pitou qui **faisait les cent pas** devant la caserne, se retournait
25 **carrément**, **claquait les talons**, seul dans la nuit, l'arme sur l'épaule,
et repartait d'un pas **mesuré** et agile [...].

« Un enfant, se disait-il, c'est rien qu'un enfant, Pitou ! Hier, il jouait
de l'harmonica pis de la guitare ; aujourd'hui, il a une baïonnette entre
les mains. » Et brusquement il s'arrêta sur une pensée qui le traversa
30 comme un fer chaud : Pitou ne **se désolerait** plus d'être un chômeur.
Pitou gagnait enfin sa vie, sa vie légère d'oiseau qui demandait si peu,
Pitou pouvait être heureux, ce n'était pas étonnant qu'il claquât si fort
les talons, Pitou était heureux. Pitou avait entre les mains son premier
instrument de travail.

35 Alors Emmanuël **courba** la tête comme s'il se sentait **écrasé** sous
le poids de l'inconcevable erreur humaine.

Les étoiles brillaient, très claires. Il fallait venir sur la montagne
pour les voir **sourdre** des profondeurs à l'infini. Emmanuël se rappela
le mot d'Azarius Lacasse : « La France est comme les étoiles qui donnent
40 encore de la clarté la nuit, quand il fait ben noir. »

Cela lui avait paru très beau lorsqu'il l'avait entendu des lèvres
d'Azarius. Il se rappela qu'il avait même été soulevé par un **élan**
extraordinaire. Mais maintenant, il se demandait si une nuit n'allait
point tomber sur la terre qui serait sans **astres** et sans lumières. Il se

demandait si une nuit, longtemps avant la guerre, n'avait point commencé à encercler la terre de ses **ténèbres**.

D'où viendrait la clarté qui guiderait le monde ?

Roy (Gabrielle), *Bonheur d'occasion*,
Montréal, Beauchemin, 1967,
pp. 280–282, 285.

---

d'Après le contexte

se déchaîner se déclencher, commencer avec violence

contraindre obliger, forcer

chanceler s'affaiblir, vaciller

bougre (m.)(fam.) type, individu

détourné indirect

amer désagréable

solde (f.) salaire, paye de soldat

aigri irritable, amer

frémissement (m.) tremblement léger, frisson

ivresse (f.) excitation, grande joie

succomber céder à, se laisser aller à

faubourg (m.) quartier ouvrier de la ville

gravir monter avec effort, grimper

apaisement (m.) tranquillité

salubre sain, bon pour la santé

imprégné rempli, plein

caserne (f.) bâtiment destiné au logement des soldats

monter la garde surveiller, protéger l'entrée

faire les cent pas se promener de long en large

carrément d'une façon nette, décidée

claquer les talons frapper les talons ensemble de façon militaire

mesuré égal, de même longueur

se désoler être triste, se plaindre

courber baisser

écrasé oppressé, opprimé

sourdre apparaître, surgir

élan (m.) impulsion, poussée

astre (m.) corps céleste naturel qui donne de la lumière

ténèbres (f. pl.) obscurité profonde

À propos

1. À quel moment de la journée se passe cet épisode ? Comment le savez-vous ?
2. Pourquoi Emmanuël marchait-il sans arrêt ?
3. À qui pensait-il et pourquoi ?
4. Pourquoi est-ce que tout le monde l'estime chanceux ?
5. Quels sont les « outils de mort » dont il parle ? Pourquoi Emmanuël se sert-il de ces termes ?
6. A-t-on raison de considérer Alphonse comme un être dénaturé ?
7. Quelle idée « horrible » Emmanuël a-t-il eue ? Pourquoi est-ce que cette idée, d'après lui, « choquait la raison » ?
8. Pourquoi gravit-il la montagne ? Pouvez-vous identifier cette montagne ?
9. Où a-t-il retrouvé Pitou ? Que faisait ce dernier ? Pourquoi est-ce qu'Emmanuël a été choqué d'y retrouver Pitou ?

10. Quel sens donnez-vous à la question que se pose Emmanuël à la fin du texte ?
11. À quelle classe sociale Emmanuël appartient-il ? Comment le sait-on ?

À votre avis

1. Vous engageriez-vous dans les forces armées ? Pour quelles raisons ?
2. Qu'est-ce que le drapeau national représente à vos yeux ?
3. Quels problèmes de conscience peuvent se poser à des personnes ayant reçu leur nationalité par naturalisation ?
4. Devrait-on imposer la loi martiale dans un pays ? Si oui, dans quelles circonstances ?
5. Un soldat a-t-il le droit de déserter ?
6. La guerre peut-elle être justifiée ?
7. Quels sont les moyens pacifiques pour s'opposer à la guerre ?
8. Qu'est-ce qu'un objecteur de conscience peut faire en cas de guerre ?
9. Le désarmement est-il un rêve irréalisable ?
10. « Si tu veux la paix, prépare la guerre. » Que pensez-vous de ce proverbe romain ?

Avec des mots

I *Remplacez les mots en italique dans les phrases suivantes par des mots ou expressions du texte.*

1. Le pauvre homme a finalement été *vaincu* par l'alcoolisme.
2. L'odeur de la pizza a *rempli* toute la maison.
3. Elle a décidé de lui parler *d'une façon claire et franche*.
4. Le racisme fait *se déclencher* la violence.
5. Le futur père attend son bébé en *marchant de long en large*.
6. Il trouve toujours dans la lecture *une sorte de calme intérieur*.
7. Bien souvent, l'air dans les grandes villes n'est pas *bon pour la santé*.
8. Les tyrans sont toujours des personnes *irritables*.
9. Est-ce que les parents *forcent* toujours les enfants à manger des légumes ?
10. Il ne faut pas *faiblir* dans ses projets.
11. La tempête *a commencé avec violence*.
12. Le soldat a tout de suite dépensé *l'argent qu'il avait gagné*.

II *Donnez les antonymes des mots suivants :*

la faillite   aigri   véhément
haïr   gravir

III *Trouvez un synonyme pour chacun des mots en italique.*

1. « Il fallait être *exalté*. »
2. « Il repartait d'un pas… *agile*. »
3. « Emmanuël se préparait à *murmurer* un mot de salutation. »

4. « Un jeune soldat y *montait* la garde. »

5. « Il fallait venir sur la montagne pour les voir *sourdre* des profondeurs. »

IV *Imaginez des slogans pour et contre la guerre.*

> *EXEMPLES :* **Pour** — Notre pays compte sur nous.
>
> **Contre** — Mourir pour la patrie, c'est mourir quand même.

Romancier, dramaturge et essayiste, né à Québec en 1916, Jean Simard fait ses études d'abord au Petit Séminaire de Québec, ensuite à l'école des Beaux-Arts de Montréal où il enseignera les arts plastiques à partir de 1940.

Membre de la Société royale du Canada et de la Société des écrivains, membre du Jury du Cercle du Livre de France et du Conseil provincial des Arts, Jean Simard collabore aussi aux journaux et à la radio.

En 1947, il reçoit le Prix Kormann de l'Académie française pour son premier roman *Félix*, en 1956, le Prix du Cercle du Livre de France pour *Mon fils pourtant heureux* et, en 1963, le Prix Duvernay pour l'ensemble de son œuvre.

En plus de ses romans, Jean Simard a publié *Répertoire* en 1961, suivi de *Nouveau répertoire* en 1965. Cette œuvre, composée d'observations, de méditations et de maximes, aborde les problèmes du Canada ainsi que ceux de l'art.

Jean Simard a aussi traduit de l'anglais deux romans de Hugh MacLennan : *Le temps tournera au beau* (*Barometer Rising*, 1966) et *Le matin d'une longue nuit* (*The Watch That Ends The Night*, 1967).

Jean Simard

Picasso, *Guernica* (Musée du Prado, 1937) © VIS * ART et Photographie Giraudon (1990)

Guernica

Guernica, qui est l'un des grands tableaux de notre temps, est né dans la colère.

Vous savez de quoi il s'agit. Le 28 avril 1937, le paisible village basque de Guernica est sauvagement bombardé par la Luftwaffe allemande, volant au service du général Franco. L'indignation de Picasso va **se cristalliser** dans une vaste « murale » de 12 pieds par 26, en **camaïeu**
5 gris, noir et blanc, mi-dessin, mi-peinture, où l'on aperçoit, à droite, une femme, les bras dressés, devant une maison en flammes ; une autre, qui s'en est échappée, et qui fuit vers le centre du tableau ; du côté gauche, une mère et son enfant mort **piétinés** par un énorme taureau, au **rictus** cruel ; sur le sol, **au premier plan**, un guerrier disloqué, tenant
10 encore un **tronçon** d'épée, non loin duquel pousse une fleur naïve ; au centre, un grand cheval **titubant**, hurlant, percé à mort par une lance tombée de là-haut ; par une fenêtre une figure de femme — sorte de Némésis ou de Fatalité — **brandit** une lampe qui éclaire d'un jour **inéluctable** cette scène de carnage, d'horreur et de destruction.
15 Le tableau tout entier est un Cri : cela **hurle** comme une sirène d'alarme, durant un « raid »... Picasso **clame** sa rage, son scandale, son dégoût, avec le **porte-voix** qui est le sien : c'est-à-dire la Peinture. Mais notons attentivement ceci — qui peut nous faire comprendre bien des choses, sur l'art contemporain et les arts plastiques, en général
20 — savoir que *Guernica* est moins « de la propagande en langage réaliste, qu'une prophétie en langage allégorique ». Un peintre naturaliste, en effet, nous eût montré une vue panoramique du village bombardé, les avions-plongeurs et leurs projectiles, les éclatements, les **cadavres**, les incendies. Picasso, lui, va **traduire** la même idée, bien sûr ! mais dans
25 un langage strictement pictural, à l'aide de ses images à lui, de son écriture et de sa symbolique à lui : La Némésis et le guerrier mort, vieux fond d'antiquité méditerranéenne ; le taureau, image du Mal pour un Espagnol, comme la Bête des tapisseries médiévales ; le cheval, les femmes et les enfants, l'humanité souffrante, les innocentes victimes
30 de la Guerre, ou, comme il dit lui-même, « de la brutalité et des ténèbres »...

Il y a des spectateurs insensibles à l'Allégorie, qui eussent préféré de vrais avions, de vraies bombes et de vrais cadavres. C'est leur droit — tout comme on a celui de lire les journaux ou de lire les tableaux.
35 Picasso part toujours du réel, mais il le réinvente selon lui, pour les fins de l'expression, du maximum d'expression. *Guernica* est plus vrai que la réalité. Et les métaphores plastiques de Picasso — personnages disloqués, visages **défaits** et **tordus**, mains en pattes de coqs, animaux fabuleux — toute cette **faune** de **cauchemar** traduit le dégoût, la panique
40 qui ravagent l'âme de l'artiste, à ce moment-là. Car c'est bien de carnage et de mort qu'il s'agit, non point de quelque **embarquement pour Cythère**...

N'oublions jamais que la majeure partie de l'œuvre de Picasso est née entre deux guerres épouvantables ; et qu'il a peint, **à la lettre**, entre
45 deux **charniers**.

Si l'art de Picasso fait parfois horreur à notre époque, peut-être aussi notre époque fait-elle horreur à Picasso.

Cela expliquerait l'espèce d'**acharnement** désespéré, quasi diabolique, avec lequel cet inquiétant **thaumaturge** s'attaque au visage et au corps humain : comme pour le punir, ou se venger sur lui, du **gâchis** de notre temps. Son art joue alors, littéralement, sur nos nerfs. Comme
5 certains Jazz qui cherchent des paroxysmes toujours plus intenses, des exacerbations **suraiguës** où la volupté et la souffrance finissent par **se confondre**. « Notre mérite, disait Shakespeare, réside dans l'interprétation de notre temps. » C'est dans ce sens que Pablo Picasso nous apparaît véritablement comme « la **pierre de touche** de l'art du vingtième
10 siècle ». Non seulement Picasso reflète le vingtième siècle, il est le vingtième siècle ! Personne n'a **fouillé**, comme lui, les énigmes de ce temps, ni projeté sur elles — telle la Némésis de *Guernica* — éclairage plus **implacable**. Il a peint notre épouvante et nos contradictions, notre désir de perpétuel rajeunissement, notre **haut-le-cœur** collectif en
15 présence de l'assassinat et de la tyrannie, de la cruauté de l'homme pour l'homme. Sa grande et sainte colère est notre colère... Il n'est donc pas étonnant que sa liberté — liberté d'être soi, liberté de tout dire — ait choqué, scandalisé tant de gens : tous ceux qui cherchent dans l'art un refuge de rêve, plutôt qu'une image du réel.
20   Ils ont été offensés de ce qu'ils apercevaient dans les tableaux de Picasso. Car c'est un miroir que le grand Espagnol leur **tendait** !

Simard (Jean), « Guernica », *Répertoire*,
Le Cercle du Livre de France, 1961,
pp. 200- 202.

---

d'Après le contexte

se cristalliser   se concrétiser, devenir précis

camaïeu (m.)   peinture où l'on n'emploie qu'une couleur avec des tons différents

piétiné   écrasé par les pattes, les trépignements d'un animal

rictus (m.)   sourire grimaçant

au premier plan   très proche, à peu de distance

tronçon (m.)   morceau coupé d'un objet

tituber   ne plus être soutenu par ses jambes, chanceler

brandir   agiter à bout de bras

inéluctable   inévitable, cruel

hurler   crier très fort

clamer   dire très fort, exprimer en termes violents

porte-voix (m.)   instrument qui amplifie la voix

cadavre (m.)   corps d'une personne morte

traduire   exprimer, représenter

défait   pâle et déformé

tordu   déformé par la douleur

faune (f.)   ensemble des animaux

cauchemar (m.)   rêve effrayant

embarquement pour Cythère (fig.)   chef-d'œuvre de Watteau, symbole d'élégance et de calme

à la lettre   littéralement, au sens propre du mot

charnier (m.)   endroit où l'on dépose les ossements des morts

acharnement (m.) ardeur furieuse

thaumaturge (m.) personne qui fait des miracles

gâchis (m.)(fig.) situation confuse et embrouillée, chaos

suraigu intense, extrême

se confondre ne plus se distinguer l'un de l'autre, se mêler

pierre de touche (f.)(fig.) qui sert à faire connaître la valeur de qqch ou de qqn

fouiller (fig.) explorer avec soin, approfondir

implacable qui révèle tout, brutal

haut-le-cœur (m.) nausée, dégoût

tendre présenter

À propos

1. Où se trouve Guernica et que s'y est-il passé ?
2. Pourquoi Picasso a-t-il peint ce tableau ?
3. De quelle technique de peinture s'est-il servi ?
4. Décrivez les personnes et animaux sur cette peinture murale.
5. Quelle différence existe-t-il entre une peinture réaliste et celle de Picasso ?
6. Pourquoi l'auteur dit-il que cette peinture est « une prophétie en langage allégorique » ?
7. Pourquoi Picasso a-t-il choisi pour sa peinture ces personnages et animaux en particulier ?
8. À quel tableau du XVIIIᵉ siècle fait-on référence dans ce texte ? Pourquoi ?
9. Quelle image est évoquée par le mot « charnier » ? Pourquoi l'auteur s'est-il servi de ce mot ?
10. Sur quoi Picasso voulait-il attirer notre attention ?
11. Pour quelles raisons cette peinture murale a-t-elle offensé plusieurs personnes ?

À votre avis

1. Allez-vous parfois au musée ? Quelle sorte de tableaux préférez-vous ?
2. D'après vous, une peinture peut-elle attirer notre attention sur les horreurs de la guerre, tout comme peuvent le faire un documentaire ou un article de journal ?
3. Est-ce qu'un artiste (peintre, musicien, sculpteur) devrait se mêler de politique ou rester impartial ?
4. Connaissez-vous d'autres artistes engagés ? Avez-vous vu des films « engagés » ?
5. Les civils peuvent-ils être épargnés pendant une guerre ?
6. La censure est-elle nécessaire en temps de guerre ?
7. Que pensez-vous de l'Organisation des Nations Unies ?
8. Pourquoi les nations ont-elles besoin d'un hymne national et d'un drapeau ?

I *Répondez aux questions de style suivantes :*

1. La description se limite en général à l'aspect extérieur des choses et des gens ; pourtant le choix des mots est souvent révélateur. Cherchez dans le texte la description :

   d'une femme
   d'une mère et de son enfant
   d'un guerrier

   d'une autre femme
   d'un taureau
   d'un cheval

2. Quelle impression se dégage du premier paragraphe ?
3. Quelle est l'idée principale illustrée dans ce texte ?
4. « ... Un tronçon d'épée, non loin duquel pousse une fleur naïve... » Quels mots sont juxtaposés ? Pourquoi cette image est-elle saisissante ? Trouvez-en d'autres dans le texte.
5. Si vous deviez représenter le mouvement rythmique global des trois premiers paragraphes de cet extrait, comment le feriez-vous ? À quel moment situeriez-vous le point culminant ? Pourquoi ?
6. Quelle idée ressort du dernier paragraphe ?
7. Expliquez cette image : « Il a peint [...] entre deux charniers. » Quel mot vous frappe ici et pourquoi ?
8. La personnification est le procédé littéraire par lequel on attribue des caractéristiques humaines à des choses.

   EXEMPLE : — Cette fleur m'a souri tous les matins.

   Pouvez-vous relever un exemple de ce procédé dans le texte *Guernica* ? Quel effet ce procédé produit-il ici ?
9. Relevez dans cet extrait tous les termes qui soulignent l'horreur de Guernica.

EXEMPLE :	NOM	ADJECTIF	VERBE	ADVERBE
	rictus	piétiné	tituber	sauvagement

II *Ci-dessous vous trouverez des expressions idiomatiques se rapportant aux couleurs. Après avoir étudié le sens de ces expressions, employez-les dans des phrases.*

voir la vie en rose
avoir une peur bleue de qqch
rire jaune
passer une nuit blanche
voir rouge
faire couleur locale

donner le feu vert à qqch
donner carte blanche à qqn
être la bête noire de qqn
en voir de toutes les couleurs
avoir du sang bleu
broyer du noir

III *Cherchons : certains sujets méritent une attention particulière. Pour les curieux, en voici quelques-uns :*

1. *Guernica* de Pablo Picasso
   Avant de lire cet article, aviez-vous entendu parler de *Guernica* ? Savez-vous où se trouvait ce tableau ? Où se trouve-t-il à présent ? Dans quelles circonstances a-t-il été déplacé ?

2. *La tauromachie*
   Le taureau joue un rôle important dans la civilisation espagnole. Faites une petite étude de ce sujet (corrida, toréador, etc.).

3. Dans le *Nouveau Testament*, le livre des Révélations nous parle de quatre cavaliers de l'Apocalypse. Faites des recherches sur ces cavaliers : ce que chacun représente et le lien qui existe entre eux et le tableau *Guernica* de Picasso.

4. *Concerto d'Aranjuez*
   Avez-vous entendu parler de ce concerto ? Qui l'a composé ? Quand ? Dans quelles circonstances ?

5. *Mythologie grecque*
   L'article de Simard fait référence à Némésis. Savez-vous ce que représentait ce nom ? D'autres noms mythiques sont passés dans le langage de tous les jours. On dit :

   Fort comme…
   Belle comme…
   Sorti de la cuisse de…
   Le complexe d'…
   Le tendon d'…
   Le cheval de…

Repères grammaticaux

Remarquez : — Ils ont passé une soirée *ennuyante*.

— Les soldats, *marchant* au pas, défilaient sur l'avenue.

— « C'est pas *en dormant* que tu t'instruis. »

■ Le participe présent des verbes réguliers se forme à partir de la première personne du pluriel du présent de l'indicatif. La terminaison finale **ons** est remplacée par **ant**.

aim**ons**	⟶	aim**ant**
finiss**ons**	⟶	finiss**ant**
vend**ons**	⟶	vend**ant**

1. Le participe présent employé comme adjectif

Remarquez : — Nous avons lu des romans *intéressants*.

— J'ai entendu des chansons *amusantes*.

■ Comme adjectif verbal, le participe présent exprime un état et s'accorde en genre et en nombre avec le nom qu'il qualifie.

2. Le participe présent employé comme forme verbale

■ Comme forme verbale, le participe présent exprime une action et demeure **invariable**.

a) Le participe présent employé seul

■ modifie un nom ou un pronom :

EXEMPLES : — J'ai vu des enfants *courant* dans la rue.

— Elle est partie tôt, me *laissant* perplexe.

■ sert parfois d'explication :

EXEMPLE : — « Notre faim augmente sans cesse, la publicité *aidant*. »

b) Le gérondif (*en + participe présent*)

■ a le même sujet que le verbe principal ;

■ exprime une action simultanée par rapport à l'action principale.

EXEMPLE : — « Tout *en corrigeant* leurs grosses faiblesses académiques, nous leur apprenons à identifier leurs intérêts. »

■ Il répond à la question sous-entendue : « Comment ? »

EXEMPLE :   — C'est *en creusant* qu'il a trouvé le trésor.

3. **Le participe passé composé** *(forme composée du participe présent)*

Remarquez :   — N'*ayant* pas *combattu*, Joseph se sent inutile.

— Emmanuël, *étant arrivé* sur la montagne, retrouve Pitou.

— Ne m'*étant* pas *excusé*, j'ai été puni.

■ Le participe passé composé est formé de l'auxiliaire *avoir* ou *être* au participe présent et du participe passé : *ayant/étant + participe passé*.

■ Il exprime une action antérieure à celle du verbe principal.

N.B. Pour le participe passé à la forme simple, voir chapitre 4.

APPLICATIONS

I *Remplacez les infinitifs entre parenthèses par le participe présent en indiquant s'il s'agit d'une forme verbale ou d'un adjectif.*

1. Ceci est vraiment une question _____ (angoisser).
2. _____ (Ne pas apporter) son parapluie, il s'est mouillé.
3. Hemingway a écrit des romans _____ (passionner).
4. As-tu vu cette pièce _____ (amuser) ?
5. Il riait _____ (se tenir) les côtes.
6. Vous avez offert des solutions _____ (intéresser).
7. _____ (Ne pas prendre) d'alcool, j'ai commandé un verre de lait.
8. Elle s'est coiffée _____ (se regarder) dans le miroir.
9. J'imagine la vieille dame _____ (marmonner) des confidences à ses animaux.
10. _____ (Salir) son pantalon, il a dû se changer.
11. Elle avait les yeux _____ (briller) de larmes.
12. _____ (Regarder) dans la boule de cristal, il a eu peur.
13. Ils ont découvert l'Amérique _____ (voyager) dans la direction de l'Ouest.
14. _____ (Arriver) la dernière, Marie n'a pas trouvé de place.
15. La région _____ (environner) est très belle.

II *Après avoir cherché le sens des verbes* pétiller, rayonner, trembler, percer, charmer, séduire *et* captiver, *employez-les au participe présent dans les expressions suivantes :*

1. des yeux *où l'on voit la joie*
2. une femme *qui a beaucoup de charme*
3. des visages *où l'on voit la santé*
4. une voix *très aiguë*

5. des lèvres *qui expriment l'émotion*
6. des jeunes filles *qui attirent*
7. un sourire *irrésistible*

III *Transformez les phrases suivantes en employant un participe passé composé :*

EXEMPLES :   — Comme vous avez conduit prudemment, vous n'avez pas eu d'accident.

             — Ayant conduit prudemment, vous n'avez pas eu d'accident.

1. Tu as travaillé dur ; par conséquent tu as réussi.
2. Comme Joseph a voyagé, il a appris quelque chose.
3. Emmanuël s'est blotti contre sa grand-mère, alors il a senti battre son cœur.
4. Puisqu'on a écouté ce que les enfants disaient, on a compris leurs problèmes.
5. Comme il a offert des fleurs à sa femme, il s'est fait pardonner.

B. L'imparfait

Remarquez :   — D'habitude nous *jouions* dans la rue.

             — Quand nous *étions* jeunes, nous nous *souvenions* toujours de nos leçons.

■ L'imparfait des verbes réguliers et irréguliers (sauf le verbe être) est formé à partir du présent de l'indicatif. La terminaison de la première personne du pluriel **ons** est remplacée par **ais, ais, ait, ions, iez, aient.**

aim**ons** ⟶ aim**ais**
finiss**ons** ⟶ finiss**ais**
vend**ons** ⟶ vend**ais**

■ L'imparfait s'emploie
1. pour faire une description au passé (état, personne, chose) :
   — « Il *faisait* froid dans la maison. »
   — « Les pieds de Grand-Mère Antoinette *dominaient* la chambre. »
   — « On *voulait* dormir en elle… »

N.B. Ainsi les verbes décrivant un état d'esprit (*être, savoir, vouloir, connaître…*) sont généralement employés à **l'imparfait.**

2. pour indiquer une action habituelle dans le passé. Dans ce cas, on le retrouve avec des expressions comme *à cette époque-là, d'habitude, chaque mois, tous les jours…*
   — Tu *faisais* les comptes chaque mois.
   — D'habitude, nous nous *installions* dans un coin.

3. pour indiquer une action passée d'une durée indéterminée :
   — « Elle *se plaignait* à voix basse. »
   — « Elle *égrenait* un chapelet gris. »
4. pour exprimer une action passée interrompue par une action précise :
   — Il *dormait* quand je suis entré.
   — L'accident est arrivé pendant qu'il *conduisait*.
5. dans certaines structures telles que *aller + infinitif* et *venir de + infinitif* :
   — J'*allais sortir* quand le téléphone a sonné.
   — L'orage *venait d'éclater* quand nous sommes arrivés.
6. dans les hypothèses introduites par *si*, lorsque le verbe de la principale est au conditionnel présent :
   — *Si* tu *venais*, nous irions ensemble.
   — *Si* Joseph *voulait*, il se marierait.
7. parfois au discours indirect, quand la phrase déclarative est au passé :
   — Elle a expliqué qu'elle *était* malade.
   — Il lui a demandé si elle *patinait* souvent.

TABLEAU 11: passé composé et imparfait

PASSÉ COMPOSÉ (*fait isolé, durée déterminée*)	IMPARFAIT (*état de chose, action répétée ou continue*) (*action interrompue*)
— Tu *es tombé* trois fois.	— Tu *tombais* souvent.
— Ils *se sont rencontrés* à Paris.	— Ils *se rencontraient* tous les jours au Café de la Paix.
— Elle *a cru* devenir folle à ce moment-là.	— Elle *croyait* devenir riche en épousant cet homme.
— J'*ai parcouru* le Canada.	— Je *parcourais* le Canada, sac au dos, quand je suis tombé malade.
— Nous *avons questionné* la dame.	— Nous *questionnions* la dame quand l'incident s'est produit.

APPLICATIONS

I *Mettez chaque phrase à l'imparfait ou au passé composé.*

1. Ce soir-là, je _____ (tomber) malade.
2. Nous _____ (faire) du ski quand il _____ (commencer) à neiger.

3. Elle _____ (être) triste quand Paul _____ (retourner) à Québec.

4. Hier, je _____ (aller) au cinéma avec des amis.

5. Samedi dernier, ils _____ (jouer) au football.

6. Le samedi, elle _____ (jouer) au hockey.

7. En général, il _____ (commencer) à neiger à la fin novembre.

8. Un jour, nous _____ (décider) d'aller en France.

9. Nous _____ (être) bronzés après nos vacances d'été.

10. Nous _____ (aller) sortir, quand il est arrivé.

11. Quand vous _____ (jouer) au tennis, nous _____ (partir) en promenade.

12. Je _____ (venir) de rentrer, quand la fenêtre _____ (se casser).

II *Utilisez le passé composé ou l'imparfait dans les phrases suivantes :*

1. Elle _____ (tomber) plusieurs fois.

2. Bérénice _____ (être) malheureuse parce que ses parents _____ (se disputer) constamment.

3. François _____ (se cacher) toujours derrière la porte parce qu'il _____ (craindre) sa mère.

4. Quand Emmanuël _____ (naître), il y _____ (avoir) déjà 15 enfants dans la famille.

5. Audrey _____ (venir) d'arriver au Canada quand elle _____ (connaître) son futur époux.

6. Les enfants _____ (déclarer) au professeur qu'ils _____ (savoir) leur leçon.

7. Tous les soirs, Luzina _____ (discuter) avec Armand.

8. Pendant que l'instituteur _____ (chasser), les enfants _____ (attendre).

9. Ils _____ (débarquer) en Europe en 1943.

10. D'habitude, la grand-mère _____ (ranger) les vêtements, _____ (s'occuper) du ménage, _____ (nourrir) le bébé alors que les parents _____ (labourer) et _____ (ensemencer) la terre.

III *Complétez les phrases suivantes avec un verbe à l'imparfait :*

1. Chaque fois que je sortais…
2. Il lui a déclaré que…
3. Quand je t'ai téléphoné…
4. Je me suis demandé si…
5. Tous les matins, Armand…
6. Est-ce que tu le ferais si…
7. Elle n'a pas compris ce que…
8. Constamment la grand-mère…
9. Francine nous a expliqué que…
10. Quand l'orage a éclaté…

C. Le plus-que-parfait

Remarquez :
— Florentine *avait aimé* Jean sans le lui dire.
— Il *était allé* à la guerre malgré lui.
— Nous nous *étions disputés* juste avant notre départ.

■ Le plus-que-parfait est formé de l'auxiliaire *avoir* ou *être* à l'imparfait et du participe passé :

l'imparfait de être / avoir + participe passé.

■ Il s'emploie dans le passé

1. pour indiquer un fait qui se rapporte à un moment antérieur au temps du verbe principal :
   — « Sa pensée ne pouvait se détacher de ces deux êtres qu'un hasard lui *avait révélés.* »
2. pour exprimer un fait répété antérieur à un autre :
   — « Il décida de gravir la montagne. Plusieurs fois il y *avait trouvé* une sorte d'apaisement. »
3. dans les hypothèses introduites par *si*, lorsque le verbe de la principale est au conditionnel passé :
   — Si Marc *avait poursuivi* ses études, il aurait reçu son diplôme d'études collégiales.
4. au discours indirect, ou dans une interrogation indirecte, pour exprimer une action antérieure, quand la phrase déclarative est au passé :
   — Ils ont expliqué que nous *étions venus* trop tard.
   — « Il se demandait si une nuit [...] n'*avait* point *commencé* à encercler la terre... »

TABLEAU 12 : passé composé, imparfait et plus-que parfait

PLUS-QUE-PARFAIT	PASSÉ COMPOSÉ	IMPARFAIT
ce qu'il *avait demandé* ◄——elle a refusé——► ce qu'il *demandait*		
avait demandé : action antérieure, terminée avant celle de *refuser*		*demandait* : action qui se déroule en même temps que celle de *refuser*

APPLICATIONS

I *Mettez les verbes entre parenthèses aux temps du passé qui conviennent.*

Autrefois Marc _____ (se lever) tôt pour aller à l'école. Il _____ (descendre) le premier, et _____ (préparer) le café au lait pour ses frères et sœurs. Lui-même

_____ (avaler) un morceau de pain et de fromage et il _____ (sauter) dans l'autobus qui _____ (passer) devant chez lui.

Un jour, il _____ (remarquer) que l'autobus _____ (ne pas passer). Est-ce qu'une grève _____ (se déclencher) dans la nuit ? Il _____ (décider) d'attendre encore un peu. Quinze minutes plus tard, l'autobus _____ (ne pas arriver). Marc _____ (faire signe) à un taxi qui _____ (passer). Quand il _____ (arriver) à l'école, le concierge _____ (ne pas encore ouvrir) les portes. Que _____ (attendre)-il ? Marc (sonner). Le concierge _____ (arriver), tout surpris. « Que voulez-vous, Monsieur, lui _____ (demander)-il ? » Marc _____ (regarder) autour de lui. Il _____ (ne pas y avoir) personne. Alors il _____ (se rappeler) que c'était Pâques. En effet, il le _____ (oublier).

II *Complétez les phrases suivantes en employant le plus-que-parfait :*

1. Ils se sont demandé comment…
2. Je ne savais pas que vous…
3. Elle a déclaré que…
4. Le maire croyait que…
5. Nous avons découvert que…
6. Ne vous ai-je pas dit que…
7. Tu as revu le film…
8. Il s'est souvenu de la jeune fille avec qui…
9. Je vous aimerai toute ma vie…
10. Elles n'ont pas reçu…

III *Faites l'exercice suivant selon le modèle proposé :*

EXEMPLES :   — Marie a épousé Jacques il y a un an ; ensuite elle a divorcé.

— Marie a divorcé d'avec Jacques qu'elle avait épousé il y a un an.

1. Pénélope tissait le tapis le jour et elle le défaisait le soir.
2. Suzanne a accepté la bague mais après, elle l'a rendue.
3. Le chasseur abattait les canards puis il envoyait le chien les ramasser.
4. J'ai acheté une blouse mais j'ai été obligée de la rendre.
5. Marc a reçu son examen ; pris de colère, il l'a déchiré.
6. La maison a brûlé, donc nous l'avons fait reconstruire.
7. Les coureurs ont complété le marathon, ensuite ils étaient fatigués.
8. Le lion s'est échappé de sa cage ; on l'a rattrapé par la suite.
9. Pierre a entendu la mauvaise nouvelle ; par conséquent, il était bouleversé.
10. Un cinéaste célèbre a disparu. On vient de retrouver son corps.

IV *Mettez les verbes entre parenthèses aux temps du passé qui conviennent (passé composé, imparfait, plus-que-parfait).*

Mon grand-père _____ (être) un homme que nous _____ (craindre) beaucoup, mon frère et moi, à cause de sa voix tonitruante et de sa grande taille. Chaque fois qu'il nous _____ (rendre) visite, il _____ (s'installer) dans son fauteuil favori et nous _____ (interroger) sur ce que nous _____ (apprendre) ce jour-là à l'école. Quand nous _____ (finir) de réciter poèmes et comptines, il _____ (dire) : « Ce n'est pas fameux ! De mon temps, les enfants _____ (travailler) fort et ils _____ (obtenir) de meilleurs résultats. »

Un jour, alors que je _____ (chercher) je ne sais plus quoi au grenier, je _____ (découvrir) le bulletin scolaire que mon grand-père _____ (recevoir) sa dernière année du primaire. Les résultats _____ (être) désastreux ! Quand mon grand-père _____ (revenir) la semaine d'après, la même scène _____ (se répéter) ; mais, au moment où il _____ (aller) nous faire ses remontrances, je _____ (sortir) le bulletin du tiroir où je le _____ (cacher) et je le lui _____ (mettre) sous le nez. À ma grande surprise, mon grand-père _____ (éclater) de rire et il _____ (s'exclamer) : « Je _____ (croire) que je _____ (égarer) ce bulletin ! C'est vrai, avec l'âge je _____ (oublier) qu'à mon époque il y _____ (avoir) aussi des cancres ! »

Inutile de vous dire que, depuis ce jour-là, mon grand-père _____ (ne plus jamais nous questionner) sur notre travail scolaire.

D. Les hypothèses

Remarquez : — S'il *pleut* demain, je ne *sortirai* pas.

— « Si on *était resté* dans notre coin, sais-tu ce qu'on *serait devenu* ? »

■ Toutes les hypothèses sont gouvernées par un **si** de condition.

■ Les hypothèses sont de trois catégories :
  1. les hypothèses probables
  2. les hypothèses possibles
  3. les hypothèses irréelles

Si ⟶ **Proposition subordonnée** ⟶ **Proposition principale**
(qui exprime la condition)   (qui exprime le résultat de cette condition)

1. Les hypothèses probables

- Elles expriment un fait ou une action dont la réalisation est presque sûre.

SUBORDONNÉE	PRINCIPALE
— Si tu *viens* demain, **(présent)**	je *sortirai* avec toi. **(futur)**
— « Si tu *passes* toute ta vie à te refouler, **(présent)**	tu *vieillis.* » **(présent)**
— Si tu *viens* en ami, **(présent)**	entre ! **(impératif)**

- Le temps utilisé dans la proposition subordonnée est **le présent**. Dans la proposition principale, selon le sens, on emploie **le futur**, **le présent** ou **l'impératif**.

2. Les hypothèses possibles

- Les hypothèses possibles se rapportent à des situations futures ou potentielles dont la réalisation n'est pas certaine.

SUBORDONNÉE	PRINCIPALE
— « Si l'école n'*était* pas obligatoire, **(imparfait)**	vous *seriez* surpris du nombre de parents qui retireraient leurs enfants... » **(conditionnel présent)**

- Le temps utilisé dans la proposition subordonnée est **l'imparfait**. Dans la proposition principale on emploie le **conditionnel présent**.

3. Les hypothèses irréelles

- Elles se rapportent à des situations passées qu'on ne peut plus changer, en indiquant le contraire de ce qui est réellement arrivé.

SUBORDONNÉE	PRINCIPALE
— Si on *avait encouragé* ces enfants, **(plus-que-parfait)**	ils *auraient poursuivi* leurs études. **(conditionnel passé)**

■ Le temps utilisé dans la proposition subordonnée est **le plus-que-parfait**. Dans la proposition principale, on emploie **le conditionnel passé**.

■ Quand le résultat de l'hypothèse se réfère au présent et non au passé, il est possible d'utiliser **le conditionnel présent** dans la proposition principale.

EXEMPLE :   — « Je *serais* peut-être quelqu'un si les Alliés *avaient attendu.* »

TABLEAU 13:   hypothèses

	PROPOSITION SUBORDONNÉE	PROPOSITION PRINCIPALE	EXEMPLE
situation probable	Si + présent	futur	— S'il *pleut* demain, je *ne sortirai pas.*
		présent	— Si tu *passes* tes nuits à fêter, tu *vieillis* vite.
		impératif	— Si tu *viens* en ami, *entre.*
situation possible	Si + imparfait	conditionnel présent	— Si on *réveillait* Armand et Bertha, ce *serait* drôle.
situation irréelle	Si + plus-que-parfait	conditionnel passé	— Si on *était resté* dans notre coin, sais-tu ce qu'on *serait devenu* ?
		conditionnel présent	— Je *serais* peut-être quelqu'un si les Alliés *avaient attendu.*

APPLICATIONS   **I** *Complétez les phrases suivantes en employant le temps approprié :*

1. Je me serais enrôlé si…
2. Tu aurais délivré la France si…
3. Emmanuël aurait pu en nommer vingt si…
4. Jamais ils n'auraient le même professeur si…
5. Si on ne travaille pas…

6. Il aurait fallu écouter si...
7. Si l'enfant pouvait se réaliser...
8. Si l'individu a droit à ses convictions politiques...
9. S'il le faut...
10. Si François n'avait pas obéi à sa mère...

II *Faites des hypothèses à propos des situations suivantes :*

EXEMPLES : — Marie est timide, alors elle n'a pas d'amis.

— Si Marie était moins timide, elle aurait plus d'amis.

1. Marc a échoué au cours parce qu'il n'a pas étudié.
2. La radio a annoncé qu'il allait pleuvoir le lendemain.
3. Il arrive toujours en retard parce qu'il se lève tard.
4. Marie n'a pas compris la leçon parce qu'elle était absente.
5. Nous mangeons peu parce que nous n'avons pas d'appétit.
6. Les étudiants ne vont pas à l'université parce qu'ils n'ont pas d'argent.

III *Faites l'exercice suivant selon le modèle :*

EXEMPLES : — Nous ne faisons pas de pique-nique aujourd'hui parce qu'il pleut.

— S'il n'avait pas plu aujourd'hui, nous aurions fait un pique-nique ; mais s'il ne pleut pas demain, nous en ferons un.

1. François ne sort pas parce qu'il est puni.
2. Martine n'a pas d'argent parce qu'elle a trop dépensé ce mois-ci.
3. Ils ne s'intègrent pas à la société parce qu'ils ne parlent pas la langue.
4. Cette année, les enfants n'apprennent rien parce que l'instituteur n'enseigne rien.
5. Francine se parle parce qu'elle n'a pas d'amis.

RÉDACTIONS

I *Composez un paragraphe sur ce que vous faisiez dans votre enfance pendant les vacances.*

II *Rédigez un texte d'une page dans lequel vous utiliserez cinq passés composés, cinq plus-que-parfaits et cinq imparfaits sur l'un des sujets suivants :*

1. un voyage que vous avez entrepris
2. un accident auquel vous avez assisté
3. une aventure comique qui vous est arrivée

III *Écrivez un court texte sur un des sujets dans chacune des sections suivantes :*

1. a) Si je rencontrais un Martien...
   b) Si je pouvais me réincarner...
2. a) Si je n'étais pas né(e) garçon (fille)...,
   b) Si je n'avais pas poursuivi mes études collégiales...,

La famille est un nid.
Quitte-la.
Se séparer est parfois la
seule façon de rester
unis.
Les familles les plus
désunies habitent
souvent ensemble.
Savoir bâtir son nid,
c'est savoir s'en aller.
Devenir homme, c'est
tomber hors du nid.

Leclerc (Félix),
Chansons pour tes
yeux, Fidès, Montréal,
1976, p. 115.

CHAPITRE 6

La famille

Les fugueurs : Moi aussi j'existe

Sous sa photo, en première page du journal, on avait écrit « Disparue ». Suivait le **signalement** de l'adolescente de même qu'une description **sommaire** des circonstances entourant son départ de la maison familiale.

Natacha s'était enfuie de chez elle un mois plus tôt. Malgré l'avis
5 publié dans le journal et la **trouille** que cela lui inspirait, elle n'avait pas l'intention de rentrer.

Pourtant, elle **en arrachait**. La **fugue**, en plein hiver, à 15 ans, sans argent, sans endroit où aller, c'est pas tout à fait la vie rêvée. « Faut pas se faire d'idées, dit-elle, les gens ne te gardent pas pour rien. »
10 Elle a d'abord abouti chez une amie, une fille gentille qui a consenti à l'**héberger** pendant quelques semaines. Puis elle **s'est ramassée** avec Toto et sa gang, des petits trafiquants, le genre agressif. « J'ai été battue, je me suis fait violer. J'ai tout eu. »

Elle a été partie deux mois. Un an plus tard, elle raconte son histoire
15 d'un ton **posé**, ne négligeant aucun détail, nullement gênée par mes questions. Blonde, les cheveux **amidonnés** par le gel, les jeans serrés, Natacha a l'air d'une fille en santé et en beauté comme on en voit sur la couverture des magazines.

Comme tous les adolescents, elle se cherche. Plus que les autres,
20 elle a du mal à se trouver. Enfant ping-pong, elle a été **ballottée** de parents adoptifs en oncle compréhensif, de centre d'accueil en foyer d'hébergement, pour se retrouver aujourd'hui « toute seule, sans parent, sans ami ».

Au moment de sa grande fugue (il y en avait eu d'autres avant),
25 elle arrivait d'un **séjour** de deux mois chez sa mère naturelle qu'elle avait fini par retrouver après **maintes** recherches. **Tout espoir bu**, ce fut l'échec. Où aller ? Chez sa mère adoptive ? Elles ne **s'étaient** jamais **entendues**. Chez son père adoptif (ses parents adoptifs sont divorcés) ? Il n'avait ni la place ni les moyens financiers de la recevoir. Alors, elle
30 **a entrepris** cette fugue désespérée.

Un sentiment de rejet

À tort ou à raison, beaucoup de jeunes fuguent parce qu'ils se sentent rejetés. On ne les met pas **carrément** à la porte, mais c'est tout comme. « Je ne suis pas capable de lui parler, elle me **crie** toujours **des bêtises**,
35 elle me dit tout le temps que je suis folle », dit Sophie, une **récidiviste** de 13 ans en parlant de sa mère récemment **déchue** de son autorité parentale. « Je fais des fugues pour ça. »

La fugue, affirment les spécialistes, est le symptôme d'un malaise dont la source se trouve généralement dans la famille. « À peu près tous les auteurs relient la fugue d'un adolescent à des problèmes familiaux dus à l'atmosphère familiale », peut-on lire dans l'étude du Comité de
5 la protection de la jeunesse du Québec : « La fugue du foyer familial à l'adolescence ».

En cette époque de **pots cassés**, les difficultés familiales sont multiples. Les fugues aussi. En 1984, à Montréal seulement, les données statistiques de la police révèlent un total de 3 454 fugues chez les mineurs dont
10 360 concernaient les moins de 10 ans. Aux États-Unis, une étude entreprise en 1975 rapportait qu'un jeune Américain sur 10 âgé de 12 à 17 ans avait fugué au moins une fois du foyer familial.

Les jeunes fuguent plus souvent et plus tôt qu'avant. « La moyenne d'âge baisse d'année en année » fait remarquer Michel Dorais, du Centre
15 des services sociaux du Montréal métropolitain.

Selon Michel Dorais, le danger que ces jeunes aboutissent dans des **réseaux** de prostitution est bien réel. « Ils sont des **cibles**, dit-il. Sans ressources, souvent sans toit, ils sont susceptibles d'accepter n'importe quelle proposition. »

20 Où peuvent-ils aller ? Chez des amis ? Il arrive en effet que le fugueur se retrouve chez les parents d'un copain. Mais ces derniers hésitent à l'héberger. « Et ils ont raison, constate Mme Jeanne Houde du ministère des Affaires sociales. La situation est délicate. Si j'avais une suggestion à faire à ces gens, je leur conseillerais de négocier avec les parents
25 de l'enfant ou de contacter le Directeur de la protection de la jeunesse. »

« Mais, **rétorque** Patrick Cellier du Pimp (Projet d'intervention auprès des mineurs prostitués), certains fugueurs souffrent déjà « d'une indigestion de structures ». Ils ne veulent plus rien savoir de l'appareil social qu'ils traînent avec eux — souvent depuis longtemps — comme
30 un **encombrant boulet**. »

Il n'existe malheureusement pas au Québec de réseau d'hébergement alternatif comme on en voit couramment en Europe ou aux États-Unis. Des lieux ouverts où le jeune serait accueilli **sans autre forme de procès**. Actuellement, pour avoir accès à l'un ou l'autre centre d'hébergement,
35 il faut être référé par son Centre des services sociaux (une exception : la maison Hébergement-Jeunesse à Sainte-Foy où les filles — seulement — peuvent toujours aller).

Plusieurs types de fugueurs

Les fugueurs composent un groupe très hétérogène. Autant filles que
40 gars (contrairement aux **décennies** antérieures, la population fugueuse des années 80 est à moitié composée de filles), ils viennent de différents milieux et ont des motifs différents selon qu'ils appartiennent à la catégorie des aventuriers ou des victimes. En anglais, les termes imagés de « running to » et de « running from » sont employés pour les décrire.
45 Les sociologues ont en effet divisé les fugueurs en deux grandes classes.

Les premiers seraient des aventuriers à la recherche d'un idéal. Les enfants-fleurs des années 70 (des maîtres fugueurs dans bien des cas), sont très représentatifs de cette tendance. Tandis que les enfants maltraités, battus ou abusés sexuellement appartiennent à la catégorie des victimes, ceux qui fuient un milieu familial devenu intolérable.

Observation troublante : une majorité de fugueurs proviendrait de familles monoparentales. L'étude publiée par le Comité de la protection de la jeunesse fournit une explication : « Certains fugueurs **visent** à attirer l'attention du parent dont ils sont séparés et que souvent ils ont idéalisé. Ce faisant, ils cherchent tout simplement une famille. »

De nombreuses études ont été publiées sur la fugue. Rarement entend-on les fugueurs eux-mêmes s'exprimer sur le pourquoi de leur geste. Une exception : le livre d'une jeune française, Anne Saraga, publié l'an dernier aux éditions du Seuil et intitulé *Fugue en haine majeure.*

Anne Saraga a 16 ans. Elle n'a qu'un désir : être aimée de cette mère trop indifférente (avec qui elle **s'engueule** tout le temps) et de ce père trop absent. Elle leur **en veut** pour tout. D'avoir divorcé, de l'avoir **enfantée**. Elle fugue avec l'espoir fou que son retour ramènera l'amour et l'unité dans sa famille **éclatée**.

Des parents à bout de ressources

Mais parfois ce sont les jeunes qui ne **foutent** pas **la paix aux** adultes. Ils fuguent pour provoquer. Ils fuguent pour **faire chanter**. « On accuse souvent les parents de **démission**, dit Lucille Noël du mouvement Entraide-Parents. Je ne suis absolument pas d'accord. Calculez les heures que mettent certains parents dans les consultations, les sessions, les cours et les thérapies de toutes sortes : vous verrez qu'ils font des efforts. Seulement, il arrive que toute la bonne volonté du monde ne donne rien. »

À bout de ressources et de bonne volonté, certains parents essaient des méthodes plus musclées. Des organismes d'aide, comme « *Tough Love* », un réseau d'entraide pour parents d'adolescents particulièrement difficiles, les encourageront dans ce sens. Cet organisme, qui **prône** une plus grande discipline, suggérera même aux parents d'imposer des conditions au fugueur qui revient à la maison et, si nécessaire, de lui faire signer un « contrat ». « Il s'agit de faire comprendre au jeune que la limite est atteinte », explique Céline Bégin de « *Tough Love* » à Québec.

En bout de ligne, il y a toujours le placement en famille ou centre d'accueil (à noter : selon la loi, la fugue ne constitue pas nécessairement un motif de placement). « Les parents s'y **résolvent** difficilement, dit Mme Bégin. Ils y voient le signe de leur échec. »

Or, placés en centre d'accueil, bien des jeunes fuguent encore. Motifs invoqués d'une voix haute et **plaintive** : la discipline trop sévère, les éducateurs trop **tatillons**, le quotidien trop plat. Motifs chuchotés : punir le ou les parents qui les ont « placés ».

Souvent vécue comme une forme de chantage, la fugue est aussi un cri, ou une requête. « Aie j'existe », résume Véronique, une fugueuse de 15 ans, fille unique qui se plaint de ne pouvoir communiquer avec sa mère qui, depuis longtemps, ne demeure plus avec son père.

« Au bout de 45 fugues en deux ans, ils ont compris que je n'étais pas bien avec eux, dit Yves, un ex-fugueur. Mon comportement a été une **catharsis**, une **faille** qui a détruit tout le **faux-semblant** de l'harmonie familiale. Parce que sous l'apparente normalité, les rapports de mes parents étaient pourris. »

« Ces enfants-là acceptent difficilement le mensonge, dit la présidente d'Entraide-Parents à Québec. Ils **n'ont pas leur pareil** pour aller **débusquer** vos faiblesses. Et le tact n'est pas leur **fort**. Seulement, on doit admettre qu'il y a beaucoup de parents qui ne ressentent plus d'amour ni pour eux-mêmes, ni pour l'enfant. »

La fugue est un droit, **soutiennent** un peu abusivement ceux qui croient au plein **épanouissement** dans la liberté quand il s'agit des jeunes. La loi **comporte** plus de nuances. Et si l'article 650 du *Code civil* interdit au mineur non émancipé de quitter la demeure familiale sans le consentement de l'autorité parentale, la *Loi sur la protection de la jeunesse* décrit la fugue comme une situation où « la sécurité ou le développement d'un enfant peut être considéré comme compromis ».

De prime abord, donc, la fugue n'est pas définie comme un geste de délinquance. Une exception : lorsque le jeune s'enfuit d'un centre d'accueil où il a été placé à la suite d'une infraction à la *Loi fédérale sur les jeunes **contrevenants***.

D'après les chiffres cités par le Comité de la protection de la jeunesse dans son document sur la fugue, la grande majorité des cas de fugues trouvent un **dénouement** rapide. En 1984, les statistiques révèlent que plus de 70% des fugueurs avaient réintégré leur foyer en moins de 72 heures, un autre 20% en moins d'une semaine. Dans bien des cas, les jeunes reviennent d'eux-mêmes.

Quand l'enfant reparaît

On porte trop peu d'attention à l'après-fugue, déplore-t-on dans le même document. Cette période devrait faire l'objet d'une attention spécifique de la part des « intervenants » et des parents. « En ne faisant que retourner le jeune chez lui comme on l'aurait fait d'un objet perdu et retrouvé, y lit-on, on n'a tout simplement pas **abordé** les causes qui l'ont forcé à fuir de la maison. Le fugueur revient plein de ressentiment et, alors, son agressivité n'est plus seulement dirigée contre ses parents et les problèmes qui l'ont amené à prendre la route, mais contre toute la société qui l'a forcé à réintégrer le foyer familial. »

On comprend que l'auteur parle ici de jeunes qu'on **a contraints** à revenir chez papa-maman. Il semble cependant, comme l'explique Anne Saraga, que le retour volontaire ne soit jamais tellement facile. « J'aurais préféré être ramenée par les **flics**, écrit-elle dans son livre… Je n'aurais pas à me demander si je reste ou si je m'enfuis. Si je ne m'étais pas rendue, mais s'ils m'avaient trouvée et ramenée de force, j'aurais eu une raison de les haïr… »

Il faut savoir que le retour au **bercail**, comme la fugue, est fait de sentiments **mitigés**. Je m'en vais, mais cherche-moi. Je reviens, parle-moi.

Tous ceux que j'ai interviewés étaient fort préoccupés de la réaction de leurs parents. Sophie tremblait lorsqu'elle a appelé sa mère au téléphone. Avec ses **frasques**, Natacha a toujours cherché à émouvoir son père, lui « qui est toute ma vie ». Véronique dit en parlant de sa mère, une professionnelle fort occupée : « Elle **tient à** moi parce qu'elle a laissé son travail pendant deux jours pour me chercher. »

Anne Saraga se montre également satisfaite des efforts de ses parents qui l'accueillirent à bras **ouverts**. Elle est aussi émue par les larmes de son père. Son **désarroi**, sa révolte, sa conviction de n'être pas suffisamment aimée, « ils l'ont presque compris », conclut-elle.

de Billy (Hélène), « Les Fugueurs »,
Justice, avr. 1986, pp. 11–13.

---

d'Après le contexte

signalement (m.) description physique d'une personne

sommaire bref, court

trouille (f.)(pop.) peur

en arracher (pop.) avoir beaucoup de difficultés

fugue (f.) escapade, fuite

héberger loger et nourrir

se ramasser (pop.) se retrouver

posé calme et raisonnable

amidonné rendu raide et dur

ballotté trimbalé d'un endroit à l'autre

séjour (m.) arrêt dans un lieu

maint(e) plusieurs

tout espoir bu après avoir perdu tout espoir

s'entendre être en bons termes avec

entreprendre commencer

à tort (à raison) pour de mauvaises (bonnes) raisons

carrément fermement, sans politesse

crier des bêtises à qqn (can.) injurier, insulter

récidiviste (m. et f.) personne qui recommence les mêmes erreurs

déchu ayant perdu

pots cassés (m. pl.)(fig.) dommages, bouleversements sociaux

réseau (m.) ensemble des éléments d'une organisation

cible (f.) but que l'on vise, victime éventuelle

rétorquer répondre, répliquer

encombrant qui dérange, gênant

boulet (m.)(fig.) contrainte, poids

sans autre forme de procès sans formalité, sans poser trop de questions

décennie (f.) période de dix ans

viser avoir pour but ou intention

s'engueuler (pop.) se disputer, se quereller

en vouloir à être fâché contre, blâmer

enfanter donner naissance à, mettre au monde

éclaté détruit, désuni

foutre la paix à (pop.) laisser tranquille

faire chanter exiger avec menace un avantage

démission (f.) abandon

prôner recommander fortement

en bout de ligne finalement

se résoudre accepter, se résigner

plaintif plein de douleur et de lamentation

tatillon exigeant, attaché aux détails des règlements

catharsis (f.) libération

faille (f.) défaut, point faible

faux-semblant (m.) mensonge, apparence trompeuse

ne pas avoir son pareil être unique et extraordinaire

débusquer découvrir, révéler

fort (m.) ce à quoi une personne excelle

soutenir affirmer, déclarer

épanouissement développement

comporter contenir

de prime abord à première vue

contrevenant (m.) personne qui ne respecte pas la loi

dénouement (m.) conclusion

aborder commencer à discuter, toucher à

contraindre obliger, forcer

flic (m.)(péj.) policier

bercail (m.) famille, foyer, maison

mitigé (can.) confus, mêlé

frasque (f.) mauvais coup, mauvaise conduite

tenir à être attaché à

désarroi (m.) angoisse, détresse

À propos

1. Expliquez ce que c'est qu'un fugueur.
2. Qui est Natacha ? Pourquoi l'appelle-t-on « l'enfant ping-pong » ?
3. Que lui est-il arrivé durant sa fugue ?
4. Quelles étaient les raisons de sa fugue ? Étaient-elles les mêmes que celles de Sophie ?
5. Pourquoi la fugue peut-elle avoir des conséquences désastreuses ?
6. Pourquoi les jeunes ne s'adressent-ils pas aux organismes sociaux pour qu'on les aide ?
7. Quelles ressources n'existent qu'en Europe et aux États-Unis pour les fugueurs ?
8. D'après les spécialistes, pourquoi les jeunes fuguent-ils ?
9. Que prône l'organisme « *Tough Love* » ?
10. Les centres d'accueil sont-ils vraiment la solution au problème de la fugue ?
11. Vis-à-vis de la loi, est-ce que la fugue est un crime ?
12. Pourquoi faut-il faire attention particulièrement à la période qui suit la fugue ?

À votre avis

1. Connaissez-vous des jeunes qui ont déjà fait une fugue ? Quelles raisons avaient-ils pour le faire ?
2. Sur le plan individuel, comment pouvons-nous aider un fugueur ?
3. Comment peut-on éviter les conflits entre parents et enfants ?

4. À votre avis, pourquoi parle-t-on de « famille éclatée » ? Quelles sont les causes de cet éclatement ?

5. La fugue est-elle une solution aux problèmes des adolescents ?

6. Si les grands-parents vivaient sous le même toit que leurs enfants et petits-enfants, y aurait-il moins de fugueurs ?

7. On parle beaucoup de suicide parmi les jeunes. Existe-t-il un lien entre la fugue et le suicide ?

8. Pourquoi croyez-vous que les jeunes considèrent tous les organismes sociaux comme « un boulet encombrant » ?

9. Que pensez-vous de l'organisation « *Tough Love* » ?

10. Est-ce qu'il devrait exister un contrat entre parents et enfants ? Quelle sorte de contrat ? Quels en seraient les termes ?

Avec des mots

Ci-dessous, vous trouverez des termes se rapportant à la famille employés dans des expressions idiomatiques. Après avoir trouvé le sens de ces expressions, employez-les dans vos propres phrases.

un fils (une fille) à papa	traiter quelqu'un en parent pauvre
une tarte maison	une mère poule
tel père, tel fils	un enfant de chœur
avoir un air de famille	un papa (une maman) gâteau
un oncle d'Amérique	c'est un jeu d'enfant
la mère patrie	être chef de famille

Gérald Robitaille est né le 27 mai 1923 au Québec. À la suite de la mort de son père, il quitte ses études pour entrer à l'emploi du gouvernement fédéral en 1941. Plus tard, il trouve à Montréal un autre emploi qu'il abandonnera pour s'installer à Paris. C'est dans cette capitale qu'il rencontre Henry Miller avec qui il entretiendra une longue correspondance avant de devenir son secrétaire officiel en 1966.

Cet écrivain a déjà publié plusieurs ouvrages dont deux en anglais : *The Book of Knowledge* (1964) et *Images* (1969). En 1967, apparaît *Un Huron à la recherche de l'art*, un essai sur l'histoire de l'art et, en 1971, le *Père Miller* où il raconte les années qu'il a passées comme secrétaire de ce célèbre écrivain. En 1980, il publie *Pays perdu et retrouvé* d'où est tiré l'extrait qui suit. Gérald Robitaille a aussi signé les traductions de *Quiet Days in Clichy* (*Jours tranquilles à Clichy*) de Miller et *Flat Broke and Beat* (*Le cassé*) de Jacques Renaud.

Romancier, traducteur, secrétaire, Gérald Robitaille est aussi un peintre qui a exposé ses toiles à Montréal, Paris, Londres et Los Angeles. Il est également membre de l'Association des écrivains de langue française et du Jury du Prix France-Québec. Depuis 1972, il est professeur d'anglais au Commissariat à l'énergie atomique à Saclay (France).

Gérald Robitaille

Pays perdu et retrouvé

Pays perdu et retrouvé, *voilà le titre qu'a choisi Gérald Robitaille pour relater l'histoire d'André Lamotte, le protagoniste de ce roman, qui se cherche une identité. L'action, qui englobe près d'une quarantaine d'années, se passe successivement à l'île Jésus, à Ottawa, à Montréal,*
5 *à New York et à Paris. Dans le court extrait présenté ici, André retourne d'une randonnée qu'il vient de faire avec Rachel Edelstein, sa petite amie.*

Son père avait un beau bateau à moteur qu'il gardait dans son garage en hiver. L'été l'emmenait dans le Nord, au bord du lac. Mais André
10 se demandait pourquoi son père n'aurait pas pu simplement mettre le bateau à l'eau **en amont** des rapides et aller faire une promenade sur cette belle rivière des Prairies. Peut-être pousser jusqu'au lac des Deux-Montagnes, en remontant le courant. Il ne comprenait pas pourquoi son père ne l'avait jamais fait.
15 — À cause du Sault-au-Récollet, ce n'est pas possible.
— Et tu n'as jamais été curieuse de savoir ce qu'il y a de l'autre côté ?
— Nous sommes déjà passés en voiture, mais plus haut, de l'autre côté des rapides.
20 — Et qu'y a-t-il par là ?

— Tu sais bien : Saint-Martin, L'Abord-à-Plouffe, Sainte-Dorothée. Et tout au bout, Laval-sur-le-lac. Tu devrais voir Laval ! C'est bien plus beau qu'ici. On peut y prendre le **bac** pour aller à l'île Bizard. Sur l'île, c'est beaucoup plus sauvage qu'ici ou que de l'autre côté.

André se rendait compte qu'il ne faisait que commencer à connaître ce lieu, ce pays de son enfance. Rachel l'avait déjà exploré, peut-être pas **de fond en comble** comme il avait envie de le faire, mais beaucoup plus que lui. Lorsqu'elle parla de l'île Bizard, cela le tenta plus que jamais… l'idée de partir, aller voir, explorer. Il croyait encore que c'était l'île bizarre et non Bizard (du nom d'un **aide de camp** de Frontenac, d'origine suisse). Il imaginait une île des plus bizarres sur cet immense lac des Deux-Montagnes qu'il n'avait vu que sur la carte. Et où étaient donc les montagnes ?

Rachel lui promit qu'on irait dès le retour du beau temps, dès que la rivière serait dégelée. Elle le demanderait à son père. On irait chercher du bon pain chez les paysans à Sainte-Dorothée, comme elle l'avait déjà fait. On visiterait tout ce qu'il voudrait.

Hélas ! Cela ne devait point avoir lieu.

Un jour qu'il était sorti toute la journée avec Rachel — il avait passé une très belle journée d'ailleurs — et revint tard dans l'après-midi, il aperçut un immense camion devant la porte de chez lui. Un de ces gros camions dans lesquels on pourrait vivre, qui mesurent plus de dix mètres de long. En grosses lettres, sur le côté, était écrit : JOS THE MOVER, c'est-à-dire le déménageur.

André eut comme un spasme, il eut peur. Immédiatement, il se vit ailleurs. Non, il ne voulait pas. Non ! Mais qu'est-ce qui se passe ? On ne va pas déménager ! Ce n'est pas possible. On me l'aurait dit. En se précipitant vers l'entrée, il **croisa** deux immenses **gaillards** qui sortaient des chaises, des chaises de la salle à manger, pour aller les mettre dans le camion.

Dès qu'il eut pénétré dans la maison, il s'aperçut que le piano était parti. Cela faisait un grand vide dans le salon. La table de la salle à manger n'y était plus, ni le buffet, ni le cabinet à portes vitrées dans le coin, où il y avait tant de **bibelots**. Même la belle grande horloge « grand-père » dans le couloir, dont il aimait tant le **carillon**, n'était plus là. Il courut à la cuisine : il n'y avait personne, mais rien n'avait été enlevé dans cette pièce. Il se précipita dans l'escalier dont il **gravit** les marches quatre à quatre pour se retrouver tout **essouflé** devant sa mère, là-haut.

— Maman, maman ! Qu'est-ce qui se passe ? demanda-t-il d'un ton **affolé**. On ne va pas déménager ?

Elle ne **s'était** pas **attendue à** une telle réaction de sa part, ni d'ailleurs des autres enfants à qui, pensant bien faire, elle avait tout caché, elle n'avait rien dit, absolument rien. Elle **laissait** à chacun **le soin** de le découvrir par lui-même. Dans un sens, comme tant de mères, elle ne s'était pas aperçue que ses enfants avaient grandi ces dernières années, qu'ils avaient maintenant leur **propre** personnalité, et surtout qu'ils s'**étaient attachés à** ce lieu, qu'ils avaient appris à l'apprécier, à l'exception peut-être des deux petites à qui cela sembla **être** bien **égal**, sinon fournir tout simplement une occasion de s'exciter un peu.

5 André voulait tout savoir, tout de suite. On déménageait ? Pourquoi ? Quand ? Où allait-on ? Il ne se rendait pas compte du ton impératif de ses questions. C'était comme s'il lui avait ordonné de lui répondre.

Elle put à peine le faire ; elle se mit à pleurer. Non, elle n'avait 10 pas prévu que ses enfants aussi **prendraient** la chose si **mal**, qu'ils ne voudraient pas partir.

André avait vu sa mère pleurer le jour de l'arrestation de Pierre et Roger — c'est tout. De la voir en larmes encore une fois l'embarrassa. Il sentait bien qu'il aurait dû avoir une autre attitude, mais il ne put 15 s'empêcher de quitter la pièce, de la laisser là toute seule. Pourquoi ne lui avait-on rien dit ? Il courut d'une chambre à l'autre. C'était Mémé qu'il cherchait. Dans sa précipitation, il **buta** sur elle alors qu'elle sortait de la salle de bains.

— Mémé, qu'est-ce qui se passe ? Où est-ce qu'on va ?

20 — On déménage, dit-elle bien tristement, mais résignée.

— Mais où va-t-on ? On part tout de suite ?

— Non, non. Dans quelques jours. À Ottawa.

Ottawa ! Pour André, Ottawa, la capitale du Canada — ainsi qu'il l'avait appris à l'école — c'était en Ontario, au bout du monde. **En** 25 **plein** pays anglais. Non, jamais je n'irai, se disait-il. C'est Montréal qu'il voulait connaître. Depuis le temps qu'il rêvait d'être assez grand pour y aller seul... explorer cette grande ville qui ne lui avait pas encore révélé ses mystères. Il y était souvent allé, mais toujours avec son père, sa mère, les Edelstein. Combien de fois ne s'était-il pas dit : je reviendrai 30 là... et là... Il en avait discuté avec Rachel qui ne connaissait pas Montréal mieux que lui. On s'était promis que dès l'été on irait sur la montagne, le Mont-Royal, en plein centre de la ville.

— Et pourquoi va-t-on à Ottawa ? demanda-t-il à Mémé.

— Parce que ton père doit y aller pour travailler.

35 Ce qu'elle venait de dire était comme une condamnation. Tout à coup la chose prit un sens qui ne lui était pas apparu, même en voyant les meubles partir. Elle devenait vraiment **inéluctable**. Dans la maison, dans les conversations, il y avait toujours eu une chose sacrée : le travail de Monsieur Lamotte. Tout y était subordonné, sacrifié. « Ton père 40 travaille, ton père doit travailler, ton père doit partir pour le travail... » À ça, il **n'y avait rien à redire**. On se taisait.

André restait là devant Mémé, **bouche bée**, incapable de pleurer comme il en ressentait l'envie. Elle vit bien à quel point il était **bouleversé**. Elle non plus n'aurait pas cru qu'il prendrait cela si mal. Elle se mit 45 à lui expliquer un peu. Et tout à coup, alors qu'elle venait de lui dire que son père n'était plus riche, qu'ils auraient un bien petit logement à Ottawa, il eut une question qui la surprit, la toucha profondément :

— Et toi Mémé, tu viens avec nous ?

Elle hésita, le regarda.

— Non. Je ne pourrai pas. Et elle **éclata en sanglots** elle aussi.

Sur le coup, c'est un monde qui **s'écroula** pour André, mais à tel
5 point qu'il ne put manifester aucune réaction. Il pensa aussi à Rachel
qu'il ne verrait plus. Il n'avait jamais non plus abandonné tout à fait
le vague espoir d'un retour de Jules, il s'en rendait compte maintenant.
Demain, jusqu'à ce moment précis, était resté loin. Et vu de loin, il
ne pouvait être que meilleur. Tout d'un coup, il devenait aujourd'hui,
10 et un aujourd'hui vide, noir, pénible, un aujourd'hui qu'on refuse, qu'on
ne veut pas vivre.

— Non ! Tu viendras avec nous, dit-il après un moment, et sur
un tel ton qu'elle y crut presque.

— Mais il n'y aura même pas de place pour moi.

15 — Tu prendras ma place, je coucherai dans le couloir, n'importe
où. Ne pleure pas Mémé, tu resteras avec nous.

En lui disant cela, il comprenait du même coup qu'elle avait été
sa mère elle aussi. Il avait eu deux mères. L'une éloignée, qu'il aimait
bien mais qu'il craignait, l'autre toute proche. Il se jeta dans ses bras.

Robitaille (Gérald), *Pays perdu et
retrouvé*, Saint Lambert, Les Éditions
Héritage Inc., 1980, pp. 108–112.

**d'Après le
contexte**

en amont   au-dessus de, vers la
   source

bac (m.)   traversier (can.),
   bateau servant à transporter
   des voitures ou des passagers

de fond en comble
   complètement, totalement

aide de camp (m.)   officier
   attaché à un chef militaire

croiser   rencontrer en venant
   d'une direction opposée

gaillard (m.)   personne
   vigoureuse

bibelot (m.)   petit objet
   décoratif

carillon (m.)   système de
   sonnerie

gravir   monter

essoufflé   hors d'haleine, qui
   respire difficilement

affolé   effrayé, épouvanté

s'attendre à   anticiper

laisser le soin   laisser la
   responsabilité

propre (fig.)   à soi

s'attacher à   éprouver une
   affection profonde pour

être égal   importer peu, laisser
   indifférent

mal (bien) prendre qqch   mal
   (bien) accepter qqch

buter   entrer brusquement en
   contact avec

en plein   au milieu de, au cœur de

inéluctable   qui ne peut être
   empêché ou évité

n'avoir rien à redire à   n'avoir
   rien à critiquer, à commenter

bouche bée   bouche ouverte
   d'étonnement

bouleversé   ému, troublé

éclater en sanglots   se mettre à
   pleurer très fort

s'écrouler   subir une destruction
   soudaine

1. Dans quelle région du Québec se passe cette histoire ?
2. Comment savons-nous que le père de Rachel avait de l'argent ?
3. Comment se rendait-on à l'île Bizard ? Pourquoi se servait-on de ce moyen de locomotion ?
4. Pourquoi André est-il tenté de visiter cette île en particulier ?
5. Quels endroits André et Rachel avaient-ils l'intention de visiter ? Ont-ils réussi à le faire ?
6. Dans quelles circonstances André a-t-il reçu un premier choc ?
7. Pourquoi mentionne-t-on certains meubles dans ce texte ?
8. Pourquoi la mère d'André est-elle surprise de la question de son fils ?
9. Comment André parle-t-il à sa mère ? Comment cette dernière réagit-elle ?
10. Qui apprend la nouvelle à André ?
11. Quelles sont les causes de ce bouleversement ?
12. Quel est le deuxième choc qu'André reçoit ?
13. Que promet-il à la fin ?

1. Un déménagement est-il vraiment un grand bouleversement ?
2. Pour quelles raisons une famille déménagerait-elle ?
3. Est-ce que les parents devraient consulter leurs enfants avant d'envisager des changements importants tel qu'un déménagement ?
4. Y a-t-il des objets dans votre maison auxquels vous êtes attaché ?
5. Connaissez-vous bien la région où vous demeurez ? Pourriez-vous y servir de guide ?
6. Avez-vous jamais eu le sentiment que quelque chose était inéluctable ? Dans quelles circonstances ?
7. Pour les Lamotte, le travail est une chose sacrée. Qu'est-ce qui est sacré pour vous ? Y sacrifieriez-vous votre famille ?
8. Quelle que soit l'époque, il y a toujours un fossé entre les générations. À votre avis, à quoi cela est-il dû ?
9. On dit : « Partir, c'est mourir un peu. » Est-ce vrai ? Expliquez.
10. Y a-t-il des changements qu'on devrait éviter ? Lesquels ?

I *En vous servant du vocabulaire du texte, complétez les phrases suivantes :*

1. Pour transporter des boîtes lourdes, il faut engager des _____.
2. Si vous ne travaillez pas il ne faut pas _____ bien réussir.
3. Le _____ Big Ben à Londres est connu dans le monde entier.
4. Ne me dérangez pas ! Je suis _____ travail !
5. On dit que les impôts et la mort sont _____.

6. Quand mon chien est mort j'ai beaucoup pleuré car je
_____ à lui.
7. En allant à la cafétéria je _____ mon ami qui allait à
la bibliothèque.
8. Il est resté _____ de surprise.
9. Après avoir couru le marathon, les coureurs étaient tout
_____.
10. Ce travail est très bien fait. Je _____ !

II *Amusons-nous : en gardant l'ordre des lettres, de gauche à droite,
faites autant de mots que vous le pouvez.*

VACANCESRIEMENUNEZ

À vous de créer d'autres exercices de ce genre.

III *Questions de style : La description est une peinture de l'aspect
physique ou moral des gens et des choses. La narration va plus
loin car elle intègre dans un mouvement évolutif, c'est-à-dire une
intrigue, les actions et les sentiments de divers personnages. Les
éléments de la narration sont : le fait, le lieu, le temps et les
personnages. On peut trouver une ou plusieurs descriptions à
l'intérieur d'une narration.*

Répondez aux questions suivantes :

1. D'après ces définitions, le texte *Pays perdu et retrouvé* est-il une
description ou une narration ?
2. Identifiez chacun des éléments suivants de cet extrait : le lieu, le
moment et les personnages.
3. Faites un plan détaillé de ce passage (introduction, développement,
conclusion).
4. Quelle idée principale ressort du texte ? Quelles en sont les idées
secondaires ?
5. En quelle saison se passe cette histoire ? Comment le savez-vous ?
6. Une hyperbole est une figure de style qui met en relief une idée
au moyen d'une exagération. Trouvez-en un exemple dans le texte.
7. Dans cet extrait, il y a plusieurs exemples de répétitions, tels que :
« Ton père travaille, ton père doit travailler, ton père doit partir
pour le travail. » Relevez deux ou trois de ces répétitions et expliquez-
en l'effet.
8. Remarquez les phrases suivantes. Qu'ont-elles en commun ?
Pourquoi cette forme de phrase nous frappe-t-elle ?

« On déménageait ? » « Tu viens avec nous ? » « On part tout
de suite ? »

9. Identifiez le temps employé dans la phrase : « Il avait eu deux mères ».
Ne trouvez-vous pas cet emploi étonnant ? Que révèle-t-il ?

Marie-Claire Blais est née à Québec en 1939. Forcée d'abandonner ses études pour gagner sa vie, elle suit quelques cours à l'Université Laval, puis, encouragée par ses proches, elle publie son premier roman, *La belle bête*, en 1959. La parution d'*Une saison dans la vie d'Emmanuël* (1965), traduit depuis en une quinzaine de langues, lui vaut le prix France-Québec et le Fémina en 1966. Elle a publié des recueils de poésie, comme *Existences* (1964), et des pièces de théâtre parmi lesquelles *L'exécution* (1968) et *La nef des sorcières* (1976). Mais ce sont ses romans qui lui apportent la notoriété : *Tête blanche* (1960), *Le jour est noir* (1962), *L'insoumise* (1966), *David Sterne* (1967), *Manuscrits de Pauline Archange* (1968), *Le loup* (1972) et, plus récemment, *Visions d'Anna* (1987) et *L'Ange de la solitude* (1989).

Marie-Claire Blais

Une saison dans la vie d'Emmanuël

Emmanuël est le seizième enfant d'une famille où règne Grand-Mère Antoinette. Les habitudes religieuses traditionnelles règlent le rythme de la maison, où rentrent et sortent les membres d'une famille qui représente un condensé d'une société canadienne-française désespé-
5 *rément accrochée à un passé qui s'enfuit. Dans ce passage, premières pages du récit, Grand-Mère Antoinette accueille la venue du nouveau-né avec une réprobation teintée d'un sentiment de révolte contre sa propre position de chef de famille.*

Les pieds de Grand-Mère Antoinette dominaient la chambre. Ils étaient
10 là, tranquilles et **sournois** comme deux bêtes couchées, **frémissant** à peine dans leurs **bottines** noires, toujours prêts à se lever : c'étaient des pieds **meurtris** par de longues années de travail aux champs (lui qui ouvrait les yeux pour la première fois dans la poussière du matin ne les voyait pas encore, il ne connaissait pas encore la blessure secrète
15 à la jambe, sous le bas de laine, la cheville **gonflée** sous la prison de **lacets** et de cuir...) des pieds nobles et pieux (n'allaient-ils pas à l'église chaque matin en hiver ?) des pieds vivants qui **gravaient** pour toujours dans la mémoire de ceux qui les voyaient une seule fois — l'image sombre de l'autorité et de la patience.
20   Né sans bruit par un matin d'hiver, Emmanuël écoutait la voix de sa grand-mère. Immense, souveraine, elle semblait diriger le monde de son fauteuil. (Ne crie pas, de quoi te plains-tu donc ? Ta mère est retournée à la ferme. Tais-toi jusqu'à ce qu'elle revienne. Ah ! déjà tu es égoïste

et méchant, déjà tu me mets en colère !) Il appela sa mère. (C'est
un bien mauvais temps pour naître, nous n'avons jamais été aussi pauvres,
une saison dure pour tout le monde, la guerre, la faim et puis tu es
le seizième…) Elle se plaignait à voix basse, elle **égrenait un chapelet**
5 gris accroché à sa taille. Moi aussi j'ai mes rhumatismes, mais personne
n'en parle. Moi aussi, je souffre. Et puis, je déteste les nouveau-nés ;
des insectes dans la poussière ! Tu feras comme les autres, tu seras
ignorant, cruel et **amer**… (Tu n'as pas pensé à tous ces ennuis que
tu m'apportes, il faut que je pense à tout, ton nom, le **baptême**…)
10   Il faisait froid dans la maison. Des visages l'entouraient, des
silhouettes apparaissaient. Il les regardait mais ne les reconnaissait pas
encore. Grand-Mère Antoinette était si immense qu'il ne la voyait pas
en entier. Il avait peur. Il diminuait, il se refermait comme un **coquillage**.
(Assez, dit la vieille femme, regarde autour de toi, ouvre les yeux, je
15 suis là, c'est moi qui commande ici ! Regarde-moi bien, je suis la seule
personne **digne** de la maison. C'est moi qui habite la chambre parfumée,
j'ai rangé les savons sous le lit…) Nous aurons beaucoup de temps,
dit Grand-Mère, rien ne presse pour aujourd'hui…
        Sa grand-mère avait une vaste poitrine, il ne voyait pas ses jambes
20 sous les jupes lourdes mais il les imaginait, bâtons secs, genoux cruels,
de quels vêtements étranges avait-elle enveloppé son corps **frissonnant**
de froid ?
        Il voulait **suspendre** ses poings fragiles à ses genoux, **se blottir** dans
l'**antre** de sa taille, car il découvrait qu'elle était si maigre sous ces
25 montagnes de linge, ces jupons **rugueux**, que pour la première fois il
ne la craignait pas. Ces vêtements de laine le séparaient encore de ce
sein glacé qu'elle écrasait de la main d'un geste d'**inquiétude** ou de
défense, car lorsqu'on approchait son corps **étouffé** sous la robe sévère,
on croyait approcher en elle quelque fraîcheur endormie, ce désir ancien
30 et fier que nul n'avait **assouvi** — on voulait dormir en elle, comme
dans un fleuve chaud, reposer sur son cœur. Mais elle **écartait** Emmanuël
de ce geste de la main qui, **jadis**, avait refusé l'amour, puni le désir
de l'homme.
        — Mon Dieu, un autre garçon, qu'est-ce que nous allons devenir ?
35 Mais elle se rassurait aussitôt : « Je suis forte, mon enfant. Tu peux
m'abandonner ta vie. Aie confiance en moi. »

Blais (Marie-Claire), *Une saison dans la
vie d'Emmanuël*, Montréal, Éditions du
Jour, 1970, pp. 7–8.

**d'Après le
contexte**

sournois qui ne se manifeste pas franchement	**meurtri** marqué de traces
frémissant tremblant	**gonflé** plus gros que normal, enflé
bottine (f.) chaussure montante à boutons ou à lacets	**lacet (m.)** cordon pour attacher les chaussures

graver marquer profondément

égrener un chapelet réciter une prière en faisant glisser entre ses doigts un objet formé de grains enfilés

amer (fig.) désagréable, dur

baptême (m.) cérémonie religieuse au cours de laquelle on donne le nom à un bébé

coquillage (m.) enveloppe calcaire de certains animaux marins à corps mou (mollusque)

digne qui a de la valeur, méritant

frissonnant tremblant

suspendre accrocher

se blottir se presser contre, se réfugier

antre (m.) lieu profond et protecteur

rugueux désagréable, rude au toucher

inquiétude (f.) anxiété, appréhension

étouffé emprisonné, serré

assouvir satisfaire

écarter repousser

jadis autrefois

À propos

1. Pourquoi Marie-Claire Blais a-t-elle voulu donner de l'importance aux pieds de Grand-Mère Antoinette ?
2. À quoi l'auteure compare-t-elle les pieds de Grand-Mère Antoinette ?
3. À quoi se réfère-t-elle quand elle parle de « prison de lacets et de cuir » ?
4. Quelles images l'auteure a-t-elle choisies pour décrire les pieds de la grand-mère ? Pourquoi ?
5. Quels sont les problèmes que la famille d'Emmanuël doit affronter ?
6. À quoi la grand-mère compare-t-elle les nouveau-nés ? Expliquez cette image.
7. À quoi reconnaît-on que la grand-mère est une personne organisée ?
8. Quels sentiments Emmanuël éprouve-t-il pour sa grand-mère ?
9. Pourquoi mentionne-t-on si souvent les vêtements que la grand-mère portait ?
10. Considérez-vous Grand-Mère Antoinette comme une personne optimiste ou pessimiste ?

À votre avis

1. Appartenez-vous à une petite famille ou à une famille nombreuse ?
2. Y a-t-il un membre de votre famille plus important que l'autre ? Pourquoi ?
3. Considérez-vous la famille comme l'élément essentiel de la structure sociale contemporaine ?
4. Les réunions familiales sont-elles toujours nécessaires ? Justifiez votre point de vue.
5. Quelles sont les difficultés que rencontrent ceux qui sont à la tête d'une famille ?
6. Quels problèmes doivent affronter les familles monoparentales ?
7. Pourquoi y a-t-il tant de divorces aujourd'hui ?

Avec des mots

I *Commentez les citations suivantes :*

1. « Quand la pauvreté frappe à la porte, l'amour s'enfuit par la fenêtre. » (proverbe allemand)
2. « Les fils sont élevés comme s'ils devaient rester des fils toute leur vie, sans qu'on pense le moins du monde qu'ils deviendront des pères. » (August Strindberg)
3. « Si l'on veut s'approcher des enfants, il faut parfois devenir enfant soi-même. » (Nemcova Bozena)

II *Trouvez autant d'adjectifs et de noms que possible dérivés des verbes suivants :*

aimer	haïr	protéger
consoler	nourrir	

III *Répondez aux questions de style suivantes :*

1. Résumez brièvement chacun des paragraphes de cet extrait.
2. Qui raconte l'histoire ? Comment le savez-vous ?
3. Détaillez les parties du corps décrites et relevez les mots de vocabulaire employés pour les décrire.
4. Dans le premier paragraphe, les adjectifs « tranquilles et sournois » sont employés l'un après l'autre. À quoi se réfère-t-on ? Pourquoi cette juxtaposition d'adjectifs est-elle intéressante ?
5. « … des pieds nobles et pieux ». Pourquoi ces deux adjectifs nous frappent-ils ?
6. « … des pieds vivants qui gravaient pour toujours… » Pourquoi ce verbe attire-t-il notre attention ?
7. Quel procédé stylistique l'auteure emploie-t-elle au sujet des pieds de la grand-mère ?
8. Relevez deux ou trois énumérations dans le deuxième paragraphe. À quoi servent ces énumérations ? Y en a-t-il d'autres dans cet extrait ?
9. Quelle impression se dégage du portrait de la grand-mère ?
10. Pourquoi la dernière phrase de cet extrait (« Aie confiance en moi. ») est-elle particulièrement significative ? Que révèle-t-elle au sujet de la grand-mère ?

Repères grammaticaux

Remarquez :
— C'est l'amour *qui* lui cause des tourments.
— Remettez-moi les devoirs *que* vous avez faits.
— Marie, *dont* la mère est malade, ne viendra pas aujourd'hui.
— Ce sont eux *que* j'inviterai.
— C'est le parc en face *duquel* il habitait.
— Le jour *où* il devait venir, j'ai dû m'absenter.

■ Le pronom relatif est un mot de liaison qui remplace un nom (ou un pronom personnel) ou une proposition. Il sert à joindre une proposition subordonnée à une principale pour l'expliquer ou la déterminer.

■ Le nom ou le pronom personnel auquel se rattache le pronom relatif s'appelle *l'antécédent*. Cet antécédent peut être une *personne*, une *chose*, un *moment* ou un *lieu*. Dans certains cas, l'antécédent peut être une *proposition*. Dans d'autres cas, cet antécédent n'est pas exprimé.

■ Tout comme le nom ou le pronom qu'il remplace, le pronom relatif a différentes fonctions : sujet, complément d'objet direct, etc.

■ Le choix du pronom relatif est déterminé par
— la nature de son antécédent (genre et nombre)
— sa fonction dans la subordonnée (sujet ou complément d'objet)

TABLEAU 14: pronoms relatifs dont l'antécédent est un nom ou un pronom

	PERSONNE	CHOSE
1. sujet	**qui**	**qui**
2. complément d'objet direct	**que**	**que**
3. complément d'objet indirect introduit par la préposition **de**	**dont**	**dont**
4. objet indirect introduit par toute autre préposition ou locution prépositive	**qui** **lequel** **laquelle** **lesquels** **lesquelles**	**lequel** **laquelle** **lesquels** **lesquelles**

> **Remarquez :** — L'autobus est arrivé en retard ; c'est *ce qui* a causé mon retard.
>
> — Dites-moi *ce que* vous ressentez.
>
> — *Ce dont* nous avons parlé en réunion est consigné par écrit.
>
> — Deux semaines en Floride, voilà *à quoi* je rêve.

- Quand l'antécédent n'est pas exprimé, ou quand cet antécédent est une proposition, le pronom relatif est précédé de **ce**.

N.B.   **Ce** est généralement omis avant le pronom relatif **quoi**.

TABLEAU 15:   pronoms relatifs dont l'antécédent est une proposition ou n'est pas exprimé

1. sujet	**ce qui**
2. complément d'objet direct	**ce que**
3. complément d'objet indirect introduit par la préposition **de**	**ce dont**
4. objet indirect introduit par toute autre préposition	**quoi**

APPLICATIONS

I *Remplacez les tirets par le pronom relatif approprié.*

1. _____ François craignait, c'était la colère de sa mère.
2. La région de _____ je viens est très boisée.
3. La famille déménageait à Ottawa ; c'est _____ André ne voulait pas.
4. Le chat a déchiré la composition à _____ j'avais tant travaillé !
5. Le vase, _____ l'anse est cassée, vient de Chine.
6. As-tu pris le parapluie _____ était dans le coin ?
7. C'est Marie avec _____ je compte me marier.
8. Il y a des problèmes à _____ il faut faire face.
9. Tu ne sais pas exactement _____ s'est passé ?
10. Docteur Freud, je vais vous dire exactement _____ j'ai peur.

II *Reliez les deux propositions avec le pronom relatif qui convient.*

EXEMPLES :   — L'instituteur arrive sur l'île ; cet instituteur est étrange.

— L'instituteur *qui* arrive sur l'île est étrange.

1. Luzina évitait certains sujets. Elle n'aimait pas ces sujets.
2. François se cachait de sa mère. Il avait peur de sa mère.

3. La grand-mère avait des rhumatismes. Elle se plaignait de ses rhumatismes.
4. Il a épousé la jeune fille. Il travaillait avec elle.
5. La vieille dame vivait dans un appartement. Il y avait beaucoup de chats dans cet appartement.
6. André et Rachel ont traversé le lac. Au milieu de ce lac se trouvait un petit îlot.
7. Les enfants Lussignant ont remis un cadeau au professeur. Le professeur les a remerciés pour ce cadeau.
8. Il a perdu les gants. Je les lui avais donnés pour Noël.
9. J'ai cassé la canne à pêche ; je m'en étais servi.
10. Tu as compris les explications ; il te les avait données.

III *Complétez les trois propositions subordonnées des phrases suivantes :*

EXEMPLE : — Les poupées... provenaient de Carole.

        a) qui

        b) dont

        c) pour lesquelles

a) Les poupées, qui étaient cassées, provenaient de Carole.
b) Les poupées dont j'ai fait la description provenaient de Carole.
c) Les poupées pour lesquelles elles se sont battues provenaient de Carole.

1. Le sujet... était intéressant.
   a) qui
   b) que
   c) dont
2. Le stylo... appartenait à Maurice.
   a) avec lequel
   b) qui
   c) que
3. La maladie... est devenue une épidémie.
   a) au sujet de laquelle
   b) dont
   c) qui
4. La table... est une antiquité.
   a) sur laquelle
   b) sous laquelle
   c) qui
5. L'immeuble... se trouve rue Sainte-Catherine.
   a) en face duquel
   b) que
   c) dont

IV *Transformez les phrases suivantes en employant un pronom relatif dont l'antécédent n'est pas exprimé :*

EXEMPLES :   — Elle a peur des examens.

— *Ce dont* elle a peur, ce sont les examens.

1. Votre absence la fâche.
2. Nous rêvons de vacances.
3. Je fais allusion à certains problèmes.
4. Vous devez écouter les conseils de vos parents.
5. Elle veut trouver un emploi comme hôtesse de l'air.

V *Remplacez les tirets par le pronom relatif qui convient.*

Je me souviendrai toujours du jour _____ je me suis marié. Ma femme _____ habitait Montréal, avait une grande famille _____ les membres étaient dispersés aux quatre coins de la province. L'église _____ nous avions choisie était bien petite et, _____ je redoutais, c'était que toute la parenté se présente en même temps. Les cartes d'invitation, à propos de _____ nous nous étions déjà querellés, avaient été expédiées et le prêtre, sans _____ nous ne pourrions nous marier, était déjà averti. Le moment _____ nous attendions est arrivé ; mais ma future épouse, _____ la nervosité augmentait, s'est mise à pleurer, _____ n'arrangeait pas les choses ! J'ai eu beau lui dire que la robe _____ elle portait était magnifique, que _____ nous rêvions depuis longtemps allait enfin se réaliser, elle continuait à pleurer. Arrivés à l'église, nous nous sommes aperçus que le prêtre _____ devait nous marier et la parenté à _____ nous avions envoyé les invitations étaient absents. Que s'était-il passé ? Machinalement, j'ai jeté un coup d'œil au mur sur _____ était accroché un calendrier. J'ai éclaté de rire, _____ a beaucoup étonné ma fiancée. _____ je venais de comprendre, c'était que nous nous étions trompés de date !

B. Le discours indirect

Remarquez :   — Elle dit : « Je suis fatiguée. »

— Elle dit *qu'elle est fatiguée.*

■ Le discours direct reproduit textuellement les paroles dites alors que le discours indirect les rapporte indirectement, sans les citer.

■ Le discours indirect rapporte les paroles dans une proposition subordonnée par le truchement d'un verbe déclaratif (*dire, crier, s'exclamer...*).

■ Quand on transpose du discours direct à l'indirect, il y a plusieurs changements à effectuer :

1. Les pronoms personnels, possessifs et démonstratifs :

DISCOURS DIRECT	DISCOURS INDIRECT
— Je dis à Pierre : « Je *te* plains. »	— Je dis à Pierre que je *le* plains.
— Il explique : « J'ai perdu *les miens.* »	— Il explique qu'il a perdu *les siens.*

2. Les temps :
   a) quand le verbe de la proposition principale (ou verbe déclaratif) est au présent ou au futur, le temps des verbes de la citation ne change pas.

— Elle déclare : « Nous *partirons* tôt.	— Elle déclare qu'ils *partiront* tôt.
— Il dira : « Je *suis* malade. »	— Il dira qu'il *est* malade.

   b) quand le verbe de la proposition principale est au passé, le temps des verbes de la citation change selon le Tableau 16 :

TABLEAU 16:   discours direct et indirect

DISCOURS DIRECT	DISCOURS INDIRECT
— Elle a dit : « *Va-t'en.* » (impératif)	— Elle a dit de *s'en* aller. (infinitif)
— Elle a dit : « Je *m'en vais* aujourd'hui. » (présent)	— Elle a dit qu'elle *s'en allait* ce jour-là. (imparfait)
— Elle a dit : « Je *suis partie* hier. » (passé composé)	— Elle a dit qu'elle *était partie* la veille. (plus-que-parfait)
— Elle a dit : « Je *partirai* demain. » (futur)	— Elle a dit qu'elle *partirait* le lendemain. (conditionnel présent)
— Elle a dit : « Je *serai partie* à midi. » (futur antérieur)	— Elle a dit qu'elle *serait partie* à midi. (conditionnel passé)

   N.B. L'*imparfait*, le *plus-que-parfait*, le *conditionnel présent* et *passé* ne changent pas.

   EXEMPLES :   — Elle a déclaré : « Je *sortais* à l'instant. »
   Elle a déclaré qu'elle *sortait* à l'instant.

— Il s'est exclamé : « Nous nous *étions perdus.* »

Il s'est exclamé qu'ils s'*étaient perdus.*

— Nous avons affirmé : « Dans ce cas, la police *viendrait.* »

Nous avons affirmé que dans ce cas la police *viendrait.*

— Il a avoué : « Jamais je n'*aurais eu* le courage de fuguer. »

Il a avoué que jamais il n'*aurait eu* le courage de fuguer.

3. Les expressions de temps changent quand la proposition principale (ou le verbe déclaratif) est au passé :

— Il a dit : Je partirai *demain.* »

— Il a dit qu'il partirait *le lendemain.*

aujourd'hui	ce jour-là
demain	le lendemain
hier	la veille
ce soir	ce soir-là
ce matin	ce matin-là
la semaine prochaine	la semaine suivante
l'année passée	l'année précédente

■ Les propositions du discours indirect sont subordonnées au premier verbe au moyen de :

1. *que*, si la citation est déclarative :

— Il explique : « Mon chien est mort. »

— Il explique *que* son chien est mort.

2. *de*, si la citation est impérative :

— Sa mère lui dit : « Sors vite ! »

— Sa mère lui dit *de* sortir vite.

3. *si, pourquoi, combien, ce qui, ce que...* , quand la citation est interrogative :

— Il demande : « Est-ce que ma sœur est venue ? »

— Il demande *si* sa sœur est venue.

— Je lui ai demandé : « Qu'est-ce que tu as mangé ? »

— Je lui ai demandé *ce qu'*il (elle) avait mangé.

APPLICATIONS

I *Mettez les phrases suivantes au discours indirect :*

1. « Apprenez cette page si le cœur vous en dit », disait en riant Armand Dubreuil.
2. Armand a répondu : « Ma méthode est différente. »
3. Il disait : « Il n'y a rien comme la liberté. »

4. Il a déclaré : « Les enfants auront toujours assez de science. »
5. La grand-mère répétait : « Ne crie pas. De quoi te plains-tu donc ? »
6. Elle criait : « Moi aussi, j'ai mes rhumatismes. »
7. Bérénice a écrit : « Quand je serai grande, je n'aurai plus en place du cœur qu'une outre vide. »
8. Joseph a déclaré à Émile : « Ça me fait plaisir de voir que tu n'as pas changé. »

II *Transposez les phrases suivantes au discours indirect en ajoutant un verbe déclaratif au passé. N'oubliez pas de faire les changements nécessaires.*

EXEMPLES :   — « Il *changera* d'avis. »

                — Il a déclaré qu'il *changerait* d'avis.

1. « Nous vous téléphonerons ce soir. »
2. « Ils prendront un taxi. »
3. « Tu écriras à tes amis. »
4. « Je ne dormirai plus jusqu'à midi. »
5. « Elle se sentira mal à l'aise. »
6. « Vous demanderez une augmentation. »
7. « Tu te lèveras de bonne heure. »
8. « Il ne verra plus les films de James Bond. »
9. « Elle acceptera de s'occuper des enfants des autres. »
10. « Il attendra patiemment le prochain autobus. »

III *Formez des groupes de trois. Dans chaque groupe, deux personnes écriront et présenteront un dialogue sur un des sujets ci-dessous. La troisième personne du groupe racontera ce dialogue au discours indirect.*

1. Joseph et Emmanuël parlent de guerre.
2. Mademoiselle Côté et Armand Dubreuil parlent d'éducation.
3. Anne Saraga et André Lamotte parlent de leur enfance.

Remarquez :   — « Il *s'aperçut* que le piano était parti. »

                — Il *appela* ses amis pour se joindre à lui.

                — Nous *entendîmes* la cloche tinter au loin.

C. Le passé simple

- Le passé simple est un temps littéraire qui exprime un fait achevé à un moment déterminé du passé.

- Dans la langue parlée, ou dans la langue écrite non littéraire, on remplace le passé simple par le passé composé.

■ Le passé simple des verbes réguliers se forme à partir du radical auquel on ajoute les terminaisons suivantes :

1er GROUPE aimer	2E GROUPE finir	3E GROUPE vendre
j'aimai	finis	vendis
tu aimas	finis	vendis
il, elle aima	finit	vendit
nous aimâmes	finîmes	vendîmes
vous aimâtes	finîtes	vendîtes
ils, elles aimèrent	finirent	vendirent

■ Plusieurs verbes ont une forme irrégulière au passé simple :

avoir — j'eus   être — je fus   courir — je courus

APPLICATION

Relevez dans le passage suivant tous les verbes au passé simple et récrivez-les au passé composé :

Alphonse Daudet nous raconta l'histoire de la chèvre qui voulut avoir sa liberté à tout prix.

M. Seguin, le propriétaire, aimait beaucoup sa chèvre mais celle-ci ne voulait plus manger. Un jour, M. Seguin lui demanda ce qui se passait. Elle lui répondit qu'elle voulait s'en aller. « Pourquoi veux-tu me quitter, malheureuse ? » s'exclama M. Seguin. La chèvre lui dit : « Ce n'est pas que je veux vous quitter mais je veux avoir ma liberté. » M. Seguin et sa chèvre pleurèrent ensemble mais il refusa de lui accorder sa liberté.

La chèvre se démena tant et si bien qu'elle rompit la corde qui l'attachait au pieu. Arrivée à la montagne, elle crut avoir trouvé le paradis : les oiseaux lui souhaitèrent la bienvenue, le pommier se courba pour lui caresser l'échine. Soudainement, elle entendit un bruit : c'était un loup. Elle se mit à trembler mais elle ne se sauva pas. Elle fit face au loup bravement et se battit contre lui pendant plusieurs heures. À la fin, elle s'allongea sur le sol et mourut, heureuse quand même d'avoir reconquis sa liberté.

D. La voix passive

Remarquez :   — « De nombreuses études *ont été publiées* sur la fugue. »

— « Il faut *être référé* par son centre des services sociaux. »

■ La voix passive est formée du verbe *être* et du *participe passé*. Celui-ci est employé comme adjectif et s'accorde avec le sujet.

■ Une phrase est à la voix passive quand le sujet du verbe ne fait pas l'action mais la subit. L'action est causée par un agent exprimé ou sous-entendu.

■ On utilise généralement *par* pour introduire l'agent.

■ On emploie le *de* en général après des verbes au passif quand ils :

    1. expriment une situation statique, un état :
       — Ce fugueur *est connu de* la police.
       — Ils *sont accompagnés d'*un chaperon.
    2. expriment une émotion :
       — Elle n'*est* pas assez *aimée* de ses parents.
    3. sont pris au sens figuré :
       — Ils *étaient rongés* de remords.
    4. indiquent une quantité :
       — La maison *a été agrandie* de deux chambres.

■ Seuls les verbes transitifs ayant un complément d'objet direct peuvent être employés à la forme passive :

FORME ACTIVE	FORME PASSIVE
— « On m'*a battue, violée.* »	— *J'ai été battue, violée.*
— Il *pleure* de rage.	— (aucune forme)

    N.B.   Néanmoins, les verbes intransitifs *obéir*, *désobéir* et *pardonner* peuvent être employés à la forme passive.

        EXEMPLE :   — Allez, Madame, vous *êtes pardonnée.*

Mettez les phrases suivantes à la forme passive, si possible :   **APPLICATION**

    1. Tout le monde la respecte.
    2. Une autre famille adoptera cet adolescent.
    3. Est-ce que votre travail vous absorbe ?
    4. Les pompiers ont éteint le feu.
    5. Les parents ont eu peur pour leur fille.
    6. On emploie le passif.
    7. Les travailleurs sociaux ont dépensé beaucoup d'énergie.
    8. Cette histoire se lit avec difficulté.
    9. Les élèves craignent leur professeur.
   10. Est-ce que Paul a vraiment accompagné ses parents ?

Comment éviter la voix passive

■ Il est préférable d'éviter, si possible, la voix passive.

FORME PASSIVE	FORME ACTIVE

1. en utilisant l'agent comme sujet du verbe :

— « J'aurais préféré *être ramenée* par les flics... »   — J'aurais préféré que *les flics me ramènent.*

— Tu n'*es* pas *gardée* par les gens pour rien.   — « Les gens ne te gardent pas pour rien. »

2. en employant le pronom indéfini *on* comme agent :

— *Les parents sont* souvent *accusés* de démission.   — *On accuse* souvent les parents de démission.

3. en utilisant la forme pronominale des verbes sans indication d'agent :

— L'italien *est parlé* en Italie.   — L'italien *se parle* en Italie.

TABLEAU 17:   de la voix passive à la voix active

	VOIX PASSIVE	VOIX ACTIVE
présent	je suis aimé(e)	j'aime
passé composé	j'ai été aimé(e)	j'ai aimé
imparfait	j'étais aimé(e)	j'aimais
plus-que-parfait	j'avais été aimé(e)	j'avais aimé
futur	je serai aimé(e)	j'aimerai
futur antérieur	j'aurai été aimé(e)	j'aurai aimé
conditionnel	je serais aimé(e)	j'aimerais
conditionnel passé	j'aurais été aimé(e)	j'aurais aimé
subjonctif présent	que je sois aimé(e)	que j'aime
subjonctif passé	que j'aie été aimé(e)	que j'aie aimé
infinitif	être aimé(e)	aimer
infinitif passé	avoir été aimé(e)	avoir aimé

APPLICATION   *Mettez les phrases suivantes à la forme active, si possible.*

1. Cette réponse est ignorée de bien des gens.
2. Il faut que les devoirs soient corrigés par le professeur.
3. Les portes sont ouvertes à neuf heures.
4. Les fugueurs ont été mal jugés par la société.
5. Un vrai chef est admiré de ses semblables.
6. Cela est souvent dit.

7. Cette maison est enfin rénovée.
8. Ma fille est entourée d'amis charmants.
9. Les meubles avaient été enlevés.
10. Ce proverbe n'est jamais utilisé.

RÉDACTIONS

I *Écrivez un court dialogue où il s'agit des problèmes de la pollution. Racontez ensuite à un deuxième ami ce que vous vous êtes dit à ce sujet.*

II *Dans une lettre à vos parents, utilisez cinq pronoms relatifs différents.*

Parfois je pense à toi si
fort
Je recrée ton âme et ton
corps
Je te regarde et
m'émerveille
Je me prolonge en toi
Comme le fleuve dans la
mer
Et la fleur dans l'abeille

> Dor (Georges), « *La
> complainte de la
> Manic* »

CHAPITRE 7

L'amour

Paul Piché

Né à Montréal en 1953, Paul Piché a été marqué par ses études d'anthropologie et ses séjours chez les Cris de la Baie James, en Équateur et en Colombie. Contestataire lucide et engagé, il aspire à faire évoluer la société au moyen de la chanson.

C'est en 1976 que sa carrière de chanteur prend son essor. Son succès l'amène à faire plusieurs tournées au Canada et en France où il est salué comme le nouveau Vigneault. Il a déjà obtenu trois disques d'or, ainsi que le trophée Félix du meilleur album rock en 1985.

À quoi tient son succès ? À son talent incontestable de mélodiste et de chanteur, mais aussi à sa capacité d'incarner le « gars » sensible et sûr de lui, calme et tourmenté à la fois — celui qui se pose de grandes questions, s'interroge sur l'avenir et s'insurge contre l'injustice.

« Il y a (…) des chansons de Paul Piché, et tout particulièrement *L'escalier*, que des jeunes connaissent par cœur ».[1]

L'escalier

Juste avant d'fermer la porte
J'me d'mandais c'que j'oubliais
J'ai touché à toutes mes poches
Pour comprendre que c'qui m'manquait
5 C'était ni ma guitare
Ni un **quelconque** médicament
Pour **soulager** quelque souffrance
Ou pour faire passer le temps
Pis tout au long de l'escalier
10 Que j'ai descendu lentement
Parce que sans raison j'aurais r'monté
Parce que sans raison j'allais devant
J'étais **tout à l'envers**
Parce que c'qui m'manquait
15 C'tait **par en-dedans**
J'me sentais seul comme une rivière
Abandonnée par des enfants
Et pis le temps prenait son temps
Prenait le mien sur son chemin
20 Sans s'arrêter, sans m'oublier
Sans oublier de **m'essouffler**
Y a pas longtemps j'étais petit
Me voilà jeune et plutôt grand
Assez pour voir que l'on vieillit
25 Même en amour, même au printemps
Alors voilà je me décris

---

[1] *La Presse*, oct. 1985

Dans une **drôle** de position
Les yeux **pochés** et le **bedon**
La bière sera pas la solution
J'aimerais plutôt que cette chanson
5 Puisque c'est de ma vie qu'il est question
Finisse un soir dans ma maison
Sur un bel **air** d'accordéon.

Pis les enfants c'est pas vraiment
vraiment méchant
10 **Ça** peut mal faire, mal faire
de temps en temps
Ça peut **cracher**, ça peut mentir, ça peut voler
Au fond, ça peut faire tout c'qu'on leur apprend
Mais une belle fin à cette chanson
15 M'impose de dire c'que j'aurais dit
Si j'avais pas changé d'**avis**
Sur le pourquoi de mes **ennuis**
Ben oui, j'allais pour me sauver
Vous dire comment faut être indépendant
20 Des sentiments de ceux qu'on aime
Pour sauver l'monde et ses problèmes
Qu'i fallait surtout pas pleurer
Qu'à l'autre chanson j'm'étais trompé
Comme si l'amour pouvait m'**empêcher**
25 D'donner mon temps aux pauvres gens
Mais les héros c'est pas **gratis**
Ça s'trompe jamais, c't'indépendant
La gloire paye pour les sacrifices
Le **pouvoir** soulage leurs **tourments**
30 Ben oui, c'est vous qui auriez pleuré
Avec c'que j'aurais composé
C'est une manière de s'faire aimer
Quand ceux qu'on aime veulent pas **marcher**
J'les ai **boudés**, y ont pas **mordu**
35 J'les ai quittés, y ont pas **bougé**
J'me **sus** fait peur, j'**me sus tordu**
Quand j'ai compris ben **chu** r'venu

Quand j'ai compris que j'faisais
Un très très grand détour
40 Pour **aboutir** seul dans un escalier
J'vous apprends rien quand j'dis
Qu'on est rien sans amour
Pour aider l'monde faut savoir être aimé.

Piché (Paul), *L'escalier*, Montréal, Éditions La Minerve, 1980.

d'Après le contexte

quelconque n'importe lequel
soulager calmer
pis (pop.) puis
tout à l'envers complètement troublé
par en-dedans (pop.) à l'intérieur
s'essouffler se fatiguer
drôle étrange, bizarre
poché enflé
bedon (m.)(fam.) ventre rebondi
air (m.) mélodie
ça (péj.) il, elle (enfant)
cracher projeter de la salive
avis (m.) opinion
ennui (m.) difficulté, souci

ben (pop.) bien
empêcher arrêter
gratis qui ne coûte rien, gratuit
pouvoir (m.) puissance, autorité
tourment (m.) peine, souffrance
marcher agir
bouder ignorer, traiter avec indifférence
mordre croire et suivre
bouger faire un mouvement
sus (pop.) suis (être)
se tordre éprouver un sentiment intense, douloureux
chu (pop.) je suis
aboutir se retrouver, arriver

À propos

1. À quoi l'auteur se réfère-t-il par l'expression « un quelconque médicament » ?
2. Est-ce que Piché suggère un rapport entre la guitare et le « médicament » en question ?
3. Pourquoi l'auteur était-il bouleversé en descendant l'escalier ? Quelle expression l'indique ?
4. Où se cachait ce qui lui manquait ?
5. Pourquoi se compare-t-il à une rivière « abandonnée par des enfants » ?
6. Expliquez : « Et pis le temps prenait son temps / Prenait le mien sur mon chemin ». Pourquoi ce jeu de mots est-il frappant ?
7. Pourquoi l'auteur dit-il que le temps ne l'oubliait pas ?
8. Que signifie l'expression « jeune et plutôt grand » ?
9. Quelle différence y a-t-il entre « une drôle de position » et « une position drôle » ?
10. À quels signes l'auteur voit-il qu'il a vieilli ?
11. Pourquoi voudrait-il que sa chanson finisse « sur un bel air d'accordéon » ?
12. Expliquez la différence entre « faire mal » et « mal faire ».
13. Pourquoi, d'après l'auteur, les enfants ne sont-ils pas vraiment méchants ?
14. Qu'aurait dit Piché dans « l'autre chanson », celle qu'il n'a pas composée ?
15. Pourquoi, d'après lui, la gloire n'est-elle pas « gratis » ? Quelle compensation apporte-t-elle à la solitude ? En quel sens est-ce un « détour » ?
16. Quelle leçon l'auteur a-t-il finalement apprise ?
17. Que représente « l'escalier » et de quelle « porte » s'agit-il ?

À votre avis

1. Certains croient que la musique ou les drogues peuvent soulager la souffrance. Qu'en pensez-vous ? Les deux sont-ils équivalents ?
2. Quand vous refermez la porte de votre appartement ou de votre maison, que ressentez-vous ? Avez-vous hâte de ressortir ? Pourquoi ?
3. Vous êtes-vous jamais senti vidé, comme s'il vous manquait quelque chose à l'intérieur ? Dans quelles circonstances ? Pouvez-vous définir ce qui vous manquait ?
4. Croyez-vous que de se sentir vieillir « même en amour, même au printemps » soit une question d'âge ? Vous arrive-t-il parfois de penser que vous êtes en train de vieillir ? Est-ce à cause de circonstances particulières ?
5. Est-il vrai qu'on doive se protéger des sentiments de ceux qu'on aime ? Est-ce possible de demeurer « indépendant » des autres ? Par quels moyens ?
6. D'après Piché, même les héros sont seuls. Est-ce que le pouvoir et la gloire peuvent compenser suffisamment la solitude ?
7. Est-ce possible d'aider les gens sans être aimé d'eux ? Sans les aimer ?
8. Avez-vous parfois l'impression de monter et de descendre dans votre esprit une espèce d'escalier ? Que représente alors pour vous cet escalier ?

Avec des mots

I *Énumérez tous les traits de la langue parlée que vous avez observés dans la chanson, en fournissant des exemples. Donnez ensuite la transposition de ces vers en langue écrite.*

II *Répondez à ces questions en utilisant des mots du lexique en rapport avec les mots en italique.*

1. Est-ce que cet objet *coûte* cher ?
2. Portait-elle un chapeau *ordinaire* ?
3. Le petit garçon *écoutait*-il sa mère ?
4. Sont-ils *arrivés* à leur *destination* ?
5. Avez-vous des *problèmes* ?
6. Te *fatigues-tu* dans les compétitions ?
7. L'a-t-on *arrêté* quand il voulait sortir ?
8. Est-il très *puissant* ?
9. Le chef était-il très *gros* ?
10. Comment savez-vous qu'elle avait l'air *fatiguée* ?

III *Complétez les phrases suivantes en utilisant des mots du lexique.*

1. Mon ami _____ de rire pendant le film, alors que moi je ne le trouvais pas drôle du tout.
2. Parce qu'une personne n'est pas du même _____ que vous, ce n'est pas une raison de la _____ .
3. Est-ce un préjugé que de se représenter un homme de quarante ans avec un gros _____ et les yeux _____ ?

4. On se sent _____ après avoir été témoin d'un tel accident.

5. Il _____ pendant la course.

IV *Employez les mots ou expressions ci-dessous dans des phrases convenables.*

quelconque	ennui	soulager	aboutir
tourment	tout à l'envers	bouger	

Poète et journaliste, Gilles Hénault est né à Saint-Marjorique en 1920. Après avoir travaillé dans les salles de rédaction des journaux *Le Jour*, *Le Canada* et *La Presse*, il devient critique d'art au journal *Le Devoir* en 1959. Sept ans plus tard, il est nommé directeur du Musée d'art contemporain de Montréal. Sa création littéraire consiste en des poèmes et des textes poétiques, publiés dans plusieurs revues. Signalons parmi ses œuvres les plus importantes *Sémaphore* (1962) et *Signaux pour les voyants* (1972) qui lui valurent le Prix du Gouverneur général en 1972. La poésie de Gilles Hénault, empreinte de surréalisme, est connue surtout pour l'abondance et la force de ses images.

Gilles Hénault

Tu m'exorcises

Mets ta main sur mon front
que je sache encore un peu ce que c'est que la vie
qui déplie sa fleur.
Ta main masque la mort
5 Tes yeux ont la couleur de mon bonheur
Ton sourire **débâcle** d'horizon fermé
m'ouvre un chemin d'eau **vive**
Tes mots lancent des chevaux fous
dont l'**écume** se mêle au vent rouge de mon sang
10 Mets ta main sur mon front
que je sache encore ce que le mot présence veut dire.

Îles couleur d'orange et d'été
Îles je traverse vers vous sur l'arche de sa **confiance**.
Main lance des **amarres**
15 **Qu'importe** si le **croc heurte** le cœur
Je lirai tes **vestiges** sur les sables
Main tu peuples le monde
et par toi je sais que le présent n'est pas une **étoffe** illusoire
que je pourrais m'y rouler pour dormir
20 hamac suspendu hors du temps
avec autour un paysage immobile.
Des pensées **nues** se baignent dans tes yeux
Je reconnais leurs formes d'algue et de corail
leur transparence de poissons lumineux et aveugles.
25 Main fraîche **palmée** de rivières, joie fluide, jour vaste
et sonore, neige lente sur la **calcination** des heures
Toi seule a ce pouvoir
de **dégivrer** l'absence

de modeler les contours d'un jour minéral
de courber la lumière vers la planète où je m'exile
pour échapper aux **girations** des gestes inutiles.

Hénault (Gilles), *Sémaphore*, Montréal,
Éditions l'Hexagone, 1962, p. 162.

---

d'Après le contexte

exorciser   chasser un tourment, une angoisse

débâcle (f.)   rupture

vif   pur, frais, qui coule

écume (f.)   sueur blanchâtre qui s'amasse sur le corps d'un cheval

confiance (f.)   assurance de celui qui se fie à qqn

amarre (f.)   câble pour retenir un navire en l'attachant à un point fixe, lien

qu'importe   peu importe

croc (m.)   instrument qui se termine par un crochet

heurter   toucher rudement en entrant brusquement en contact avec qqch

vestiges (m. pl.)   traces, marques

étoffe (f.)(fig.)   tissu

nu   à découvert, non déguisé, clair

palmé   dont les doigts sont réunis par une membrane

calcination (f.)   action de détruire par le feu

dégivrer   faire fondre, disparaître

giration (f.)   mouvement circulaire

À propos

1. Pourquoi le poète demande-t-il à son amie de poser sa main sur son front ? Quelle importance attache-t-il à la « main », au « front » et au « geste » ?

2. Qu'est-ce qu'une vie qui « déplie sa fleur » ?

3. Comment la main de l'amie peut-elle « masquer » la mort redoutée par le poète ?

4. La métaphore est une comparaison non-exprimée ou sous-entendue, où la juxtaposition sert à opérer un transfert de sens d'un objet à un autre. Expliquez la métaphore suivante :

   « Ton sourire débâcle d'horizon fermé ».

   Quelle autre image est reliée à celle-ci ?

5. Pourquoi le poète associe-t-il les paroles de l'amie à des « chevaux fous » ?

6. Nommez deux effets bénéfiques de cet amour. Quelles images les suggèrent ?

7. Que représentent les « îles » nommées à deux reprises ?

8. Que signifie l'expression « pensées nues » ?

9. Comment l'amie peut-elle « dégivrer » l'absence ?

10. Qu'est-ce qu'un « jour minéral » ? Comment peut-on en « modeler les contours » ?

11. Quelles sont les « girations des gestes inutiles » ? À quoi ce mouvement s'oppose-t-il ici ?

12. Y a-t-il une image ou un thème qui revient constamment dans le poème ? Pouvez-vous trouver les images qui y sont associées ?

13. Comment l'amour réussit-il à « exorciser » le poète ?

À votre avis

1. Avez-vous déjà réfléchi à l'amour ? Quel effet un être aimé peut-il avoir sur nous ? Pouvez-vous imaginer une vie sans amour ? Comment vous la représentez-vous ?

2. Est-ce vrai qu'un seul être aimé peut « peupler » le monde ? En quel sens ?

3. Avez-vous déjà senti que le présent était éternel, comme « suspendu hors du temps » ? Dans quelles circonstances ?

4. L'amour réussit-il toujours à « masquer » la mort, voire nous la faire oublier ? Si oui, est-ce une illusion ?

5. L'amour permet-il de lire les pensées d'autrui, de se passer de paroles ? Peut-on jamais arriver à une communication totale ?

6. Est-ce vrai que le temps paraît arrêté quand on n'aime personne ? Quel rapport peut-on faire entre présence et mouvement ?

7. Le contact physique est-il nécessaire à la communication ? À l'amour ?

8. On dit souvent que l'amitié et l'amour sont apparentés. Qu'en pensez-vous ? Sont-ils de même nature ? Produisent-ils les mêmes effets sur l'être ?

Avec des mots

I *À partir d'une image, créez tout un réseau imaginaire.*

EXEMPLES :   — main fraîche palmée de rivières

— joie fluide

— chemin d'eau vive

— dégivrer l'absence

— débâcle d'horizon fermé

1. vie qui déplie sa fleur
2. vent rouge du sang
3. main qui lance des amarres
4. le présent étoffe illusoire
5. la calcination des heures
6. contours d'un jour minéral

II *Choisissez l'un des réseaux d'images que vous avez élaborés dans l'exercice précédent et développez-le dans un court poème d'une ou deux strophes.*

III *Analysez le poème que vous avez écrit en y identifiant toutes les images utilisées. Pouvez-vous en dégager un thème dominant ? Une constante ? Ce thème, l'aviez-vous pressenti avant la rédaction de votre texte ?*

Réjean Ducharme

Réjean Ducharme est né en 1942 à Saint-Félix-de-Valois. Il a fait divers métiers et a beaucoup voyagé aux États-Unis et au Mexique. Un des piliers du roman québécois contemporain, il s'est souvent livré à des recherches formelles dans le domaine de la littérature. Par l'invention verbale et les jeux de mots, il s'est rapidement créé un style. Publié à l'époque de la contestation qui a ébranlé les universités et sapé les bases de l'unité familiale, *L'avalée des avalés* (1966) remporte un énorme succès, bientôt suivi des romans qui complètent la trilogie, *Le nez qui voque* (1967) et *L'océantume* (1968). Parmi ses œuvres, signalons aussi un recueil de poésie, *La fille de Christophe Colomb* (1969), un récit, *L'hiver de force* (1973) et une pièce de théâtre, *Ha ha !* (1982).

L'avalée des avalés

Née de père juif et de mère catholique, Bérénice Einberg fait face à des vérités nouvelles pour sa petite tête de neuf ans. Par « contrat », « devant notaire et devant témoins », ses parents s'étaient mis d'accord sur la garde des enfants. C'est ainsi que Bérénice est avec son père,
5 *et son frère Christian, qui a onze ans, avec sa mère. La petite fille s'étudie, tout en étudiant le monde autour d'elle. Déjà jalouse de son frère, elle participe avec lui néanmoins aux jeux innocents de son âge. Elle se rend compte aussi que sa mère, qu'elle surnomme Chat Mort, ne s'est occupée d'elle que pour mieux lutter contre son mari. Pour*
10 *fuir la douleur que peut provoquer le moindre compromis, Bérénice ferme son cœur aux sentiments. Dans ce passage, elle essaie d'expliquer pourquoi l'amour lui inspire la plus grande répugnance.*

Je suis contre l'amour. Je me révolte contre l'amour, comme ils se révoltent contre la solitude. Aimer veut dire : éprouver du goût et de l'attachement
15 pour une personne ou pour une chose. Aimer veut dire : **éprouver**. Aimer veut dire : **subir**. Je ne veux pas éprouver, mais provoquer. Je ne veux pas subir. Je veux frapper. Je ne veux pas souffrir.

Quand je serai grande, je n'aurai plus en place du cœur qu'une **outre** vide et sèche. Christian me laissera froide, tout à fait indifférente.
20 Aucun lien ne nous unira que je n'aurai tissé de mes propres mains. Aucun élan ne me portera vers lui : je me porterai vers lui de mes seuls pieds. J'aime imaginer que nous sommes deux pierres que j'ai entrepris de **greffer** l'une à l'autre avec mon sang. Un dialogue sera établi entre deux pierres. Mon entreprise sera **couronnée** de succès. Je
25 suis une **alchimiste** rendue folle par des vapeurs de mercure. J'aimerai sans amour, sans souffrir, comme si j'étais de **quartz**. Je vivrai sans que mon cœur batte, sans avoir de cœur.

Les histoires d'amour me fatiguent. Je considère manquée, **gâchée,** médiocre, la vie de celui dont la vie est une belle histoire d'amour. C'est toujours pareil. Elle et lui. Ils viennent **de bout et d'autre de nulle part** et ils se tombent dans les bras. Ils ne se connaissent pas. Ils arrivent face à face, ils se regardent et ils sentent leurs cœurs **s'enflammer,** se mouiller et se gonfler. Ils s'aiment. Je t'aime. Tu m'aimes. Ils s'aiment et, **surgies des** noirceurs de la terre, des cloches par milliers sonnent. Il est **pâmé** et il n'a rien fait pour ça. Elle **est aux anges** et elle n'a rien fait pour ça. Quelque chose leur est arrivé qu'ils n'ont pas cherché. Ils subissent une pression, se laissent pousser. C'est **lâche** ! C'est **indigne** ! Ils sont tombés dans un piège et s'y trouvent bien. Ils se sont fait jouer un tour et, aveuglément, comme s'ils étaient **bouchés à l'émeri,** ils s'en réjouissent. Ils sont victimes d'un complot, **dupes** d'une **machination.** Je m'appelle Bérénice Einberg et je ne me laisserai pas **induire en erreur.** Il ne faut pas se laisser aller à aimer. C'est comme se laisser aller.

J'apprends à dédaigner ce qui d'abord me plaît. Je **m'exerce à** rechercher ce qui d'abord me porte à chercher ailleurs. Les choses et les personnes auxquelles on ne trouve pas de beauté ne font pas souffrir. C'est ridicule. Mais c'est moins ridicule que d'obéir sans **se méfier** à la voix de ses sentiments, sentiments qui ne viennent de nulle part. Ils sont sortis du **néant,** ils se sont éveillés, ils ont trouvé des sentiments dans leur âme, et ils disent : « Ce sont mes sentiments. » Ce qui importe, c'est vouloir, c'est avoir l'âme qu'on s'est faite, c'est avoir ce qu'on veut dans l'âme. Ils se demandent d'où ils viennent. Quand on vient de soi, on sait d'où l'on vient. Il faut tourner le dos au destin qui nous mène et nous en faire un autre. Pour ça, il faut contredire sans arrêt les forces inconnues, les impulsions **déclenchées** par autre chose que soi-même. Il faut se recréer, se remettre au monde. On naît comme naissent les statues. On vient au monde statue : quelque chose nous a faits et on n'a plus qu'à vivre comme on est fait. C'est facile. Je suis une statue qui travaille à se changer, qui se sculpte elle-même en quelque chose d'autre. Quand on s'est fait soi-même, on sait qui on est. L'orgueil exige qu'on soit ce qu'on veut être. Ce qui importe, c'est la satisfaction de l'orgueil, c'est ne pas perdre la face devant soi-même, c'est la majesté devant un miroir, c'est l'honneur et la dignité **entretenus** au détriment des puissances étrangères dont l'âme naissante est infestée. Ce qui compte c'est se savoir responsable de chaque acte qu'on pose, c'est vivre contre ce qu'une nature trouvée en nous nous condamnait à vivre. Il faut, à l'exemple du géant noir gardien des **génies** malfaisants, se faire fouetter pour ne pas s'endormir. S'il le faut, pour garder mes paupières ouvertes, j'arracherai mes paupières. Je choisirai le sol de chacun de mes pas. À partir du peu d'orgueil que j'ai, je me réinventerai.

Il ne faut pas avoir vécu bien longtemps pour pouvoir tirer de justes conclusions à propos du bonheur. Je **me moque,** d'un rire égal et **superbe,** de la joie comme de la tristesse. Je sais que la joie est immanente, que, quoi que je fasse, je devrai toujours en repousser les assauts réguliers

comme le tic-tac d'une horloge. Je veux dire : on ne peut s'empêcher de se sentir heureux aujourd'hui et malheureux demain. Un jour on est gai. L'autre jour on est écœuré. On ne peut rien ni pour ni contre ça. On fait l'effort de s'en ficher, quand on est sage, quand on vit sa
5 vie. Les alternances de joie et de tristesse sont un phénomène **incoercible**, extérieur, comme la pluie et le beau temps, comme les **ténèbres** et la lumière. On hausse les épaules et on continue. **Fouette, cocher** !

Ducharme (Réjean), *L'avalée des avalés*,
Paris, Gallimard, 1969, pp. 30–32.

d'Après le contexte	**éprouver** ressentir	**dupe (f.)** personne que l'on trompe (sans qu'elle en ait le moindre soupçon)
	subir endurer, être victime de	
	outre (f.) sac fait de peau d'animal servant de récipient pour le transport des liquides	**machination (f.)** conspiration, intrigue
	greffer relier, attacher	**induire en erreur** tromper
	couronné complété (par)	**s'exercer à** s'efforcer de
	alchimiste (m.) celui qui transforme la matière en usant des formules secrètes	**se méfier (de)** ne pas faire confiance (à), douter (de)
	quartz (m.) pierre dure et transparente	**néant (m.)** rien, vide
	gâché détruit, raté	**déclenché** mis en marche, provoqué
	de bout et d'autre de nulle part d'aucun endroit précis	**entretenu** développé, maintenu
	s'enflammer se passionner	**génie (m.)** esprit mythique, bon ou mauvais ange
	surgi de apparu brusquement en sortant de	**se moquer (ficher) (de)** n'accorder aucune importance à
	pâmé émerveillé	**superbe** plein d'orgueil
	être aux anges être transporté de joie	**incoercible** incontrôlable
	lâche sans courage	**ténèbres (f. pl.)** obscurité profonde
	indigne révoltant, méprisable	**Fouette, cocher !** Allons ! En avant !
	bouché à l'émeri particulièrement borné, stupide	

À propos

1. Comment Bérénice définit-elle l'amour ? Est-ce pour elle un sentiment positif ?
2. Pourquoi se révolte-t-elle contre l'amour ? Qu'est-ce que cela nous révèle de sa personnalité ?
3. De quelle façon la jeune fille pense-t-elle aimer à l'avenir ?

4. Pourquoi se considère-t-elle alchimiste ?
5. Relevez les termes utilisés par Bérénice qui définissent la façon dont elle souhaite aimer.
6. Pourquoi trouve-t-elle l'amour ennuyeux ?
7. D'après Bérénice, l'amour est une expérience humiliante. Expliquez.
8. Trouvez dans le texte des mots ou expressions indiquant que la jeune fille veut demeurer maîtresse de sa vie.
9. Expliquez la phrase : « Ce qui importe, c'est vouloir, c'est avoir l'âme qu'on s'est faite, c'est avoir ce qu'on veut dans l'âme. »
10. Comment Bérénice est-elle sculpteur ?
11. Quelle force motive cette jeune fille ? Relevez les termes qui nous la dévoilent.
12. Que pense Bérénice du bonheur ?
13. À quoi compare-t-elle les alternances de tristesse et de joie ?
14. Quels conseils Bérénice nous donne-t-elle pour réussir sa vie ? Expliquez la dernière image du texte.

À votre avis

1. Comment concevez-vous l'amour ? Est-ce pour vous un sentiment positif ou négatif ? Élaborez.
2. Pensez-vous, comme Bérénice, que l'amour puisse parfois détruire quelqu'un ? De quelle façon ?
3. Est-ce possible d'aimer « sans souffrir », comme si on était de « quartz » ?
4. Trouvez-vous les histoires d'amour fatigantes ou ennuyeuses ? Est-ce que tout est prévisible en amour ?
5. L'amour est-il pour vous quelque chose sur lequel on n'exerce aucun contrôle ?
6. Est-ce humiliant de se laisser emporter par un sentiment spontané, « venu de nulle part » ?
7. Est-il possible de demeurer maître de sa vie ? Comment peut-on y parvenir ?
8. La vie pour Bérénice est une espèce de statue qu'on doit sculpter soi-même. Qu'en pensez-vous ?
9. Le bonheur est-il notre œuvre ? Pouvons-nous le faire naître ou durer ? Par quels moyens ?
10. Selon vous, quel impact les relations familiales peuvent-elles avoir sur le développement affectif d'une personne ?

Avec des mots

I *Utilisez les expressions suivantes dans vos propres phrases :*

être aux anges
bouché à l'émeri
perdre la face

jouer un tour
induire en erreur

II *Complétez les séries suivantes :*

NOM	VERBE	ADJECTIF
_____	_____	lâche
_____	_____	tissé
_____	_____	indigne
dupe	_____	_____
_____	_____	malfaisant
_____	_____	écœuré
ténèbres	_____	_____
_____	entretenir	_____
orgueil	_____	_____
_____	exiger	_____
_____	dédaigner	_____

III *Terminez les phrases suivantes avec des mots ou expressions donnés dans le lexique.*

1. Celui qui transforme des métaux en usant des formules secrètes est _____.
2. Si l'on comprend très peu de choses, on est _____.
3. Devant un si beau spectacle, elle est demeurée _____.
4. Quand on ne fait pas confiance à quelqu'un, on _____.
5. Si tu n'as pas réussi ta vie, tu l'as _____.
6. Dès qu'ils se sont rencontrés, leurs cœurs _____.
7. Il a eu si peu d'échecs que l'on pourrait dire : « Sa vie a été _____ de succès. »
8. Si tu t'efforces de faire quelque chose, c'est que tu _____ à le faire.
9. À la suite de cette expérience, toutes mes passions ont été _____.
10. Quand on n'accorde aucune importance à une chose, on _____.

IV *Expliquez les proverbes suivants :*

1. On revient toujours à ses premières amours.
2. Qui m'aime, aime mon chien.
3. Chagrin d'amour dure toute la vie.

V *Utilisez les expressions suivantes dans des phrases.*

pour l'amour de Dieu
À vos amours !
un amour de

être fou d'amour
filer le parfait amour

Repères grammaticaux

Remarquez :   — « Mets ta main sur mon front que je *sache* encore ce que le mot présence veut dire. »

A. Le subjonctif

■ Le **subjonctif**, tout comme l'indicatif, est un **mode**, c'est-à-dire une manière particulière d'envisager un fait. On l'emploie surtout dans les propositions subordonnées introduites par *que*.

■ Par opposition à l'indicatif, qui désigne une **réalité objective**, le subjonctif exprime une **attitude subjective** : sentiments, craintes, doutes, possibilités, opinions, jugements, nécessités, volontés ou buts.

Comparez :

INDICATIF	SUBJONCTIF
— Je connais un homme qui *est* honnête.	— Je cherche un homme qui *soit* honnête.
— Il est vrai que cela *est* faux.	— Est-ce vrai que cela *soit* faux ?
(réalité objective)	(attitude subjective)

N.B.   Pour le subjonctif présent des verbes irréguliers, il faut consulter les tables de verbes données en appendice.

■ 1. Le **subjonctif présent** des verbes réguliers se forme à partir du présent de l'indicatif à la 3e personne du pluriel. La terminaison **ent** est remplacée par **e, es, e, ions, iez** et **ent** :

         ils aim**ent**   ⟶   que j'aim**e**
         ils finiss**ent**   ⟶   que je finiss**e**
         ils vend**ent**   ⟶   que je vend**e**

   2. Le **subjonctif passé** est composé du subjonctif présent de l'auxiliaire (avoir/être) et du participe passé du verbe utilisé :

       que j'**aie aimé**
       que nous **soyons monté(e)s**
       que tu te **sois levé(e)**

■ On emploie le **subjonctif présent** quand l'action de la proposition subordonnée est simultanée à (a lieu en même temps que) ou postérieure à (suit chronologiquement) l'action de la principale :
     — Il est regrettable qu'il ne *fasse* pas son travail maintenant.
     (action simultanée)
     — J'ai peur qu'il ne *vienne* pas demain. (action postérieure).

- On emploie le **subjonctif passé** quand l'action de la proposition subordonnée est antérieure à l'action de la principale.
  — Je regrette que tu n'*aies* pas bien *travaillé*. (action antérieure)

- **L'imparfait** et le **plus-que-parfait** du **subjonctif**, rarement utilisés, sont des temps littéraires.

  1. **L'imparfait du subjonctif** se forme à partir du passé simple à la 2e personne du singulier. On double la dernière consonne et on ajoute les terminaisons du subjonctif présent, à l'exception de la 3e personne du singulier, qui prend un *t* et *l'accent circonflexe* sur la voyelle :

     | tu aimas | ⟶ | que j'aimasse
qu'il *aimât* |
     | tu finis | ⟶ | que je finisse
qu'il *finît* |
     | tu vendis | ⟶ | que je vendisse
qu'il *vendît* |

  2. Le **plus-que-parfait du subjonctif** est composé de *l'imparfait du subjonctif de l'auxiliaire (avoir/être)* et *du participe passé du verbe* :

     que j'*eusse aimé*
     qu'il *eût aimer*
     que je *fusse venu*
     qu'il *fût venu*
     que je *me fusse souvenu*
     qu'il *se fût souvenu*

- **L'infinitif** remplace généralement le subjonctif dans la proposition subordonnée lorsque le sujet de cette proposition est le même que celui de la principale, sauf après les conjonctions *bien que, quoique, jusqu'à ce que* et *pourvu que*.

Comparez :

— Nous voulons que nous *fassions* nos devoirs.

— Nous voulons *faire* nos devoirs.

— Il est parti sans qu'il *sache* sa leçon.

— Il est parti sans *savoir* sa leçon.

(deux verbes/deux sujets)　　　　(deux verbes/un sujet)

Mais :　Je le ferai *bien que* je ne le *veuille* pas.

　　　　Nous arriverons à temps, *pourvu que* nous *nous dépêchions*.

N.B.　On fait précéder l'infinitif des prépositions **à** ou **de** lorsque celles-ci sont exigées par le verbe principal.

EXEMPLE :　— Tu regrettes d'*avoir menti* à mon frère.

I *Transformez les phrases suivantes en remplaçant le subjonctif par l'infinitif, si cela est possible :*

1. Nous préférons que nous y allions.
2. Je ne peux le faire, sans que tu m'aides.
3. Pour qu'elle réussisse, il faut qu'elle travaille.
4. Elle regrette qu'elle ne soit pas venue.
5. Partons sans que nous fassions ce qu'elle désire.
6. Je voudrais que tu le cherches dans toute la maison.
7. Travaillons fort, afin que nous réussissions.
8. Il s'attend à ce qu'il le fasse.
9. Je suis étonné que je n'aie pas terminé.
10. Il suffit qu'il vienne.

- Dans le style écrit, on emploie généralement le **ne** explétif après les verbes d'*empêchement*, de *crainte* (à l'affirmatif) et de *doute* (au négatif et à l'interrogatif), ainsi qu'après les conjonctions *avant que* et *à moins que* :
  — Bérénice ne veut pas aimer, de *crainte qu*'elle *ne* perde tout contrôle sur sa vie.
  — Tout cela *n'empêche pas* que ce *ne* soit vrai.
  — Dépêche-toi, *avant que* je *ne* m'en aille.

II *Complétez les phrases suivantes :*

1. N'ayez pas peur que…
2. Nous doutons que…
3. La loi défend que…
4. Je n'irai pas, à moins que…
5. Il est interdit que…
6. Je crains que…
7. Nous mangerons, avant que…
8. Doutez-vous que…
9. Évitez que…
10. Je ne doute pas que…

Remarquez : — « Que pas une de ses pensées ne m'*échappe*. »

B. Le subjonctif dans la proposition indépendante

- Le subjonctif dans une proposition indépendante exprime un **souhait**. Il remplace ainsi l'impératif à la 3ᵉ personne :

  EXEMPLES : — Qu'il *s'en aille* le plus vite possible.

  — Qu'elles *finissent* leur travail.

  — « Que pas une de ses souffrances ne me *soit épargnée*. »

  N.B. Dans une proposition indépendante, on peut parfois utiliser le subjonctif sans le **que** pour exprimer un vœu :

  — *Vive* la Reine !

  — *Vive* le Québec libre !

APPLICATION

Exprimez dix vœux différents dans des phrases sans propositions subordonnées.

EXEMPLE :   — Que votre volonté *soit* faite !

C. Le subjonctif après des expressions marquant les sentiments et les émotions

Remarquez :   — « J'aimerais que cette chanson (...) *finisse* un soir dans ma maison sur un bel air d'accordéon ».

■   Le subjonctif s'emploie après les expressions qui expriment l'émotion : *joie, chagrin, crainte, regret, colère* et *étonnement* :

— Je suis heureuse que tu *sois arrivé*.
— Il est regrettable qu'on ne *sache* pas la réponse.
— « N'y a-t-il pas aussi l'effroi (...) que l'on *puisse* fabriquer un homme par des moyens non biologiques ? »

APPLICATION

Remplacez l'expression en italique par les expressions qui suivent et apportez dans chaque cas les changements nécessaires :

1. *Quel bonheur* qu'il _____ (être) là !
   a) Je suis étonné
   b) Nous regrettons
   c) Je sais
   d) C'est dommage

2. *Elle était surprise* que je ne _____ pas (finir) mes devoirs.
   a) Elle dit
   b) Il est regrettable
   c) Tu es étonné
   d) Le professeur a peur

3. *J'ai hâte* que les vacances _____ (arriver).
   a) Nous sommes heureux
   b) J'espère
   c) Il est souhaitable
   d) Tu es étonné

D. Le subjonctif après des expressions marquant le jugement ou l'opinion

Remarquez :   — Il n'est pas évident que cela *soit* souhaitable.
— On ne croit pas qu'il y *ait* de nouvelles études.
— Croyez-vous qu'il *existe* d'autres planètes habitées ?
— Il est certain qu'il *prendra* l'avion.

■   On utilise le subjonctif après des expressions impersonnelles de jugement ou d'opinion, telles que :

il est utile, inutile	il est important, il importe
il est essentiel	il vaut mieux
il est bon, mauvais	il est rare, fréquent
il est naturel	il est préférable

il est inacceptable   il convient

il est temps, urgent   il est dommage

il semble   il est peu probable

ce n'est pas la peine

Mais :   Les expresssions *il me semble* et *il est probable* sont suivies de **l'indicatif**.

> EXEMPLES :   — Il me semble qu'il *est arrivé.*
>
> — Il est probable qu'elle *viendra.*

■ Les verbes d'*opinion* et de *déclaration* requièrent le **subjonctif** s'ils sont employés à la forme *négative* ou *interrogative*. Par contre, ils sont suivis de l'**indicatif** quand il sont utilisés à la forme *affirmative*.

TABLEAU 18:   verbes d'opinion et de déclaration

	À L'AFFIRMATIF	AU NÉGATIF OU À L'INTERROGATIF
	Indicatif	**Subjonctif**
penser, croire, trouver	— « On pense qu'elle *avait* d'abord pu s'échapper. »	— Pensez-vous, qu'elle *ait pu* s'échapper ?
être sûr, certain	— Je suis certaine qu'elle *réussira.*	— Je ne suis pas certaine qu'elle *réussisse.*
se souvenir	— Vous vous souvenez du fait qu'elle *a péri* dans l'incendie.	— Vous souvenez-vous qu'elle *ait péri* dans l'incendie ?
espérer	— J'espère que tu *viendras.*	— Est-ce que vous espériez que je *vienne* ?
dire, affirmer, déclarer, annoncer	— Nous disons qu'elle *est* folle de le faire.	— Nous ne disons pas qu'elle *soit* folle de le faire.

Mais :   Le verbe *nier* est toujours suivi du subjonctif :

> — Il nie que vous *ayez dit* cela. (affirmatif)
>
> — Elles ne nient pas que ce *soit* vrai. (négatif)

APPLICATION

Complétez les phrases suivantes en employant les verbes indiqués :

1. J'espère qu'il (venir)…
2. Pensez-vous que je (savoir)…
3. Il est bon que tu (être)…
4. Je suis sûr que vous (écrire)…
5. Je ne crois pas que nous (avoir)…
6. Il est dommage qu'elles ne (pouvoir)…
7. Je dis qu'il (devoir)…
8. Ne niez pas qu'il (pleuvoir)…
9. Je ne pense pas que je (voir)…
10. J'affirme qu'il (vouloir)…

E. Le subjonctif après les conjonctions

Remarquez :

— « Je vivrai sans que mon cœur *batte* (…) ».

— « Mes parents avaient à cœur que je participe à toutes sortes d'activités afin que j'*aie* la possibilité de développer mes dispositions naturelles. »

— Je te téléphonerai dès que j'*arriverai*.

■ Certaines conjonctions qui se terminent par **que**, introduisant des propositions subordonnées, sont suivies du **subjonctif**, d'autres de l'**indicatif**.

TABLEAU 19:   conjonctions — subjonctif ou indicatif ?

SUBJONCTIF	INDICATIF
à condition que	après que
afin que	aussitôt que
à moins que (ne)	dès que
à supposer que	étant donné que
autant que	parce que
avant que (ne)	pendant que
bien que	peut-être que
de crainte que (ne)	probablement que
de façon que	puisque
de manière que	tandis que
de peur que (ne)	vu que
de sorte que	
en attendant que	
jusqu'à ce que	
pour que	
pourvu que	
quel que	
quoique	
quoi que	
sans que	

I *Complétez les phrases suivantes en utilisant les verbes proposés :*

1. Je viendrai te voir avant que tu _____ (partir).
2. Je réussirai à l'examen pourvu qu'il _____ (être) facile.
3. Elle patientera jusqu'à ce que ses amis _____ (venir) la chercher.
4. Les parents travaillent afin que leurs enfants _____ (être) bien nourris.
5. Il est parti sans que je le _____ (savoir).
6. Je viendrai à condition qu'elle me _____ (reconnaître).
7. Annie viendra à moins qu'elle _____ (ne pas se sentir) bien.
8. De peur que la vie _____ (passer) inutilement, il faut la vivre.
9. Nous sommes venues pour que vous nous _____ (voir).
10. Restez jusqu'à ce que vous _____ (être) fatigués.

II *Complétez les phrases suivantes en utilisant le subjonctif ou l'indicatif, selon le cas.*

1. Nous allons nous reposer bien que nous _____ (avoir) encore du travail.
2. Mark pourra trouver un emploi à condition qu'il _____ (apprendre) le français.
3. Philippe sera triste jusqu'à ce que Catherine _____ (revenir).
4. Anne prendra l'avion avant que _____ (venir) le soir.
5. Tu travailles pendant qu'elle _____ (lire) le journal.
6. Aussitôt qu'elle _____ (finir), elle viendra te rendre visite.
7. Il partira tôt de peur que ses parents ne le _____ (surprendre).
8. Il nous a tout expliqué pour que nous _____ (comprendre).
9. Le train pour Ottawa part à 2 h 30, tandis que celui pour Québec _____ (partir) à 4 h 00.
10. Nous sommes rentrés avant qu'il ne _____ (faire) nuit.

I *Composez dix phrases dans lesquelles vous emploierez le subjonctif après des conjonctions différentes.*

II *Écrivez une lettre à votre meilleur(e) ami(e) qui vient de déménager pour s'installer dans une autre ville. Utilisez au moins dix subjonctifs, en exprimant le plus de sentiments possibles.*

III *Rédigez un texte d'une page sur un sujet de votre choix, en utilisant sept des expressions suivantes :*

je suis sûr(e) que	il est important que
je dis que	croyez-vous que
il vaut mieux que	peut-être que
il est probable que	il est urgent que
il semble que	il paraît que

Les paupières ont appris
à se baisser
les têtes à se courber.

Mais il est des silences
meurtriers.

Casavant (Roger), « Le
cri d'un peuple »,
Poèmes et chansons du
Nouvel Ontario, Sud-
bury, Prise de Parole,
1982, p. 22

CHAPITRE 8

La révolte

Anne Hébert

Anne Hébert est née en 1916 à Sainte-Catherine-de-Fossambault, dans le comté de Portneuf. Poète, romancière et dramaturge, elle est reconnue comme l'un des plus grands auteurs québécois contemporains. Sa première œuvre, *Les songes en équilibre*, recueil de poésie, lui valut le Prix David en 1942. En 1950, elle publia *Le torrent*, conte qui frappe par sa densité, la perfection de sa forme et sa puissance révolutionnaire. Suivirent en 1960 *Le tombeau des rois* et *Mystère de la parole*, poèmes renommés dont Pierre Emmanuël écrira qu'ils étaient comme « tracés dans l'os par la pointe d'un poignard ». Mais c'est surtout par le roman que l'écrivain s'affirmera à partir de 1958 avec la publication des livres suivants : *Les chambres de bois* (1958), *Kamouraska* (1970), *Les enfants du sabbat* (1975), *Héloïse* (1980), *Les fous de bassan* (1982), *Le premier jardin* (1988) et *La Cage* (1990). Parmi les nombreuses distinctions qui couronnent ces œuvres, mentionnons le Prix France-Canada (1950), le Prix du Gouverneur général (1960), le Prix Molson (1967) et le Prix des Libraires de France (1970). L'œuvre d'Anne Hébert, tout imbue de poésie et soutenue par un rythme binaire, traite des grands thèmes de la vie et de la mort, du jour et de la nuit, de la solitude et de la solidarité, dans un style qui demeure unique dans la littérature québécoise.

Le torrent

François, enfant illégitime de onze ans, habite seul à la campagne avec sa mère Claudine. Pour fuir le mépris et les accusations d'autrui, celle-ci a dû quitter la ville à la naissance de son fils. François, qu'elle entend bien élever à sa façon et dont elle fait un instrument de revanche, est
5 *destiné au sacerdoce. Dans ces premières pages du récit, publié en 1950, nous sentons la révolte naissante de l'adolescent.*

J'étais un enfant dépossédé du monde. Par le **décret** d'une volonté antérieure à la mienne, je devais renoncer à toute possession en cette vie. Je touchais au monde par fragments, ceux-là seuls qui m'étaient
10 immédiatement indispensables, et enlevés aussitôt leur utilité terminée ; le cahier que je devais ouvrir, pas même la table sur laquelle il se trouvait ; le coin d'étable à nettoyer, non la poule qui se perchait sur la fenêtre ; et jamais, jamais la campagne offerte par la fenêtre. Je voyais la grande main de ma mère quand elle se levait sur moi, mais je n'apercevais
15 pas ma mère en entier, **de pied en cap**. J'avais seulement le sentiment de sa terrible grandeur qui me glaçait.

Je n'ai pas eu d'enfance. Je ne me souviens d'aucun loisir avant cette **singulière** aventure de ma surdité. Ma mère travaillait sans relâche et je participais de ma mère, tel un outil dans ses mains. Levées avec le soleil, les heures de sa journée **s'emboîtaient les unes dans les autres** avec une justesse qui ne laissaient aucune détente possible.

En dehors des leçons qu'elle me donna jusqu'à mon entrée au collège, 5 ma mère ne parlait pas. La parole n'entrait pas dans son **ordre**. Pour qu'elle **dérogeât** à cet ordre, il fallait que le premier j'eusse commis une transgression quelconque. C'est-à-dire que ma mère ne m'adressait la parole que pour me réprimander, avant de me punir.

Au sujet de l'étude, là encore tout était compté, calculé, sans un 10 jour de congé, ni de vacances. L'heure des leçons terminée, un mutisme total envahissait à nouveau le visage de ma mère. Sa bouche se fermait durement, **hermétiquement**, comme tenue par un **verrou** tiré de l'intérieur.

Moi, je baissais les yeux, soulagé de n'avoir plus à suivre le fonctionnement des puissantes **mâchoires** et des lèvres minces qui pronon- 15 çaient, en **détachant** chaque syllabe, les mots de « **châtiment** », « justice de Dieu », « damnation », « enfer », « discipline », « péché originel », et surtout cette phrase précise qui revenait comme un **leitmotiv** :

— Il faut **se dompter** jusqu'aux os. On n'a pas idée de la force mauvaise qui est en nous. Tu m'entends, François ? Je te dompterai 20 bien moi…

Là, je commençais à frissonner et des larmes emplissaient mes yeux, car je savais bien ce que ma mère allait ajouter :

— François, regarde-moi dans les yeux.

Ce **supplice** pouvait durer longtemps. Ma mère me **fixait** sans merci 25 et moi je ne parvenais pas à me décider à la regarder. Elle ajoutait en se levant :

— C'est bien, François, l'heure est finie… Mais je me souviendrai de ta mauvaise volonté, **en temps et lieu**…

En fait, ma mère enregistrait **minutieusement** chacun de mes 30 **manquements** pour m'en **dresser le compte**, un beau jour, quand je ne m'y attendais plus. Juste au moment où je croyais m'échapper, elle **fondait** sur moi, **implacable**, n'ayant rien oublié, détaillant, jour après jour, heure après heure, les choses mêmes que je croyais les plus cachées.

Je ne distinguais pas pourquoi ma mère ne me punissait pas **sur-** 35 **le-champ. D'autant plus que** je sentais confusément qu'elle se dominait avec peine. Dans la suite j'ai compris qu'elle agissait ainsi par discipline : « pour se dompter elle-même », et aussi certainement pour m'impres-sionner davantage en établissant son **emprise** le plus profondément possible sur moi.

40 Il y avait bien une autre raison que je n'ai découverte que beaucoup plus tard.

J'ai dit que ma mère s'occupait sans arrêt, soit dans la maison, soit dans l'étable ou les champs. Pour me corriger, elle attendait une **trêve**.

45 J'ai trouvé, l'autre jour, dans la remise, sur une **poutre**, derrière un vieux **fanal**, un petit **calepin** ayant appartenu à ma mère. L'horaire de ses journées y était soigneusement inscrit. Un certain lundi, elle devait

mettre des draps à blanchir sur l'herbe ; et, je me souviens que brusquement il s'était mis à pleuvoir. En date de ce même lundi, j'ai donc vu dans son carnet que cette étrange femme avait rayé : « Blanchir les draps », et ajouté dans la marge : « Battre François ».

5   Nous étions toujours seuls. J'allais avoir douze ans et n'avais pas encore contemplé un visage humain, si ce n'est le reflet **mouvant** de mes propres traits, lorsque l'été je me penchais pour boire aux ruisseaux. **Quant à** ma mère, seul le bas de sa figure m'était familier. Mes yeux n'osaient monter plus haut, jusqu'aux **prunelles courroucées** et au large

10 front que je connus, plus tard, atrocement **ravagé**.

Son menton impératif, sa bouche tourmentée, malgré l'attitude calme que le silence essayait de lui imposer, son **corsage** noir, **cuirassé**, sans nulle place tendre où pût **se blottir** la tête d'un enfant ; et voilà l'univers maternel dans lequel j'appris, si tôt, la dureté et le refus.

Hébert (Anne), *Le torrent*, Montréal,
Éditions H.M.H., 1963, pp. 9–13.

---

d'Après le contexte

décret (m.) décision d'une puissance supérieure
de pied en cap des pieds à la tête
singulier étrange
s'emboîter les uns dans les autres se succéder
ordre (m.) normes, habitudes de vie
déroger ne pas se conformer, agir contre
hermétiquement complètement
verrou (m.) pièce de métal glissant horizontalement pour fermer une porte
mâchoire (f.) arc osseux de la bouche contenant les dents
détacher prononcer clairement
châtiment (m.) punition
leitmotiv (m.) refrain, phrase qui revient à plusieurs reprises
se dompter se maîtriser
supplice (m.) vive souffrance, punition
fixer regarder avec insistance, dévisager

en temps et lieu au moment et à la place convenables
minutieusement dans le détail
manquement (m.) défaut, faute
dresser le compte en faire la liste
fondre (sur) se jeter violemment, se précipiter
implacable sans pitié
sur-le-champ tout de suite
d'autant plus que surtout que
emprise (f.) domination intellectuelle ou morale
trêve (f.) arrêt, interruption
poutre (f.) grosse pièce de bois servant de support
fanal (m.) lanterne
calepin (m.) petit cahier, carnet
mouvant ondoyant, changeant
quant à en ce qui concerne
prunelles courroucées (f.) yeux exprimant la colère
ravagé marqué par la douleur ou l'âge
corsage (m.) chemisier, blouse
cuirassé très dur
se blottir se presser contre quelqu'un pour s'y réfugier

1. Pourquoi le narrateur a-t-il l'impression qu'il était « un enfant dépossédé du monde » ?
2. Quelle « volonté antérieure » avait « décrété » le destin de François ? Pourquoi l'auteure utilise-t-elle le verbe « décréter » ?
3. Que signifie l'expression « toucher au monde par fragments » ? Donnez-en des exemples dans le texte.
4. En quel sens François n'a-t-il pas eu d'enfance ?
5. Expliquez les diverses façons par lesquelles l'emprise de sa mère s'exerçait sur le héros.
6. François affirme que dans son enfance, il participait de sa mère, « tel un outil dans ses mains ». Commentez cette citation.
7. Quelle consigne la mère de François lui donnait-elle ? Que cela signifiait-il ?
8. Quels rapports existaient entre la mère et le fils ?
9. Commentez le caractère de la mère tel qu'il est dévoilé dans le texte. Ce portrait vous semble-t-il complet ?
10. Exprimez les sentiments de l'enfant à l'égard de sa mère. Par quels gestes ou quelles attitudes se révèlent-ils ?

1. Cette nouvelle, inspirée d'un fait divers survenu dans les années 1940, aurait-elle pu être écrite aujourd'hui ? Expliquez votre réponse.
2. Connaissez-vous des familles dans lesquelles la mère ou le père exerce un tel contrôle sur la vie des enfants ? Par quels moyens peut-on s'en libérer ?
3. Pouvez-vous imaginer ce qui aurait pu amener une mère comme Claudine à vouloir dominer ainsi la vie de son enfant ?
4. François sera-t-il détruit à jamais par sa mère ? Pouvez-vous imaginer la suite du récit ?
5. « Qui aime bien châtie bien. » Les parents devraient-ils exercer beaucoup d'autorité en ce qui concerne l'éducation des enfants ? Ce rôle a-t-il évolué au cours des années ?
6. Vous considérez-vous un(e) révolté(e) ? Quelles formes de révolte se retrouvent chez les jeunes aujourd'hui ? Contre qui ou contre quoi se révoltent-ils ?
7. Avez-vous parfois l'impression de connaître le monde « par fragments » ? Comment éviter ce sentiment ?

I *Rédigez une page de journal intime dans laquelle vous utilisez les expressions suivantes :*

de pied en cap
dresser le compte
d'autant plus que

en temps et lieu
sur-le-champ

II *Remplacez les tirets par les mots appropriés.*

supplice	davantage	confusément
détente	rayer	singulier
trêve	tourmenté	implacable
s'emboîter les uns dans les autres	emprise	

Quelle _____ journée nous avons passée ! Les heures _____, sans nous laisser de _____. Le temps nous paraissait _____, et son _____ sur nous se faisait sentir _____ chaque heure. Nous cherchions _____ à nous en libérer, mais en vain. Toute _____ était impossible dans cette journée infernale que nous vivions comme un _____. Si seulement on avait pu la _____ complètement de notre vie !

III *Relevez cinq adjectifs et cinq adverbes utilisés dans le texte et employez-les dans des phrases.*

Kamouraska

Élisabeth attend à Sorel le retour de son amant George Nelson, qui est parti assassiner son époux Antoine Tassy à Kamouraska. Le long voyage, effectué au XIXe siècle, se fait en traîneau en plein hiver. Prisonnière de sa chambre, de ses espoirs et de ses craintes, l'héroïne,
5 *enceinte, contemple à travers une vitre givrée la vaste étendue neigeuse.*

Lauzon, Beaumont, Saint-Michel, Berthier... Le temps ! Le temps ! S'accumule sur moi. Me fait une **armure** de glace. Le silence s'étend en plaques neigeuses. Depuis longtemps déjà, George, emporté dans son traîneau, a **franchi** toutes les frontières humaines. Il **s'enfonce** dans
10 une **désolation** infinie. Comme un navigateur solitaire qui se dirige vers la haute mer. En vain j'interroge l'état de la neige et du froid. Nous ne dépendons plus des mêmes lois de neige et de gel, des mêmes conditions de fatigue et d'**effroi**. Trop de distance. Pourquoi **appréhender** une tempête avec **rafales** et **poudrerie** qui efface les pistes ? Mon amour se débat-
15 il dans un **tourbillon** de neige, **perfide** comme l'eau des torrents ? Mon amour respire le gel comme l'air ? Mon amour crache la neige en fumée de glace ? Ses poumons brûlent ? Tout son sang se fige ? Au-delà d'une certaine horreur, cet homme devient un autre. M'échappe à jamais.

Accrochée au rideau de ma chambre. Collée sur la vitre, pareille
20 à une **sangsue**. Sorel. La rue Augusta. Ce lieu d'**asile** est peu sûr. Le refuge de ma jeunesse est ouvert, **éventré** comme une **poupée de son**. Toutes les ramifications, les **astuces**, les tours et les détours de la mémoire n'**aboutissent** qu'à l'absence. Que fait le docteur Nelson dans le bas du fleuve ? A-t-il réussi à... ? Rien. Je ne sais plus rien de lui. J'habite
25 le vide absolu. Un désert de neige, chaste, **asexué** comme l'enfer. En vain j'examine la vaste étendue blanche, **dépouillée** de ses villages et de leurs habitants. Les grandes forêts. Les champs. Le fleuve gelé. Nul cheval noir à l'horizon.

George Nelson serait-il **égaré**, perdu, mort gelé dans la neige ?
30 Attention à l'apparente douceur de la neige. Les flocons en rangs serrés, sur nous, autour de nous. Comment prévenir George ? Lui dire de ne pas se laisser prendre par la rêverie qui vient de la neige. Cette ivresse calme, cette fascination **insidieuse** (à peine un léger pincement au cœur, et nous glissons, peu à peu, d'abandon en abandon, de songerie
35 en songerie, vers le sommeil le plus profond). Ne pas se laisser désarmer. Conserver **vivaces**, tout amour et toute haine. La neige **étale**, **à perte de vue**, nivelant paysage, ville et village, homme et bête. Toute joie ou peine annulées. Tout projet étouffé dans sa source. Tandis que le froid **complice s'insinue** et propose sa paix mortelle. Pourvu que l'homme
40 là-bas, entre tous, sur la route de Kamouraska, ne laisse pas retomber les guides, un seul instant. Ce n'est pas que sa main soit **gourde** encore,

mais tout simplement envahie par l'inutilité de tout geste à faire. Une telle **lassitude** aussi. Une telle envie de dormir. Un tel bien-être étrange et sourd, ressenti par toute la main qui ne tient plus (qui ne peut plus tenir) les guides. Les deux mains à présent ne conduisant plus le cheval.

5   Les deux mains tombées sur les genoux, abandonnées, bienheureuses, lourdes, si lourdes, d'une paix **incommensurable**, perfide. Les deux mains, côte à côte. Un peu plus **engourdies**, semble-t-il, un peu plus pesantes que d'habitude, peut-être. Moins nettes et moins bien dessinées, sous les mitaines. Les doigts redessinés, un par un, en plus épais, en plus

10 lourd, devenant extrêmement importants et cependant **inertes**. De moins en moins sensibles. Mourant, tout simplement, à la suite les uns des autres.

J'éprouve jusqu'à la limite de ma raison l'engourdissement du froid, dans le bas du fleuve. La brûlure vive du sang qui se remet en marche.

15 (L'homme frotte ses mains avec de la neige.) Est-ce possible que je rêve la passion d'un autre, avec cette **acuité insoutenable** ? Je sens dans mon dos la force irrésistible qui pousse George Nelson sur la route de Kamouraska. Lui fait rechercher l'abri de la prochaine auberge.

Je souhaite le secours des bonnes femmes de Sorel. Plutôt subir

20 leur bavardage que de supporter...

Montmagny, Cap-Saint-Ignace, Bonsecours, Saint-Jean-Port-Joli, Saint-Roch-des-Aulnaies... Je crois que j'agite les lèvres, comme les très vieilles femmes à l'église.

— La Petite est bien agitée. Elle a la fièvre et elle marmonne

25 des prières sans fin. Il faudrait la distraire un peu, ne trouvez-vous pas ?

— Depuis longtemps il n'a pas fait un froid pareil.

Faire taire ces femmes. Comme lorsque l'on **rabat** la couverture sur la cage des perruches, pour la nuit. Retrouver un silence peu sûr.

30 Quelque chose de vivant bouge, **se déploie** au fond du silence. Remonte à la surface. Éclate comme des bulles sourdes dans mon oreille. Une voix d'homme, lente, sans **inflexion**, cherchant ses mots **à mesure**, s'adresse à moi. Me signale, comme à regret (tout bas en confidence), le passage d'un étranger à l'auberge de Saint-Vallier. (J'avais oublié

35 Saint-Vallier, entre Saint-Michel et Berthier.)

— Michel-Eustache Letellier. Mardi, le 29 janvier, vers les neuf heures du soir, il est arrivé à l'auberge un jeune homme étranger, de belle mine, aux cheveux noirs et aux petits **favoris** noirs. Il passa la nuit à l'auberge et partit le lendemain de grand matin.

40 Je tente de prendre pied dans l'auberge de Saint-Vallier. D'apercevoir le jeune étranger. Déjà la voix de l'hôtelier **enchaîne** si rapidement que je suis précipitée dans le temps. À la vitesse même de la parole. Sans pouvoir m'accrocher à aucune image. Ni reconnaître aucun visage.

Michel-Eustache Letellier parle à nouveau du jeune étranger qui

45 revient à l'auberge, le vendredi 3 février, dans la nuit.

— J'ai remarqué que ses petits favoris noirs étaient beaucoup plus longs au retour qu'à l'aller et lui mangeaient presque toute la face.

Il était aussi très agité et inquiet. Il a jeté sa ceinture de laine dans le feu, pour s'en débarrasser. Ça sentait le brûlé dans toute la salle.

Je voudrais respirer l'odeur de la laine grillée. Dans la salle de l'auberge de Saint-Vallier. M'approcher de l'homme penché sur le feu. Le surprendre de dos. Examiner **à loisir** la **nuque** de mon amant. J'ai toujours été persuadée que le siège de la volonté et de l'énergie chez l'homme se trouvait logé dans sa nuque. Une telle détermination farouche dans la nuque, à la fois fine et robuste, de George Nelson. Le secret même de sa force, caché là sans doute. Cela m'**émerveille** et me désespère.

Je voudrais posséder mon amour, comme ma propre main. Le suivre dans toutes les démarches de sa vitalité extraordinaire. Que pas une de ses pensées ne m'échappe. Que pas une de ses souffrances ne me soit **épargnée**. Être deux avec lui. Double et féroce avec lui. Lever le bras avec lui, lorsqu'il le faudra. Tuer mon mari avec lui.

Hébert (Anne), *Kamouraska*, Paris,
Éditions du Seuil, 1970, pp. 197–200.

---

armure (f.) protection, défense

franchir dépasser, aller au-delà de

s'enfoncer se plonger dans, s'abandonner à

désolation (f.) ruine, vide, détresse

effroi (m.) grande crainte mêlée d'horreur

appréhender envisager qqch avec crainte

rafale (f.) coup de vent soudain et brutal

poudrerie (f.)(can.) neige fraîche soulevée par le vent

tourbillon (m.) masse d'air qui tournoie rapidement

perfide traître, trompeur

sangsue (f.) ver qui suce le sang

asile (m.) refuge

éventré profondément ouvert

poupée de son (f.) poupée bourrée de son

astuce (f.) moyen trompeux (pour déguiser la vérité), artifice

aboutir (à) conduire, mener à

asexué sans besoins sexuels

dépouillé (de) dénudé, privé (de)

égaré éloigné de son chemin

insidieux traître

vivace durable, tenace

étale immobile, sans mouvement

à perte de vue aussi loin qu'on puisse voir

complice qui participe à quelque action répréhensible

s'insinuer pénétrer, s'infiltrer

gourd, engourdi gelé, comme paralysé

lassitude (f.) fatigue, épuisement

incommensurable immense, profonde

inerte immobile, sans vie

acuité (f.) intensité

insoutenable insupportable

rabattre laisser retomber

se déployer se faire entendre de plus en plus, se manifester

inflexion (f.) changement soudain de ton ou d'accent

d'Après le contexte

à mesure   peu à peu, successivement

favoris (m. pl.)   touffe de barbe qui pousse sur la joue de chaque côté du visage

enchaîner   continuer

à loisir   en prenant son temps, avec plaisir

nuque (f.)   partie postérieure du cou

émerveiller   frapper d'étonnement

épargner   sauver qqn de qqch

À propos

1. Comment Élisabeth conçoit-elle le temps ? Pourquoi ?
2. Quelle signification la neige prend-elle dans la conscience de l'héroïne ? À quoi est-elle comparée ?
3. Expliquez l'état d'esprit d'Élisabeth dans sa chambre de Sorel. Que craint-elle le plus ?
4. À ce moment, Élisabeth imagine son amant George prisonnier de la neige. Pourquoi lui semble-t-il étranger ?
5. En quoi la neige est-elle trompeuse ?
6. Qu'est-ce qu'Élisabeth voudrait conserver à tout prix ? Pourquoi ?
7. Quel rapport s'établit dans l'esprit de l'héroïne entre la neige, d'une part, et la vie de George Nelson, de l'autre ?
8. Quelle force s'oppose ici au gel, permettant le salut de l'être ?
9. Quel rôle joue la société dans ce texte ? Par quels personnages est-elle représentée ?
10. Résumez l'attitude d'Élisabeth à l'égard de son amant. Celle-là est-elle ambivalente ?

À votre avis

1. Lorsque vous contemplez la neige, à quoi songez-vous d'habitude ? L'hiver est-il doté pour vous de valeurs négatives ou positives ?
2. Pensez-vous que la distance et le temps puissent transformer une relation ? La détruire ?
3. Avez-vous déjà eu l'impression que les autres étaient les témoins de votre vie ? Qu'avez-vous ressenti alors ? Comment peut-on se libérer du regard d'autrui ?
4. Quelle attitude avez-vous face à la mort ? Y songez-vous parfois ?
5. D'après vous, est-ce plus sain de ne jamais penser à la mort ou de l'affronter ? Que font d'habitude les jeunes d'aujourd'hui ?
6. Pouvez-vous nommer plusieurs façons de se révolter contre la mort ?
7. Élisabeth Rolland lutte pour « conserver vivaces tout amour et toute haine ». Faut-il les conserver tout au long de sa vie ?
8. Est-ce possible de « posséder son amour, comme [sa] propre main » ? S'unir à l'être aimé au point de se sentir « double » ? Comment cela peut-il se réaliser ?

I *Répondez aux questions de style suivantes :*

1. Quel thème principal se dégage du texte *Kamouraska* ? Pouvez-vous identifier les idées secondaires ?

2. La neige est le leitmotiv ou l'image fondamentale de l'œuvre. Pouvez-vous identifier toutes les caractéristiques que l'auteure lui prête ? Rattachez à chacune de ces qualités les images secondaires qui les amplifient ou les mettent en relief.

3. Que remarquez-vous dans le style d'Anne Hébert ? Quel rapport voyez-vous entre le style de ce texte et le thème exprimé, le fond et la forme ?

4. Refaites le plan du chapitre, en identifiant l'introduction, le développement, la crise et le dénouement.

5. Relevez le plus de comparaisons et de métaphores possibles dans le texte.

	COMPARAISONS	MÉTAPHORES
EXEMPLE :	— neige perfide comme l'eau d'un torrent	— une armure de glace

II *Répondez aux questions suivantes en utilisant les mots indiqués.*

1. Que craignez-vous le plus ? (appréhender)
2. Qu'a traversé George Nelson ? (franchir)
3. Les amis sont-ils toujours fidèles ? (perfide)
4. Où êtes-vous arrivés ? (aboutir)
5. Croyez-vous que George ait accompli ce crime seul ? (complice)
6. Qu'avez-vous ressenti quand vous avez entendu la mauvaise nouvelle ? (pincement)
7. Avez-vous averti tout le monde ? (prévenir)
8. Où as-tu passé la nuit ? (auberge)
9. Comment va-t-il ? (mine)
10. Décrivez George Nelson. (nuque, favoris)

III *Rédigez un texte poétique dans lequel vous utilisez au moins trois comparaisons et trois métaphores.*

Repères grammaticaux

A. Le subjonctif après des expressions marquant le doute

Remarquez : — « Est-ce possible que je *rêve* la passion d'un autre, avec cette acuité insoutenable ? »

■ On emploie le **subjonctif** pour exprimer un *fait nié*, mis en *doute*, *improbable* ou seulement *possible* :

— « Ce n'est pas que sa main *soit* gourde encore... » (*négation*)
— Je doute que tu *viennes* à l'heure. (*doute*)
— Il est peu probable qu'il *soit arrivé*. (*improbabilité*)
— Il semble qu'il *ait* raison. (*possibilité*)

Mais : Les expressions *il me semble que*, *il paraît que*, *il est probable que*, à l'affirmatif, et le verbe *se douter*, exprimant la probabilité et non une simple possibilité, requièrent l'indicatif.

Comparez :

INDICATIF	SUBJONCTIF
— Il me semble que tu *as* raison.	— Il semble que tu *aies* raison.
— Je me doute que tu *viendras* à l'heure.	— Je doute que tu *viennes* à l'heure.
— Il est probable qu'il *pleuvra*.	— Il est peu probable qu'il *pleuve*.

APPLICATIONS

I *Complétez les phrases suivantes en utilisant le mode approprié du verbe :*

1. Je doute que vous _____ (pouvoir) réussir à votre examen.
2. Il est possible que mon ami ne _____ (venir) pas.
3. Ce n'est pas que je _____ (vouloir) votre malheur.
4. Il me semble que tu _____ (partir) avant la fin de l'année.
5. Il se peut que ce _____ (être) faux.
6. Il est improbable que je _____ (devenir) millionnaire avant trente ans.
7. Je me doutais que ce _____ (être) important.
8. Il semble que les honnêtes gens ne _____ (réussir) jamais.
9. Est-ce possible que tu me _____ (dire) cela maintenant ?
10. Il paraît qu'il _____ (quitter) la ville.

II *Transformez les phrases suivantes en utilisant une expression de probabilité* (il me semble que, il paraît que, il est probable que…) *et ajuster, si besoin est, le temps des verbes dans la proposition subordonnée.*

1. Il est possible que je subisse un examen.
2. Il se peut que le monde soit à l'envers.
3. Est-ce possible que vous soyez déjà arrivé ?
4. Il est peu probable que vous m'aimiez un jour.
5. Il semble que rien n'aille plus.

B. Le subjonctif après des expressions marquant la nécessité

Remarquez : — « Il faut que je *pense* à tout, ton nom, le baptême… »

■ On emploie le subjonctif pour exprimer l'obligation ou la nécessité après des expressions comme *il faut que, il est nécessaire que* ou des verbes d'exigence :

EXEMPLE : — « L'orgueil *exige qu'*on *soit* ce qu'on veut être. »

— « … *il fallait que* le premier j'*eusse*[1] (aie) commis une transgression. »

— *Il est nécessaire qu'*on *passe* tous par là.

■ *Il faut* suivi de *l'infinitif* exprime l'obligation, sans indication de sujet. Cette structure est donc employée pour les consignes ou les règles :

— « *Il faut se dompter* jusqu'aux os. »

— *Il ne faut* jamais *désespérer.*

■ L'obligation ou la nécessité peuvent aussi être exprimées par le verbe *devoir + l'infinitif*, la préposition *à + l'infinitif* ou la locution *avoir à + l'infinitif* :

— « Je *devais renoncer* à toute possession en cette vie… »

— « Le coin d'étable *à nettoyer…* »

— « Soulagé de ne plus *avoir à suivre* le fonctionnement des puissantes mâchoires… »

APPLICATIONS

I *Complétez le texte suivant en exprimant la nécessité sous toutes ses formes.*

La mère : Jacques, viens ici, il faut que je te _____ (parler) !

---

[1]Dans le style littéraire, on emploie parfois l'**imparfait** et le **plus-que-parfait du subjonctif** à la place du **présent du subjonctif** et du **subjonctif passé**.

L'enfant : Qu'est-ce que j'_____ (avoir) à faire ?

La mère : Écoute, tu as ta chambre _____ (nettoyer), tes cahiers _____ (ramasser), tes devoirs _____ (finir).

L'enfant : C'est trop. Il ne faut pas me _____ (rendre) malade. Tu _____ (devoir) m'aider.

La mère : Pourquoi _____ (devoir)-je t'aider ? N'es-tu pas assez grand pour t'occuper de toi-même ? Quand j'étais petite, il ne _____ (falloir) pas toujours que ma mère _____ (être) là pour me dépanner. Quel âge as-tu ?

L'enfant : Je ne sais pas.

II *En suivant le modèle de l'exercice précédent, écrivez un court dialogue où vous utilisez les différentes expressions de nécessité.*

C. Le subjonctif et la volonté

Remarquez :   — « Ils (mes parents) sont anglophones, mais ils ont voulu que mon frère et moi *soyons* bilingues. »

■ Le **subjonctif** est utilisé pour exprimer un *souhait*, un *désir* ou un *ordre*. L'emploi de ce mode souligne la nature subjective d'un fait envisagé.

     — « Pourvu que l'homme ne *laisse* pas retomber les guides, un seul instant. »

     — Je voudrais que tu *ailles* jusqu'au bout.

APPLICATIONS

Associez à chaque début de phrase la fin de phrase correspondante :

1. Je réussirai	a) que je vienne le voir.
2. Il partira en vacances	b) que tu partes avec elle.
3. Il aimerait	c) que tout le monde m'écoute.
4. Les ouvriers travailleront demain	d) pourvu que tu m'écoutes.
5. Elle désire	e) pourvu que nous demeurions forts.
6. Vous serez riches	f) pourvu qu'ils ne soient pas dérangés.
7. Je veux	g) pourvu que vous ne gaspilliez pas votre argent.
8. Ils termineront leur travail	h) pourvu qu'il n'y ait pas de grève
9. Je t'écouterai	i) pourvu qu'il ne soit pas malade.
10. Nous vaincrons	j) pourvu que je travaille.

D. Le subjonctif et l'intention

Remarquez : — « *Mets* ta main sur mon front
[Pour] Que je *sache* encore ce que le mot présence
veut dire. »

■ Le **subjonctif** employé après certaines conjonctions comme *pour que, afin que* et *de sorte que* exprime l'intention du sujet ou le but d'une action :

— « Pour qu'elle *dérogeât*[2] (*déroge*) à cet ordre, il fallait que le premier j'*eusse* [*aie*] commis une transgression... »
— Afin qu'elle *puisse* se dominer, Claudine tenait un journal.

APPLICATIONS

I *Pour chacun des modèles suivants, inventez cinq autres phrases qui emploient la même conjonction :*

1. Elle travaillait *de sorte que* ses parents soient satisfaits.
2. Je me dépêcherai *afin que* tu puisses sortir avec moi ce soir.

II *Complétez le texte suivant en utilisant* pour *ou* pour que *et en employant la forme correcte des verbes entre parenthèses.*

_____ (croire) en Dieu, il faut d'abord aimer la vie. Quant à moi, _____ je _____ (apprendre) à aimer cette vie, il faut que tu m'expliques ce qu'il y a de bon, de digne d'admiration ou d'estime. J'ai déjà vu trop de choses médiocres _____ (s'extasier) devant le monde. Que pourrais-tu me dire _____ je _____ (être) convaincu du contraire ?

E. Le subjonctif dans la proposition relative

Remarquez : — Y a-t-il quelqu'un qui *veuille* m'aider ?
— « Sans nulle place tendre où *pût* [*puisse*] se blottir la tête d'un enfant... »

■ Le **subjonctif** est employé dans une proposition relative qui complète une proposition principale *négative, dubitative* (exprimant le doute) ou *interrogative* :

— Je n'ai rien qui *puisse* vous plaire. (*négation*)
— Je doute qu'on *veuille* me faire du tort. (*doute*)
— Connaissez-vous un homme qui *soit* toujours honnête ? (*question*)

■ Lorsque l'antécédent du pronom relatif est précédé d'un superlatif ou d'expressions telles que *le premier, le seul, le dernier...* , le **subjonctif** est employé pour exprimer un *jugement* ou une *opinion* :

[2]Imparfait du subjonctif

— C'est la plus belle ville que j'*aie vue.*

— C'est la première fois que cela *se produise.*

— C'est la seule chose que j'*aie aimée.*

■ On emploie le subjonctif dans la proposition relative après les mots relatifs indéfinis *qui que*, *quoi que* et *quel que* :

— « Quoi que je *fasse*, je devrai toujours en repousser les assauts. »

— Qui que tu *sois*, je ne désire pas te voir.

— Quelle que *soit* la vérité, je ne veux pas l'entendre.

> **N.B.** Avec l'expression *quel que*, l'accord de *quel* se fait avec le nom auquel il se rattache.

APPLICATION

Complétez les phrases suivantes :

1. Y a-t-il quelqu'un qui...
2. Il n'y a rien que...
3. La seule chose que...
4. Quoi que je fasse...
5. Je veux savoir ce que...
6. Qui que tu sois...
7. Nous doutons que...
8. Croyez-vous que...
9. Je connais un homme qui...
10. Quelle que soit la vérité...

RÉDACTIONS

I *Écrivez une composition dans laquelle vous ferez dix emplois différents du subjonctif (présent et passé) sur l'un des sujets suivants :*

1. les préparatifs pour une fête
2. des conseils pour réussir vos études.

II *Dans une page de journal intime, exprimez de dix façons différentes vos incertitudes ou vos doutes.*

III *Utilisez des verbes ou expressions de volonté dans l'une des compositions suivantes :*

1. Vos parents partent en vacances et vous laissent une liste de tâches à accomplir. Écrivez cette liste.
2. Vous êtes le patron d'une grande entreprise. Imaginez dix consignes que vous donneriez à vos employés dans une journée.

Quelle heure est-il en ce
moment ?
Est-ce la fin du monde
ou le commencement ?

Vous pouvez arrêter vos
montres
Voici venu l'instant
Précis
Où les galaxies
Se rencontrent
Dans le temps
Habitants de la planète
Terre
Vous n'êtes pas seuls
dans le monde
À cent millions
d'années-lumière
Nous avons su capter
vos ondes

Joly (René), « L'air de
l'extra-terrestre »,
Starmania, 1978

CHAPITRE 9
L'an 2000

Des enfants sur catalogue

*L'embryon pourrait bien devenir, dans quelques **décennies**, une mar-chandise comme une autre, produite et vendue en fonction de l'offre et de la demande.*

Dans le **bouillon de culture** de la biologie moderne **mijotent** les monstres
5 enfantés par l'imaginaire scientifique. **Doublons** génétiques mis en réserve
de l'avenir, embryons surgelés **en souffrance d'**utérus, fœtus issus de
l'accouplement d'une seringue et d'un bocal, spermatozoïdes **triés sur
le volet**, ovules stockés en attente de la cellule-sœur, enfants orphelins
avant même d'être conçus, enfants nés du cadavre de leur mère ou d'un
10 père mort depuis des années, enfants à deux mères ou à deux pères...
Nous avons encore du mal à nous représenter la **gamme** infinie des
combinatoires ouvertes dans les laboratoires où l'origine de la vie est
devenue un sujet d'expériences.

Étrangement, la curiosité **effarée** qui nous portait, il y a encore deux
15 ou trois ans, à **déceler** la part de miracle dans la naissance d'un bébé-
éprouvette, le partage de maternité entre une mère porteuse et une femme
stérile, ou à spéculer sur le devenir des **paillettes** de sperme anonyme
conservées dans les Cecos[1] **s'est** déjà un peu **émoussée**. En matière de
biologie, les **prouesses** sont inévitables et nos sociétés, malgré la
20 constitution de comités d'éthique, semblent prêtes à entrer **de plain-
pied**, avec une sorte de résignation passive, dans un univers où la venue
au monde d'un enfant ne serait plus le résultat d'un hasard naturel
et du désir des parents, mais l'aboutissement d'un programme de
recherches. Sans vraiment mesurer, **faute de** recul, de réflexion ou
25 d'imagination, l'ampleur des transformations que pourraient amener les
progrès technologiques dans le psychisme des individus, les relations
amoureuses, les structures familiales et sociales, la répartition des rôles
entre les sexes, le **patrimoine** génétique de l'**espèce**, voire le processus
millénaire de l'évolution. Il est probable que l'énormité des boulever-
30 sements à venir sera au moins aussi déterminante que la révolution
néolithique pour le devenir de l'humanité.

Les techniciens de la **fécondation** in vitro ne comptent plus les
demandes qui leur sont adressées par des hommes homosexuels ou
célibataires qui demandent qu'on implante un embryon dans leur
35 abdomen, ou par des couples de femmes qui souhaitent faire fusionner
leurs ovules pour obtenir un enfant sans intervention d'une **semence**
masculine. Ils savent couper en deux un embryon au stade primaire

---

[1]Centre d'étude et de conservation du sperme

de son développement pour étudier le matériel génétique du « jumeau » sacrifié et déceler les éventuelles anomalies de l'autre. Ils savent produire des souris porteuses de quatre patrimoines génétiques différents. Ils savent choisir, parmi les millions d'autres, le spermatozoïde qui leur paraît
5 le plus vigoureux, éliminant ainsi le hasard de la sélection. Ils savent provoquer l'avortement d'un fœtus jumeau en laissant l'autre se développer, et soigner certaines anomalies du fœtus dans le ventre de sa mère. Ils sauront bientôt fixer à l'avance le sexe de l'enfant à naître et lui éviter de venir au monde avec une malformation. Ils sauront aussi,
10 un jour plus lointain, reconstituer une grossesse entière en **couveuse**, avec placenta synthétique et battements de cœur électroniques. Plus inquiétant encore, ils arriveront sans l'ombre d'un doute à intervenir sur le patrimoine génétique lui-même — dans le meilleur des cas pour éviter des malformations, dans le pire pour créer des catégories d'êtres
15 humains utiles au bon fonctionnement social, élus dotés de gènes considérés comme « supérieurs », mais aussi sous-hommes destinés, comme dans *Le meilleur des mondes* d'Aldous Huxley, à accomplir des tâches **subalternes**. Ou encore, **nains** programmés pour voyager dans l'espace sans alourdir les **navettes**, individus résistant aux radiations
20 atomiques et destinés à repeupler la Terre après une catastrophe nucléaire, etc. Or, selon Robert Clarke[2], même dans les cas d'interventions mineures, « les techniciens du gène interviennent à un niveau où on peut penser qu'ils n'agiront pas sur un seul individu mais sur toute sa descendance. Modifiant l'œuf fécondé, ils font un geste qui **retentira**
25 sur des générations et des générations, dont il est impossible de saisir toutes les conséquences, certaines pouvant n'intervenir que des siècles plus tard. »
　　Depuis le perfectionnement de la contraception, nous avons pris l'habitude de dissocier l'acte sexuel de l'**engendrement**. Depuis la généra-
30 lisation de l'insémination artificielle, plus personne ne s'étonne de ce que l'intimité de l'**alcôve** soit remplacée par l'**asepsie** du cabinet médical. Même la fécondation in vitro, née de la volonté de lutter contre la stérilité, ne **fait** plus **la une** des journaux, et les mères porteuses cesseront bientôt de **faire figure de** stars. Si la sexualité sans procréation avait
35 abouti à la liberté sexuelle, avec ses charmes et ses limites, la procréation sans sexualité risque **à terme** de rendre l'acte sexuel aussi obsolète que les **moulins à vent** ou les **dents de sagesse**. En extrapolant, on peut imaginer un monde où l'acte d'amour deviendrait un acte gratuit, inutile, et **de surcroît** rendu effrayant par la savante orchestration des campagnes
40 d'information sur les maladies sexuellement transmissibles. Alors les manipulations biologiques pourraient devenir le moyen privilégié de perpétuation de l'espèce, reléguant les fornicateurs **invétérés** dans de nouveaux ghettos... Ainsi la science, après avoir fourni des **arguments**

---

[2]Auteur d'un remarquable tour d'horizon de toutes ces questions, *Les enfants de la science* (Stock).

pour la libération des **mœurs**, ferait-elle le lit d'un nouvel ordre moral bien plus **redoutable** que celui des dieux anciens.

En ce qui concerne les enfants à naître, les techniques elles-mêmes — insémination artificielle ou fécondation in vitro — conservent une certaine neutralité tant qu'elles se contentent de répondre au désir d'un couple qui souhaite avoir un enfant et n'y parvient pas : dans le cas, par exemple, où une femme ayant les **trompes** bouchées se fait inséminer avec le sperme de son mari, ou lorsque l'insémination sert à accroître le pouvoir fécondant d'un sperme peu actif. On reste dans le cas de figure classique d'un enfant issu d'un homme et d'une femme, qui deviendront ses parents dans la vie. Mais les choses se compliquent dès l'apparition d'un **tiers** — donneur anonyme de sperme venant compenser la stérilité du mari, mère porteuse venant relayer la mère génétique, ou donneuse d'ovule se faisant inséminer par le père avant transplantation de l'embryon chez la femme. On assiste alors à de véritables détournements de la **filiation**[3], qui font porter à l'enfant futur le poids d'un secret sur son origine, et celui d'un triple — ou quadruple — héritage. Ces enfants, qui naissent souvent en bonne santé et sont même élevés avec d'**autant plus d'**affection **qu'**ils ont été longtemps désirés, n'en risquent pas moins d'être des mutants sur le plan psychique et personne n'**est en mesure** actuellement d'évaluer les souffrances inconscientes auxquelles ils seront peut-être exposés. **À fortiori**, on imagine mal le devenir d'un enfant né de la rencontre de deux ovules, d'une grossesse masculine ou d'une mère ménopausée... Ce qui n'est aujourd'hui que jeu de l'esprit et de laboratoire peut devenir la réalité quotidienne des générations de l'an 2000.

Un autre facteur qui rend ces expériences troublantes est la manipulation du temps qui relaie et amplifie celle de la filiation. L'enfant qui serait né de Corinne Parpalaix, inséminée avec le sperme de son mari mort depuis des années, aurait-il été, **au plan du fantasme**, le descendant de cet homme ou sa réincarnation ? Quel sera le **sort** de ces embryons congelés qui dorment dans les laboratoires si l'on décide, dans quinze ou cinquante ans, de les donner — ou de les vendre ! — à des femmes en mal d'enfant ? Comment s'assurer que tous ces trafics de sperme, d'ovules et d'embryons anonymes n'aboutiront pas, dans la suite des temps, à des enfants nés de l'union postmortem d'une fille et de son arrière-grand-père ? Serait-il sage d'oublier que, selon Freud et Lévi-Strauss, l'interdit de l'inceste est au fondement de toutes les civilisations connues ? Le temps, l'argent... L'embryon, **d'ores et déjà** objet d'expériences, pourrait bien devenir, comme on le voit déjà dans les cas de « location » d'utérus, une marchandise comme une autre, produite et vendue en fonction de l'offre et de la demande...

Ni les contes de fées, ni les grands mythes de l'humanité, ni les romanciers n'avaient mis en scène les situations folles que les avancées

---

[3]Voir *L'enfant à tout prix*, par Geneviève Delaisi de Parseval et Alain Fanaud (Seuil).

de la biologie offrent à l'imagination. Il semblerait bien naïf de les réduire, comme l'a fait mercredi dernier Élisabeth Badinter dans l'émission de Pascale Breugnot et Bernard Bouthier, à un accroissement du pouvoir des femmes ou à une simple redistribution des cartes **au sein de** la structure
5   familiale. C'est la spécificité même de l'être humain et de la collectivité humaine qui est remise en question par ces expériences dont l'effet immédiat est de **tendre à** abolir le hasard de la naissance mais dont les conséquences à long terme sont totalement **imprévisibles**, quelles que soient les réglementations hâtives et indispensables qui seront édictées
10 ici ou là. Comme disait le vieux Mallarmé, jamais un **coup de dés**…

David (Catherine), « Les chocs de l'an 2000 », *Le Nouvel Observateur*, n⁰ 1090, 27 sept.–3 oct. 1985, pp. 50–51.

---

décennie (f.)   période de dix ans, décade

bouillon de culture (m.) préparation liquide servant au développement de micro-organismes

mijoter   se développer discrètement

doublon (m.) **(fig.)** reproduction génétique

en souffrance de   en attente de

trié sur le volet   choisi avec le plus grand soin

gamme (f.)   série, variété

effaré   effrayé, apeuré

déceler   découvrir

éprouvette (f.)   tube à essai utilisé dans les expériences de laboratoire

paillette (f.)   particule, parcelle de métal brillant

s'émousser   s'affaiblir, devenir moins vif

prouesse (f.)   action remarquable, exploit

de plain-pied   sans hésitation, fermement

faute de   par manque de, absence de

patrimoine (m.)   caractères héréditaires

espèce (f.)   nature propre à plusieurs personnes, animaux ou choses

néolithique   qui se rapporte à la période la plus récente de l'âge de la pierre

fécondation (f.)   insémination

semence (f.)   sperme

couveuse (f.)   incubateur, utérus artificiel

subalterne   inférieur, secondaire

nain (m.)   personne d'une taille anormalement petite

navette (f.)   véhicule spatial

retentir   entraîner des conséquences graves

engendrement (m.)   procréation

alcôve (m.)   lieu de rapports amoureux

asepsie (f.)   absence de microbes

faire la une   faire la première page d'un journal

faire figure de   passer pour, paraître

à terme   finalement, en fin de compte

moulin à vent (m.)   appareil servant à écraser le grain

d'Après le contexte

dent de sagesse (f.) molaire apparaissant entre 19 et 30 ans

de surcroît en plus, en outre

invétéré de longue date, endurci

argument (m.) raison

mœurs (f. pl.) habitudes de vie, coutumes

redoutable puissant, dangereux

trompe (de Fallope) (f.) canal reliant l'utérus à chaque ovaire

tiers (m.) troisième personne

filiation (f.) lien de parenté

d'autant plus de... que encore plus

être en mesure de avoir la possibilité de, être capable de

à fortiori à plus forte raison, d'autant plus que

au plan de au point de vue de

fantasme (m.) imagination, image rêvée

sort (m.) destin

d'ores et déjà dès maintenant

au sein de à l'intérieur de

tendre à viser à, avoir pour objectif de

imprévisible qui ne peut être prévu, inattendu

coup de dés affaire qu'on laisse au hasard

À propos

D'après le texte, les phrases suivantes sont-elles vraies ou fausses ?

1. L'embryon est aujourd'hui un produit commun de consommation. V F
2. Il est possible de créer un enfant sans parents. V F
3. La science peut créer des monstres. V F
4. Il est miraculeux de créer un fœtus en laboratoire. V F
5. La bio-éthique approuve l'orientation que prendra la recherche génétique. V F
6. Les hommes de science savent déjà déterminer le sexe des souris de laboratoire. V F
7. On ne doute pas de pouvoir modifier les gènes chez les humains. V F
8. Il faudra quelques générations pour voir tous les effets possibles des transformations sur les humains. V F
9. La création de bébés en éprouvette est encore considérée comme spectaculaire. V F
10. De plus en plus l'amour se dissociera de l'acte sexuel. V F
11. Les MTS (maladies transmises sexuellement) obligeront peu à peu les gens à procréer en laboratoire. V F
12. Il est possible que deux femmes puissent un jour avoir un enfant à elles. V F
13. L'utilisation des banques de sperme pourrait conduire à l'inceste. V F
14. Des normes rigides pourront empêcher les manipulations génétiques désastreuses. V F

À votre avis

1. Pensez-vous que les généticiens sauront toujours utiliser leur science pour le bien-être de l'humanité ?

2. Seriez-vous d'accord pour
   a) qu'une femme seule ait un enfant, grâce à un donneur de sperme anonyme ?
   b) qu'un mari porte l'enfant à la place de sa femme ?
   c) qu'un couple paye une mère-porteuse et que cela n'entraîne aucun problème ?
   d) que deux homosexuels ou lesbiennes puissent avoir un enfant ?
   e) qu'une fille utilise le sperme congelé de son père mort afin de faire un enfant qui lui ressemblerait ?
3. Quels sont quelques-uns des progrès de la génétique que vous trouvez positifs ?
4. Êtes-vous favorable à la fabrication de robots pour effectuer des tâches déshumanisantes ?
5. Serait-il avantageux pour une société de pouvoir créer des êtres supérieurs qui serviraient de leaders ?
6. Quel est le point de vue des grandes religions sur l'évolution de la science dans le domaine du contrôle génétique ?
7. Aimeriez-vous pouvoir choisir le sexe de vos enfants ? La couleur de leurs cheveux et de leurs yeux ? Leur intelligence et leurs talents ?
8. Êtes-vous pour ou contre une sélection de l'espèce humaine par l'avortement ou l'euthanasie ? Y voyez-vous des implications morales ? légales ?
9. Quelles circonstances justifient la transsexualité ?
10. Est-ce que cela vous répugne de manger de la viande provenant d'animaux nourris aux hormones ?

Avec des mots

I *Regroupez sous un même thème certains mots de vocabulaire (au moins cinq par thème).*

   temps
   laboratoire
   fœtus, embryon
   science

II *Complétez les phrases suivantes à l'aide des mots du lexique :*

1. La mère poule ayant abandonné son nid, le fermier l'a placé dans une _____ .
2. Les femmes sont souvent maintenues dans des emplois _____ .
3. Il n'est pas nécessaire de faire des _____ pour être apprécié à sa juste valeur.
4. Les Néo-Canadiens témoignent d'un grand attachement à leur _____ culturel.
5. La Hollande est un pays réputé pour son grand nombre de _____ et ses tulipes.

6. D'une génération à l'autre, les _____ ne sont pas toujours évidentes.

7. Même pour les hommes de science sérieux, l'avenir à long terme est _____ .

8. Chaque personne peut laisser libre cours à ses _____ en ce qui regarde l'application des découvertes scientifiques.

9. Est-ce vrai que les _____ rendent les jeunes adultes plus sages ?

10. L'ocelot est une _____ animale en voie de disparition.

III *Plusieurs mots de ce texte sont composés de préfixes ou suffixes d'origine latine ou grecque. En vous inspirant du texte, formez un mot avec chacun de ces éléments :*

PRÉFIXES LATINS	SUFFIXES LATINS
dé_____	_____forme
im_____	_____cole
con_____	_____fuge
dis_____	_____vore
sub_____	_____fique

PRÉFIXES GRECS	SUFFIXES GRECS
hydro_____	_____onyme
homo_____	_____logie
biblio_____	_____tomie
xéno_____	_____graphie
micro_____	_____bole

IV *Nous sommes à l'ère des spécialistes. Pouvez-vous choisir la personne qu'il faut*

1. pour analyser un spécimen bio-chimique en laboratoire ?
2. pour traiter vos problèmes psychologiques ?
3. pour vous aider à choisir votre carrière ?
4. pour vous défendre dans une cour de justice ?
5. pour réparer votre montre ?
6. pour préparer votre rapport d'impôt ?
7. pour imaginer de nouveaux produits ?
8. pour dresser votre contrat de mariage ?
9. pour vous aider à trouver une nouvelle maison ?
10. pour décider qui a tort ou raison dans un procès ?

V *Dans les séries suivantes, éliminez le terme qui ne convient pas :*

1. bocal, éprouvette, laboratoire, expériences, gamme
2. fornicateur, grossesse, fécondation, engendrement, fertilité
3. en souffrance de, faute de, en manque de, en attente de, au sein de

4. avancée, progrès, recul, croyance, régression
5. tiers, psychisme, fantasme, imagination, image
6. imprévisible, connu, inattendu, surprenant, étonnant
7. arrivée, aboutissement, étape, début, argument
8. descendance, filiation, héritier, fondement, postérité
9. s'émousser, déceler, révéler, découvrir, dévoiler

Isaac Asimov

Isaac Asimov, romancier américain de science-fiction, est né en 1920. Il a atteint sa renommée grâce à une suite de nouvelles où la manipulation de l'histoire par les hommes est devenue science. Dans ses romans, il met en scène un type de société égoïste et raciste. Il invente alors un chef qui saura la guider. Dans *Les robots* et *La fin des robots*, il en vient à souhaiter un président du monde qui soit un robot, parce que le robot, supérieur à l'homme, ne fait pas d'erreurs.

Nos enfants les robots

Un entretien de Catherine David avec Isaac Asimov, « législateur » des « Trois lois de la robotique ».

Avec les énormes favoris blancs qui lui mangent le visage et son regard candide, Isaac Asimov ressemble à un savant Cosinus **égaré** dans la
5 **moiteur** de Manhattan. De la terrasse de son trente-troisième étage, il jouit d'une **vue imprenable** sur l'immensité **touffue** de Central Park et, au-delà, sur la géométrie futuriste de la cité. Il a passé sa vie à jouer avec le temps et l'espace, à voyager jusqu'aux limites de l'imagination. Ce Jules Verne moderne a écrit plus de trois cent cinquante livres, romans
10 et nouvelles de science-fiction, mais aussi des essais de **vulgarisation scientifique** sur les robots ou les trous noirs du cosmos. Il tape à la machine quinze heures par jour et sept jours sur sept dans le décor austère de son appartement tapissé de bibliothèques. Pour qui a lu la trilogie des *Fondations* ou *Le voyage fantastique*, son nom imprimé
15 sur une couverture de livre est un appel irrésistible à la lecture. L'inspiration ne lui **fait** jamais **défaut**, il invente des histoires comme s'il n'y avait rien au monde de plus facile. Il ne lit pas dans les boules de cristal, il ne lit que dans ses rêves et se méfie des humains. Il en sait sans doute beaucoup plus long sur l'avenir que bien des savants.
20 **À force** d'imaginer des mondes différents du nôtre, il a peut-être raconté sans le savoir, **au détour** d'un suspense, l'histoire véridique du devenir de la planète... Parmi les milliers de personnages de ses livres, on trouve de nombreux humanoïdes, des robots créés par l'homme et lui ressemblant comme des frères.

25 LE NOUVEL OBSERVATEUR — Les robots font déjà partie de notre univers, ils font tourner des usines, ils savent jouer du piano ou faire le ménage. Seront-ils, de plus en plus, fabriqués à l'image de l'homme ?

ISSAC ASIMOV — Certainement... Les efforts des chercheurs vont dans ce sens. Les robots seront un jour capables de voir, d'entendre, de toucher, de parler, de comprendre... Pour le moment, on essaie de les **doter** de mains ressemblant aux nôtres. Petit à petit, nous leur apprendrons
5 à imiter tous les gestes humains, qui ne sont après tout que des mécanismes basés sur le principe du **levier**. Des ordinateurs imitant le cerveau pourront les guider...

N.O. — Cela ne vous paraît pas inquiétant ?

I.A. — Il y a des dangers. La robotisation **est en passe de** transformer
10 radicalement la notion même de travail : certains emplois vont disparaître, les tensions sociales vont s'accroître. Par ailleurs, personne n'empêchera les militaires de fabriquer des robots capables de tuer. Pourtant, on voit mal comment ces robots pourront distinguer entre les amis et les ennemis.

15 N.O. — L'idée d'un robot meurtrier est en contradiction avec la Première loi de la robotique telle que vous l'énoncez dans votre œuvre[5]...

I.A. — Pour le moment, les robots ne sont pas assez sophistiqués pour être programmés selon les Trois lois. Et rien n'obligera les hommes à choisir de leur implanter ces lois. Dans mes romans, j'imagine toujours
20 un monde sain, dans lequel les hommes seraient assez raisonnables pour édicter les Trois lois parce que le contraire serait dangereux. Mais le monde réel est loin d'être raisonnable...

N.O. — Pourquoi avons-nous tendance à nous méfier des robots ?

I.A. — Il y a de bonnes raisons. Ils peuvent nous réduire au chômage...
25 Et puis, les gens ont peur des générations **montantes**. C'est la rivalité **œdipienne** entre les pères et les fils. Quand les gens vieillissent, ils perdent leur force, leur beauté, leur jeunesse, et jalousent les jeunes qui possèdent tout cela. Face aux robots, nous sommes dans la situation d'une génération déclinante confrontée à des êtres jeunes, plus forts, plus
30 résistants, qui ne s'ennuient jamais...

N.O. — N'y a-t-il pas aussi l'**effroi** que **suscitent** les automates, les créations de Frankenstein, l'idée que l'on puisse fabriquer un homme par des moyens non-biologiques ?

---

[5]Rappelons les Trois Lois de la robotique qui gouvernent les univers romanesques d'Isaac Asimov :
  a) Un robot ne doit jamais faire aucun mal à un être humain ni rester passif quand un être humain risque d'être blessé ou tué ;
  b) Un robot doit obéir aux ordres qui lui sont donnés par un être humain, sauf quand ces ordres sont en contradiction avec la Première loi ;
  c) Un robot doit protéger sa propre existence tant que cette protection n'entre pas en conflit avec la Première ou la Deuxième loi.

I.A. — Nous sommes imprégnés d'une certaine **sottise** religieuse. Nous considérons la création du vivant comme le domaine réservé de la **Providence**. Nous aurions le droit de créer des imitations, mais Dieu seul aurait celui de leur **insuffler une âme**... C'est pourquoi nous
5 fabriquons des monstres sans âme qui nous effraient. Je n'ai jamais compris pourquoi, si les hommes pensent que ce serait blasphémer que de créer la vie, ils se sentent tellement à l'aise quand il s'agit de la détruire. Quelle hypocrisie ! La télévision ne montre jamais cet acte biologique et naturel qui aboutit à créer la vie. Mais elle montre tous
10 les jours les mille et une manières de la détruire...

N.O. — Sera-t-il possible un jour de fabriquer un robot vivant ?

I.A. — Je le crois. Je ne serai plus là, mes enfants non plus. Mais si les recherches continuent, nous parviendrons sûrement à imiter la vie de façon presque parfaite. Cela dit, il n'est pas évident que les robots
15 auront une intelligence semblable à la nôtre, ni même que cela soit souhaitable. Les humains sont capables de créativité, d'intuition, ils peuvent deviner une réponse juste à partir de **données** incomplètes. **En revanche**, ils sont très faibles en calcul mental, et leurs capacités de mémorisation sont peu développées. Les ordinateurs et les robots —
20 qui ne sont en fait que des ordinateurs mobiles — suppléent parfaitement à ces insuffisances. Quand j'écris une histoire, je ne m'interromps pas pour m'interroger sur l'ordre des mots, des phrases ou des idées. Je m'assieds et j'écris, c'est tout. Un ordinateur en serait incapable, pour une raison simple : nous ne savons pas comment fonctionne le cerveau
25 d'un créateur, nous ne pouvons donc pas programmer un robot pour écrire des romans. Et il y a **une foule de** choses que les hommes font sans savoir comment ils **s'y prennent**.

Quoi qu'il en soit, cela n'aurait aucun intérêt de fabriquer des robots identiques aux hommes puisque les hommes existent déjà. En revanche,
30 les robots peuvent nous décharger des activités qui nous conviennent mal, les travaux ennuyeux, répétitifs. Si un homme est contraint de faire toujours le même travail, son cerveau **s'abîme**, **se rouille**, de la même façon que les muscles s'affaiblissent s'ils ne sont pas utilisés. Dieu sait combien d'esprits humains ont été ainsi abîmés au cours de
35 l'histoire... La révolution industrielle a libéré les hommes des travaux exigeant la force physique et le niveau général de l'intelligence humaine a monté. Les robots pourront les libérer des tâches répétitives qui endorment la pensée, et leur permettre de **se consacrer** aux activités créatrices qui sont **le propre de** l'homme.

40 N.O. — N'est-ce pas un peu utopique ?

I.A. — Cela supposera un changement radical de notre conception du travail et de l'éducation, et cela ne se fera pas en un jour. Les choses se modifient si vite que la société ne peut pas suivre au même rythme.

Nous entrons dans une période de transition où beaucoup de gens seront au chômage parce qu'il n'y aura aucun type de travail qu'ils puissent accomplir. Plus tard, dans une société robotisée, il y aura largement du travail pour tout le monde. L'invention de l'automobile a mis les forgerons au chômage, mais il y a aujourd'hui plus de garagistes qu'il n'y a jamais eu de forgerons. Cela dit, un forgeron peut apprendre la mécanique, mais un vieil **OS** qui a passé trente ans à visser des boulons ne sera peut-être plus capable d'apprendre à réparer un ordinateur. Si la société ne prend pas ses responsabilités envers les victimes de la robotisation, il se pourrait qu'il n'y ait bientôt plus de société du tout...

N.O. — Vous croyez vraiment que les robots seront un jour capables de « comprendre » ?

I.A. — Nous ne savons pas ce que « comprendre » signifie. L'intelligence est peut-être une illusion... Si nous arrivons à créer des machines qui imitent tous nos actes et qui nous paraissent intelligentes, comment saurons-nous qu'elles ne le sont pas ? Actuellement, il existe des robots qui se protègent la tête du bras quand on **fait mine** de les frapper. D'autres **répondent du tac au tac** si on les insulte. Vous leur dites : « Espèces de **tas de ferraille minable** », ils répondent : « Espèce de tas de chair puante. » Vous me direz, ils sont programmés pour réagir de cette façon. Mais nous aussi nous sommes programmés ! De façon très subtile, certes, mais ce n'est qu'une question d'énergie, et nous sommes limités par notre programme génétique. Le mathématicien Alan Turing disait que si vous avez une conversation avec une « chose » dans la pièce d'à côté et que vous ne pouvez, en l'écoutant, décider si cette chose est une machine ou un être humain, c'est qu'elle est intelligente. La seule façon de définir l'intelligence est l'opinion que l'on s'en fait. Vous voyez, ce n'est pas si facile d'établir une frontière définie entre les robots et les hommes...

N.O. — Les robots seraient-ils capables d'amour ?

I.A. — Comment reconnaît-on la capacité d'aimer ? Si un robot se comporte comme s'il vous aimait, vous aime-t-il vraiment ? Êtes-vous sûre que votre chien vous aime ?

N.O. — Selon vous, il n'y a aucune différence entre une imitation et son modèle ?

I.A. — Si vous cherchez absolument à trouver la **ligne de partage**, vous êtes obligé de faire intervenir le concept de l'âme. Vous direz : oui, le robot se comporte de la même manière que nous ; il a l'air intelligent ; mais nous avons une âme et il n'en a pas. C'est un acte de foi. Vous ne savez pas réellement que le robot n'a pas d'âme, vous n'avez pas la certitude d'en avoir une. C'est ce que vous croyez, mais il n'y a aucune preuve.

N.O. — Et le robot, qu'en pense-t-il ?

I.A. — Nous ne pouvons savoir que ce qu'il nous en dit. Je ne sais pas ce que vous pensez, je ne connais que vos actions ou vos paroles. Les **solipsistes** sont convaincus d'être absolument seuls au monde, ils pensent
5 que tout ce qui n'est pas eux est le produit de leur imagination. On ne peut pas leur prouver le contraire.

N.O. — Pour vous, la frontière entre l'humanité et la machine n'est pas nette. Pour les biologistes, c'est la frontière entre le vivant et l'inanimé qui devient **floue**…

10 I.A. — On le voit bien quand on se demande à partir de quand un embryon est vivant. Vous pouvez aussi bien dire qu'un œuf fécondé est vivant et que le détruire est un meurtre. Mais un œuf non fécondé est détruit, ou un spermatozoïde sont tout aussi vivants. Les adversaires de l'avortement considèrent-ils que chaque menstruation, pendant laquelle l'œuf
15 non fécondé est détruit, est une forme de meurtre ? Pensent-ils que les millions de spermatozoïdes qui ne servent pas à la fécondation sont assassinés ? Vous voyez, on se trouve en plein délire quand on raffine à l'excès. Les frontières ne sont jamais nettes, le monde est plein d'intermédiaires. On ne peut pas être sûr que quelque chose est vivant
20 ou non, humain ou non, intelligent ou non… **Au crépuscule**, le jour disparaît progressivement et devient la nuit : mais il n'y a pas un moment précis où le changement **s'effectue**. Cela n'empêche pas le jour d'être le jour ni la nuit d'être la nuit…

N.O. — Dans *Les robots*, vous imaginez que les robots pourraient un
25 jour remplacer l'espèce humaine et devenir une sorte « d'Homo superior »…

I.A. — C'est une pure spéculation. L'histoire de l'évolution est celle d'une série de substitutions. On estime que les neuf dixièmes des espèces ayant vécu sur la Terre ont aujourd'hui disparu. L'**homo sapiens** n'existe que
30 depuis un quart de million d'années et l'homme moderne depuis cinquante mille ans. Pourquoi devrions-nous rester pour toujours les maîtres du monde ? Peut-être l'évolution toute entière a-t-elle eu pour but de produire une espèce capable de produire ses propres successeurs… Les robots sont-ils destinés à nous remplacer ? Je n'en sais rien et je ne
35 suis pas sûr de le souhaiter. Mais quand je suis d'humeur vraiment cynique, je dis que le vrai danger est que cela n'arrive pas. Si nous ne sommes pas remplacés, nous détruirons tout et le rideau tombera sur la grande tragédie de l'évolution.

N.O. — L'an 2000, qu'est-ce que cela représente pour vous ?

40 I.A. — J'aimerais vivre jusque-là. J'aurai 80 ans le 2 janvier 2000. J'ai toujours su, depuis l'enfance, que j'aurais cet âge-là en l'an 2000. Pour

les écrivains et les lecteurs de science-fiction, c'est une année hautement symbolique. Ce que j'aimerais savoir, c'est si nous aurons encore, cette année-là, des raisons d'espérer.

David (Catherine), « Les chocs de l'an 2000 », *Le Nouvel Observateur*, Paris, n° 1089, 20–26 sept. 1985, pp. 37–40.

---

d'Après le contexte

égaré   perdu

moiteur (f.)   légère humidité

vue imprenable   qui ne peut être masquée par de nouvelles constructions

touffu   feuillu, luxuriant

vulgarisation scientifique (f.)   adaptation d'une œuvre scientifique pour les lecteurs non-spécialisés

faire défaut   manquer

à force de   par des efforts répétés

au détour de   à cause de, grâce à

doter   équiper

levier (m.)   mécanisme augmentant la force

être en passe de   sur le point de

montant   à venir

œdipien   provenant de la jalousie qu'un fils éprouve envers son père

effroi (m.)   peur

susciter   provoquer

sottise (f.)   stupidité, manque d'intelligence

Providence (f.)   sage gouvernement de Dieu sur la création

insuffler une âme   animer

donnée (f.)   fait, élément de base

en revanche   par contre, mais

une foule de   beaucoup de

s'y prendre   procéder

quoi qu'il en soit   de toute façon

s'abîmer   se détériorer

se rouiller (fig.)   se paralyser

se consacrer   s'appliquer

le propre de   particularité, qualité distinctive

OS   ouvrier spécialisé

faire mine de   faire semblant de

répondre du tac au tac   répondre à un mot désagréable en rendant aussitôt la pareille

tas de ferraille (péj.)   amas de métaux inutilisables

minable   misérable, pitoyable

ligne de partage   frontière

solipsiste   personne pour laquelle il n'y a d'autre réalité que soi-même

flou   vague, incertain

au crépuscule   à la nuit tombante

s'effectuer   s'accomplir, se passer

homo sapiens (lat.)   l'espèce humaine

À propos

1. Quelles sortes d'histoires Asimov invente-t-il ?
2. En imaginant ces mondes de fiction, que tente-t-il de révéler ?
3. En quoi les robots ressemblent-ils aux humains d'aujourd'hui ?
4. Comment le robot meurtrier ne respecte-t-il pas l'une des Trois lois d'Asimov ?

5. Pourquoi Asimov critique-t-il la télévision ?
6. Devons-nous avoir honte, selon lui, de « créer la vie » ?
7. Où se situe la supériorité du robot sur l'homme ?
8. Quel travail assumeront les robots pour libérer l'homme ?
9. Les robots pourront-ils un jour « comprendre » ?
10. Les robots seront-ils intelligents ? Comment Asimov mesure-t-il l'intelligence humaine ?
11. Pourquoi les robots devraient-ils se reproduire ?
12. À quoi Asimov fait-il allusion quand il parle de l'an 2000 ?

À votre avis

1. Asimov affirme qu'un jour « les robots seront capables de voir, d'entendre, de toucher, de parler, de comprendre… » Le croyez-vous vraiment ?
2. Pensez-vous que l'homme puisse donner une âme aux robots ?
3. Est-ce que les romans de science-fiction nous aident à imaginer l'avenir ?
4. Les films de style « Star Wars » sont en général assez violents. Gagneraient-ils en humanisme s'ils respectaient les Trois lois de la robotique d'Asimov ? Deviendraient-ils ennuyeux ?
5. Que faut-il comprendre par l'expression « la grande tragédie de l'évolution » ?
6. Entrevoyez-vous l'avenir de la même façon qu'Asimov ?

Avec des mots

I *Trouvez des verbes de la même famille que les mots suivants :*

EXEMPLE :   — robot : robotiser

savant	jouissance	vulgarisation	méfiance
effroi	supplément	convenance	contrainte
comportement	édit		

II *Complétez les phrases à l'aide du vocabulaire suivant :*

se consacrer	cerveau	souhaitable	blasphémer
foi	insuffler	en revanche	à force de
susciter	décharger		

L'ordinateur ressemble de plus en plus à un _____ humain. Il peut même _____ notre admiration en calcul mental ou en sa capacité de mémorisation. Il semble évident qu' _____ progresser, les robots pourront nous _____ d'une foule d'activités exigeant de la force physique. Ainsi libérés, les hommes pourront _____ à des tâches plus satisfaisantes. _____ il existe le danger de voir la machine imiter la vie de façon presque parfaite. Est-ce _____ ? Ceux qui ont _____ en l'existence de Dieu croient que Lui seul peut _____ la vie et que c'est _____ que de se substituer à Lui.

Hubert Reeves est né à Montréal où il a fait la plus grande partie de ses études. Docteur en astrophysique nucléaire de l'Université Cornell, il a été professeur de physique à l'Université de Montréal et conseiller à la NASA. Depuis 1966, il est directeur de recherches au Centre national de recherche scientifique en France, et travaille au Centre d'études nucléaires de Saclay, ainsi qu'à l'Institut d'astrophysique de Paris.

Ses nombreux ouvrages (*Patience dans l'azur* [1981], *Poussières d'étoiles* [1984], Malicorne, 1990, etc.) et ses films de vulgarisation scientifique en font un des piliers de la science du XXe siècle. En 1989, l'Académie française lui a décerné le Grand Prix de la francophonie.

Hubert Reeves

La vie sur d'autres planètes ? Bien sûr…

Hubert Reeves a un regard d'enfant candide, une barbiche de gourou et un accent **ronronnant** qui lui vient de son Québec natal. Dans *Patience dans l'azur*, paru en 1986, il expliquait à des dizaines de milliers de lecteurs émerveillés les raisons de la couleur du ciel. Son deuxième
5 livre, *Poussières d'étoiles*, montre les rapports étroits entre les tourbillons **interstellaires** et l'émergence de la vie au fond de nos océans. La **fréquentation** des espaces galactiques, le vertige que procure la vision sans cesse présente des trois infinis — l'infiniment grand, l'infiniment petit et l'infiniment complexe — semblent lui avoir donné cette sérénité
10 dont nous rêvons en vain. Il parle de la naissance d'une étoile comme de celle d'un enfant, la poésie des **astres** n'est pas pour lui étrangère à celle d'une aile de papillon ou d'une colonie de salamandres sortie **prendre le frais** dans la forêt où il se promène le dimanche. Dans son salon, sur une table basse, est posée une **ammonite** qui a, dit-il avec
15 un sourire, 270 millions d'années. Cet astrophysicien **de haut vol** a le désir rare et le **don** très spécial de partager son savoir — et surtout sa jubilation — devant les harmonies cosmiques qui **se dévoilent** à l'horizon des télescopes et qui détiennent le secret de la vie. Il dit pourquoi, à mesure que notre regard pénètre plus profond dans l'espace et le temps
20 des galaxies, c'est toute notre conception du monde qui pourrait se modifier et **s'épanouir**.

LE NOUVEL OBSERVATEUR — Où en est l'exploration de l'espace ?

HUBERT REEVES — Nous vivons une ère analogue à ce que fut, il y a dix mille ans, le passage du **paléolithique** au **néolithique**. Les hommes

du paléolithique étaient passifs devant la nature, ils se contentaient de récolter les fruits de la chasse et de la **cueillette**. Au néolithique, avec l'invention de la culture et de l'élevage, ils ont commencé à prendre un contrôle de plus en plus actif sur les biens de la nature. Pour ce
5 qui est de l'espace, nous nous sommes contentés pendant des millénaires de recevoir ce que le ciel nous envoyait, la lumière et la chaleur du Soleil, les météorites qui tombaient au hasard. Nous sommes, pour la première fois, en train de devenir actifs. On envisage par exemple d'aller chercher sur place des météorites ou des **astéroïdes** qui contiennent des
10 métaux utiles. Certains astéroïdes passent très près de notre planète, quelques centaines de milliers de kilomètres. Il s'agirait soit d'aller en récolter des fragments, soit de les ramener sur Terre en les **attelant** à des rétrofusées. Ces projets seront sans doute en voie de réalisation dès l'an 2000.

15 N.O. — On parle beaucoup de l'installation de stations orbitales habitées. Qu'est-ce que cela signifie, concrètement ?

H.R. — Il est très important de **disposer de** stations scientifiques dans l'espace. L'été prochain sera lancé un télescope spatial en orbite avec un miroir d'un peu plus de deux mètres, et il y en aura de plus en
20 plus. Notre groupe de Saclay[1], en collaboration avec plusieurs laboratoires européens, a déjà mis en orbite il y a quelques années un télescope qui a révolutionné notre connaissance de l'émission de rayonnements gamma par les objets célestes. Pour ce qui est de la vie à bord dans les stations habitées, elle ne sera pas aussi exaltante qu'on pourrait
25 l'imaginer. Elle sera sans doute comparable à celle que mènent les gens dans les plates-formes pétrolières. Ce seront des lieux de travail, je ne vois vraiment pas pour demain les Clubs Méditerranée de l'espace… Si vous mettez un être humain en orbite pendant longtemps, il risque de graves ennuis.

30 N.O. — Quel sera l'intérêt scientifique de ces stations ?

H.R. — Immense. Premier avantage : au-dessus de l'atmosphère, cette **couche** opaque qui laisse passer la lumière visible mais freine l'infrarouge, l'ultraviolet, le rayonnement gamma et le rayonnement X — heureusement pour nous. Au-dessus de l'atmosphère, il est possible de faire
35 des expériences beaucoup plus précises : le ciel est beaucoup plus noir, on voit beaucoup plus d'étoiles, on voit des objets que la luminescence de l'atmosphère dissimule.

N.O. — Quels objets ?

---

[1]Centre d'études nucléaires de Saclay (France)

H.R. — Nous savons assez bien comment naissent les étoiles parce que nous pouvons les observer. Il y a chaque année deux ou trois étoiles nouvelles qui apparaissent dans notre galaxie. En revanche, les galaxies sont nées presque toutes en même temps, au moment de la constitution de l'Univers, il y a quinze milliards d'années. On ne croit pas qu'il y en ait de nouvelles. Pour observer la naissance d'une galaxie, qui s'est produite dans un passé assez lointain, il faut regarder à une très grande distance. Actuellement, nous remontons jusqu'à dix ou douze milliards d'années. Il faudrait remonter encore un peu plus loin et on
10 les **prendrait** peut-être **en flagrant délit de** naissance... Des objets aussi lointains sont nécessairement très faibles ; il faut donc des conditions idéales pour les observer, c'est-à-dire un ciel très noir. Or les stations orbitales offrent ces conditions.

N.O. — Pourquoi créer des stations orbitales alors qu'on pourrait s'ins-
15 taller sur la Lune ?

H.R. — Parce que les conditions y sont beaucoup moins favorables. La Lune est solide jusqu'au centre ; elle n'a pas, comme la Terre, un **noyau** mou. Elle se comporte donc comme une cloche : elle **résonne**. Il y a continuellement des tremblements de Lune qui **se propagent** partout.
20 La semaine dernière, Mexico a été détruit, mais Paris a été épargné. Sur la Lune, c'est toute la planète qui aurait vibré. Le départ des fusées faisait trembler la Lune pendant longtemps. Comment installer des instruments de mesure précis sur une surface aussi instable ? Ajoutez à cela le fait que la Lune possède une gravité, ce qui oblige les fusées
25 à consommer une énorme quantité d'énergie aussi bien pour s'y poser que pour en repartir. Les satellites ne présentent aucun de ces incon-vénients. Dans les stations orbitales, on arrive à diriger un télescope sur un objet avec une précision fantastique.

N.O. — Les stations orbitales seraient-elles des lieux privilégiés pour
30 essayer de communiquer avec des intelligences extraterrestres ?

H.R. — Pas particulièrement pour les communications radio, sauf sur certaines longueurs d'**onde** qui sont absorbées par l'atmosphère. Mais comme points de départ pour l'exploration, elles seront très utiles...

N.O. — Jusqu'où iront ces explorations ?

35 H.R. — En décembre prochain, le satellite Voyager 1 arrivera à Uranus après un voyage de près de dix années. Par ailleurs, on a envoyé cinq **sondes** à la rencontre de la comète de Halley. Ainsi l'exploration du système solaire est-elle à peu près **sur les rails**. On a envoyé des gens sur la Lune, on a déposé des sondes sur Mars et sur Vénus, on a envoyé
40 des satellites tout près du Soleil (à quelques dizaines de millions de kilomètres), et un satellite est même sorti du système solaire il y a quelques

années. **Pour ce qui est de** la visite des étoiles, c'est tout autre chose. La lumière met quatre ou cinq heures pour traverser le système solaire, alors qu'un satellite met dix ans. La lumière, pour arriver aux premières étoiles, met quatre ans : vous voyez donc qu'un satellite mettrait des
5 centaines de milliers d'années. Se décidera-t-on un jour à tenter l'expérience ? Ce qui est difficile à imaginer, c'est pourquoi un gouvernement investirait dans un projet comme celui-là... On peut imaginer, évidemment, que si la Terre devenait surpeuplée, on enverrait des familles dans des **vaisseaux** coloniser les premières étoiles. Mais ce ne sont que leurs
10 arrière-arrière-arrière-petits-enfants qui les atteindraient... Et ils ne sauraient même pas où s'arrêter. Vous prenez un billet sans savoir où vous allez...

N.O. — Est-il question d'envoyer des explorateurs dans le système solaire ?

H.R. — On parle régulièrement d'envoyer des gens sur Mars... Il y a
15 autour de Saturne un satellite étrange, Titan, qui contient du méthane et de l'ammoniac, ces molécules nécessaires à l'apparition de la vie, et qui est un des seuls satellites à avoir une atmosphère. Il n'est pas exclu qu'il y ait, sur Titan, des formes de vie primitives ou des couches de pétrole **mirifiques**, puisque le méthane est un hydrocarbure, comme
20 le pétrole... Mais il n'y a pas, à ma connaissance, de projet officiel pour envoyer des gens sur d'autres planètes.

N.O. — Dans *Poussières d'étoiles*, vous montrez combien notre vision du monde a évolué avec l'accroissement du pouvoir des télescopes...

H.R. — Nous nous éloignons de plus en plus de la position officielle
25 héritée du XIXe siècle selon laquelle l'homme est un étranger dans l'univers et l'apparition de la vie un phénomène hautement improbable. Jacques Monod disait : « Nous sommes les **tsiganes** de l'Univers. » Toute la philosophie existentialiste est fondée sur le présupposé que nous sommes de trop, un accident dans le cosmos. Aujourd'hui, au contraire,
30 nous avons tendance à penser que nous sommes les enfants de l'Univers, engendrés par lui.

N.O. — Engendrés par l'Univers ?

H.R. — Nous sommes faits de cellules, faites de molécules, elles-mêmes faites d'atomes, eux mêmes faits de particules élémentaires... Les noyaux
35 sont fabriqués dans les étoiles, les molécules dans l'espace interstellaire. Si l'on remonte notre **filière** généalogique, bien avant les singes et les premiers vivants — les cellules — , il faut remonter jusqu'aux molécules, aux atomes, aux nucléons... et jusqu'au début de l'Univers il y a quinze milliards d'années. Au début, l'Univers était homogène et chaotique,

sans organisation, comme dans la vision d'Hésiode[2]. Son histoire est celle de la **croissance** de la complexité. Un peu comme un alphabet dont les lettres se regroupent en mots et en phrases. Pour paraphraser Lacan[3], on peut dire que la nature est structurée comme un langage…

5   N.O. — Cette complexité croissante est-elle en rapport avec l'expansion de l'Univers ?

  H.R. — Tout à fait. Si l'Univers n'était pas en expansion, la complexification n'aurait pas lieu. À l'origine, l'Univers était très chaud et la matière était entièrement dissociée. La chaleur sépare, elle empêche la
10 matière de s'organiser. Faites flamber une maison, il n'en restera rien. L'expansion amène un refroidissement progressif qui permet aux structures de se constituer. Par ailleurs, l'organisation de la matière implique la production de déchets. L'expansion de l'Univers permet à ces déchets — il s'agit en fait de photons, c'est-à-dire de chaleur — de trouver
15 de l'espace où se disperser et se refroidir. Cette chaleur s'associe au rayonnement fossile. L'espace se refroidit parce que l'espace entre les galaxies s'agrandit, et c'est ce qui permet au ciel d'être noir. Sans l'expansion de l'Univers, et si les étoiles lumineuses avaient toujours existé, le ciel serait aussi clair la nuit que le jour.

20   N.O. — Croyez-vous qu'il existe d'autres planètes habitées ?

  H.R. — S'il s'agit d'**énoncer** une croyance, je répondrai oui. D'autres, qui font le même métier que moi, n'y croient pas. Cette question relève donc du débat d'opinion. Pourquoi j'y crois ? Aussi loin qu'on regarde dans l'Univers, on retrouve les mêmes éléments : atomes, molécules,
25 étoiles, galaxies. On a pu montrer que les lois de la physique sont les mêmes à quinze milliards d'années-lumière. C'est cette homogénéité dans la façon de l'Univers de se comporter qui permet de penser que la vie n'est pas un phénomène improbable mais une **propriété** normale de la matière aux niveaux les plus élevés de son organisation. Ainsi, on
30 peut penser que la vie apparaît quand les conditions le permettent. Dans notre galaxie, il y a cent milliards d'étoiles, et plus d'un milliard d'étoiles jaunes de type solaire. Nous ne savons pas si elles ont des planètes, mais nous avons de bonnes raisons de penser que les systèmes planétaires sont **monnaie courante**. Imaginons qu'il y ait une planète analogue à
35 la Terre pour dix étoiles jaunes : cela donne déjà une centaine de millions de mondes comparables au nôtre, et uniquement dans notre galaxie ! Or il y a des milliards de galaxies… **C'est bien le diable** s'il n'y a pas un endroit dans l'Univers où une journaliste du « Nouvel Observateur » interroge un astrophysicien sur la vie dans l'espace…

David (Catherine), « Les chocs de l'an 2000 », *Le Nouvel Observateur*, Paris n° 1090, 27 sept.–3 oct. 1985, pp. 46–48.

---

[2]Poète grec du VIIIe siècle av. J.-C., qui essaie de donner un sens d'ordre à l'Univers.
[3]Psychanalyste moderne qui cherche dans l'inconscient les structures du langage.

d'Après le contexte

ronronnant roulant les « r »

azur (m.) la couleur du ciel, le ciel

interstellaire situé entre les étoiles

fréquentation (f.) contacts répétés

astre (m.) corps céleste naturel

prendre le frais respirer l'air du dehors

ammonite (f.) mollusque fossile à coquille enroulée

de haut vol de très bon calibre

don (m.) talent

se dévoiler se montrer

s'épanouir se développer dans toutes ses possibilités

paléolithique (m.) première époque de la préhistoire, vers 12 000 avant J.-C.

néolithique (m.) époque plus récente de la préhistoire

cueillette (f.) récolte, ramassage

astéroïde (m.) petite planète invisible à l'œil nu

atteler attacher

disposer de avoir accès à, utiliser

couche (f.) sphère, zone superposée

prendre en flagrant délit de qqch surprendre en train de faire qqch

noyau (m.) centre

résonner produire un son accompagné d'échos

se propager se répandre

onde vibration produite par un son

sonde (f.) engin cosmique qui transmet des informations

sur les rails commencé, lancé

pour ce qui est de en ce qui concerne

vaisseau (m.) véhicule spatial

mirifique merveilleux, prodigieux

tsigane (m. et f.) nomade

filière (f.) les étapes successives de l'histoire humaine

croissance développement, progression

énoncer formuler

propriété (f.) qualité propre, caractère

monnaie courante chose fréquente

c'est bien le diable ce serait bien étonnant

À propos

1. Comment présente-t-on Hubert Reeves dans l'introduction ?
2. Est-il optimiste face au rôle de l'homme-explorateur de l'espace ? Comment voit-il ce rôle évoluer ?
3. Quelle grande révolution scientifique les télescopes perfectionnés ont-ils causée ?
4. Pourquoi ne sommes-nous pas prêts à vivre dans des stations spatiales habitées ?
5. Peut-on dater exactement la naissance de l'univers ?
6. Quelle condition est essentielle pour bien observer les galaxies et les étoiles ?
7. Quels problèmes majeurs rencontrerait-on à l'installation de centres d'observation sur la Lune ?

8. Comment se fait-il que les communications par radio soient limitées dans l'espace ?
9. Qu'est-ce qui nous empêche d'aller explorer les étoiles ?
10. Où pourrait-il y avoir une certaine forme de vie ?
11. Comment le télescope a-t-il changé notre conception de la place de l'homme dans l'univers ?
12. À quoi peut-on comparer l'évolution de l'univers ?
13. Qu'est-ce qui rend le ciel noir ?
14. Sur quelle base peut-on affirmer qu'il y a de la vie ailleurs dans l'univers ?
15. Les astrophysiciens sont-ils unanimes sur cette question ?

À votre avis

1. Avez-vous déjà observé le ciel le soir à l'aide d'un télescope ? À la ville ? À la campagne ? Qu'avez-vous pu identifier ?
2. Êtes-vous déjà allé au planétarium ? Trouvez-vous les représentations instructives ? Amusantes ?
3. Que pensez-vous des films de science-fiction ? Ont-ils un caractère scientifique quelconque ou bien sont-ils purement de la fiction ?
4. Doit-on encourager la recherche spatiale comme le font les Américains et les Russes ? Pourquoi ?
5. Croyez-vous qu'il existe d'autres êtres semblables à nous sur d'autres planètes ? Comment les imaginez-vous ?
6. Vous plairait-il d'habiter une station spatiale un jour ? À quelles conditions ?
7. Est-ce que la possibilité de vivre en orbite ou sur une autre planète peut être une solution au problème de la surpopulation de la Terre ?
8. Croyez-vous à la fin du monde, comme l'affirment certaines sectes religieuses ?
9. Seriez-vous intéressé à vous payer un voyage sur la Lune ?
10. Aimez-vous lire des livres sur la composition et l'évolution de l'univers ? Si vous en avez déjà lu, lesquels ?

Avec des mots

I *Ci-dessous vous trouverez des termes relatifs à notre planète utilisés dans des expressions idiomatiques. Après avoir trouvé le sens de ces expressions, employez-les dans vos propres phrases.*

1. être né sous une bonne (une mauvaise) étoile
2. être dans la lune
3. avoir les pieds sur terre
4. être au septième ciel
5. suspendu entre ciel et terre
6. aller au bout du monde
7. être une étoile montante
8. tomber des nues
9. à la belle étoile

10. être (se perdre) dans les nuages
11. tomber du ciel
12. revenir sur terre

II *Remplacez les mots en italique en vous servant des mots du lexique*

1. C'est par des *rencontres régulières* que l'on apprend à bien connaître ses amis.
2. Le soir, dans l'obscurité la plus totale, les étoiles *se manifestent* mieux.
3. Une bonne éducation permet à l'individu de *se développer* complètement.
4. La science *utilise des* moyens limités dans le traitement du cancer.
5. L'utilisation de l'ordinateur est maintenant *très courante*.
6. Un adolescent doit bien manger et bien dormir parce qu'il est en période de *développement* physique.
7. Son cri *se fait entendre* dans tout l'édifice.
8. La lumière *se diffuse* plus vite que le son.
9. Pendant l'été, j'adore aller à la campagne et faire la *récolte* des fruits sauvages.
10. « Ce que l'on conçoit bien se *dit* clairement. »

III *Complétez les phrases suivantes à l'aide d'un verbe choisi dans la liste suivante :*

s'épanouir	atteler	résonner	épargner
s'éloigner	flamber	prendre le frais	disposer de
avoir lieu	atteindre		

1. La maison _____ toute la matinée et a été réduite en cendres.
2. Tu parles trop fort : ta voix _____ jusque dans le corridor.
3. Avez-vous réussi à _____ assez d'argent pour changer votre automobile cette année ?
4. Mon petit frère aime _____ notre berger allemand à son traîneau pour se faire tirer.
5. Le dernier feu d'artifice de la Ronde _____ le 28 juin.
6. Il faut du soleil et de la pluie à mes fleurs pour _____ , sinon elles vont dépérir.
7. Quand tu sors _____ , couvre-toi bien pour ne pas avoir froid.
8. Pourquoi _____-vous ? Rien dans l'éprouvette ne va sauter.
9. Les astrophysiciens ne _____ pas de rétrofusées assez rapides pour atteindre les étoiles.
10. J'ai essayé de vous téléphoner à plusieurs occasions mais je n'ai jamais pu vous _____ .

IV *Faites deux phrases pour montrer la différence entre :*

1. en vain — vain
2. au hasard — par chance
3. sans doute — sans aucun doute
4. ennui — trouble
5. faire une expérience — expérimenter
6. épargner — sauver
7. empêcher — prévenir
8. par ailleurs — ailleurs
9. s'épanouir — s'évanouir
10. millier — milliard

V *Faites une liste des données scientifiques que cette interview avec Hubert Reeves vous a apprises.*

VI *Votre ville a construit un abri nucléaire où ne pourront entrer que six personnes qui devront assurer la survie de l'espèce humaine. Divisés en petits groupes de six ou sept étudiants, vous formez des comités de sélection des candidats. Vous devez en arriver à un choix par consensus, dans un maximum de vingt minutes. Ensuite vous discutez du résultat de votre sélection, ainsi que du processus suivi pour y arriver.*

Les dix personnes ci-dessous ont demandé une place dans l'abri nucléaire :

1. Une jeune fille de 16 ans, de faible quotient intellectuel, qui a abandonné l'école secondaire et qui est enceinte.
2. Un policier armé, décoré pour son dévouement au travail.
3. Un prêtre âgé de 55 ans.
4. Une femme médecin, 35 ans, stérile.
5. Un violoniste de 46 ans : il a été « pusher » pendant sept ans et est sorti de prison depuis six mois.
6. Un jeune homme de 20 ans, politiquement engagé, n'ayant aucun talent particulier.
7. Une prostituée de longue date, âgée de 37 ans, n'ayant pas pratiqué son métier depuis quatre ans.
8. Un architecte homosexuel.
9. Un étudiant en droit âgé de 26 ans.
10. La femme de l'étudiant en droit, 25 ans : elle a passé six mois dans un hôpital psychiatrique et prend encore d'importantes doses de somnifères.

(Ces deux dernières personnes sont très amoureuses l'une de l'autre.)

Lectures supplémentaires

La chimie du coup de foudre

L'amour et le chocolat ont autre chose en commun que la Saint-Valentin :
une hormone. Les adultes le savent : le sport favori de Cupidon consiste
à ficher au cœur de ses victimes, au moment où elles s'y attendent
5 le moins, une flèche qui agit à la façon d'un philtre d'amour et dont
l'effet est aussi puissant que... foudroyant.

« Quand je l'ai vue, assise sur une chaise, en train de recoudre
paisiblement son petit chausson de ballerine, j'ai basculé. Et quand elle
m'a regardé, j'ai su que j'étais fait, proprement « emballé ». La femme
10 de mes rêves les plus fous, c'était elle ! » Ainsi parle Richard, kinési-
thérapeute. Il a rencontré celle qui allait devenir sa compagne... dans
son cabinet de consultation !

Toutes les victimes du coup de foudre sont estomaquées par la
brutalité de l'événement : « Ç'a été comme un coup de massue. »
15 « Comme une décharge électrique en plein plexus solaire. »

Le coup est si puissant que la personne atteinte se retrouve en état
de choc. Le sentiment éprouvé, profond, violent, est physiologiquement
vérifiable : pouls emballé, palpitations, tremblements nerveux, respi-
ration accélérée, rougeur, transpiration, etc. Des symptômes comparables
20 à ceux qui peuvent suivre une injection d'adrénaline ou... une grosse
colère.

La passion qui se déclare au premier regard — elle peut être
réciproque ou à sens unique — est la préférée, la plus décrite par les
poètes ; elle a ceci de particulier que chacun reconnaît l'autre comme
25 celui ou celle qu'il désirait, qu'il espérait ; chacun a aussi l'impression
étrange d'avoir de l'autre une connaissance totale.

On peut avoir le coup de foudre pour une personne, enfant ou adulte,
mais aussi pour un métier, un tableau, une maison, voire un pays. Tout
dépend, en fait, des intentions de Cupidon.

30 Flagrant délire

Vous êtes dans le métro, à l'heure de pointe. Votre regard accroche
celui d'un homme, manifestement un étranger, à l'autre extrémité du
wagon. Il se fraie un chemin vers vous, vous prend par la main et,
du regard, vous invite à le suivre. Si Cupidon n'est pas dans les environs,
35 vous allez poliment décliner l'invitation. Mais si le petit dieu joufflu
a décidé de vous prendre pour cible, vous pourriez bien faire comme
Geneviève, à qui l'aventure est arrivée récemment.

« Fascinée, captivée par le regard de l'homme — il était très beau
— je l'ai suivi jusque dans une chambre d'hôtel. Là, on a fait l'amour
40 comme des dingues, longtemps, sans même échanger une seule parole.
Après on s'est retrouvé devant un café, dans un petit restaurant de
la rue Saint-Denis, et on s'est enfin parlé. Lui était très amoureux...
il voulait me présenter à sa famille, m'emmener avec lui en Corse. Mais
pour moi, l'aventure était terminée. »

On pourrait être tenté de qualifier le comportement de Geneviève d'irrationnel, d'insensé, mais le coup de foudre est justement un événement irrationnel. « C'est un phénomène purement instinctif. Au moment où elle le vit, la victime perd son identité, sa raison, voire même la
5 notion du temps, elle n'est plus en mesure de se contrôler, explique Frédéric-André Hurteau, spécialiste en psychologie transpersonnelle. Le coup de foudre part de la pointe des orteils et il s'arrête au cœur. Il ne monte pas jusqu'à la tête. C'est pourquoi la raison n'a absolument pas de place dans un coup de foudre. » C'est ce qu'on appelle perdre
10 la tête…

Pour Anne Brazeau, psychothérapeute clinicienne, le coup de foudre est un merveilleux acte de création. « Il peut engendrer toutes sortes de choses. Au moment où l'événement se produit, la personne est prise dans un élan irrésistible vers l'autre. Le mouvement est si fort, dans
15 l'instant où elle le vit, qu'elle ne peut pas opposer de résistance. C'est un instant exaltant où s'exprime, d'une manière ou d'une autre, tout le possible d'une rencontre, tout ce qui peut être fait, bâti à deux. »

Dans un livre paru en 1981, aux éditions Ramsay et intitulé *Le choc amoureux*, Francesco Alberoni déclare : « Tomber amoureux est
20 l'état naissant d'un mouvement collectif à deux. » Pour cet écrivain passionné par l'état amoureux, le coup de foudre est une véritable révolution, un mouvement qui se joue dans le registre de l'extraordinaire, du sacré.

Chère lulibérine…

25 Révolutionnaire, extraordinaire, le coup de foudre est aussi qualifié par plusieurs spécialistes de grâce et même de phénomène psi. Nous voilà dans l'inconnu, ce vaste territoire mouvant où l'homme entasse ce qu'il ne comprend pas, ce qu'il est incapable d'expliquer. Depuis quelques années, la biologie s'intéresse au phénomène qu'elle situe, en tout ou
30 en partie, dans le cerveau. Des chercheurs ont découvert qu'il existe une hormone du désir amoureux, la phényl-éthylamine (elle est présente dans le chocolat !) et aussi une hormone du comportement amoureux qui porte le joli nom de lulibérine. Est-ce à dire que nos passions amoureuses ne seraient en réalité que des circonvolutions d'hormones ?
35 « Absolument pas, affirme le biologiste français Jean-Didier Vincent, auteur du livre *Biologie des passions*, paru récemment aux éditions Odile Jacob-Seuil. « On peut résumer la chimie de la passion ainsi : au départ, il y a des stimuli extérieurs (vue d'un tableau, d'un repas appétissant, d'un beau garçon, etc.) auxquels nous donnons un sens
40 avec notre personnalité, notre passé, toute notre histoire, et qui déclenchent dans le cerveau la libération d'une hormone, laquelle provoque le comportement passionné. La lulibérine donc permet seulement la réalisation de la passion amoureuse », explique le spécialiste français.

Des chercheurs sont parvenus à localiser dans le cerveau humain
45 l'aire dite du plaisir, et ils ont désigné l'hypothalamus comme chef-lieu de nos passions. Jean-Didier Vincent ne nie pas le fait que

l'hypothalamus régit bel et bien, par l'intermédiaire de plusieurs hormones, toutes les fonctions de notre corps : croissance, digestion, reproduction, etc. Mais il est convaincu que la substance est plus importante que le lieu : « Par exemple, la dopamine, qui est une hormone
5   à multiples actions — elle joue un rôle dans la genèse du désir, du plaisir, dans le contrôle de la motricité, dans la reproduction — , se disperse à tous les niveaux du cerveau et pas seulement dans l'hypothalamus. » Le cerveau-passion n'a donc pas vraiment, selon lui, de territoire anatomique.

10   Alors, si Louise éprouve une passion dévorante pour le beau Raoul, est-ce seulement parce que la vue de cet homme a déclenché chez elle une généreuse poussée de lulibérine et de dopamine ? « Jamais les hormones ne pourront expliquer le « parce que c'était lui, parce que c'était moi » répond le spécialiste. Dans l'amour, tout s'investit dans
15   le corps, le cerveau et beaucoup d'hormones. Le propre de l'amour est de faire cohabiter, sous les couleurs les plus violentes, les élans de l'âme et les émois de la chair. L'homme n'a pas le choix. Il aime avec tout son être : cerveau, hormones et clair de lune compris... »

Vibrato-sexe

20   Parfois, on a l'impression que Cupidon fait du temps supplémentaire pour Croc : il agence un petit gros avec une grande mince, une savante dermatologue avec un motard, un 50 ans bien sonné avec un 17 ans tout frais, une fragile Lolita avec un « chimpanzé » king size, un Coluche avec une Denise Bombardier, un bel Adonis avec... un autre bel Adonis !
25   En fait, Cupidon se fie aux ondes. D'après Fréderic-André Jurteau : « Chaque être humain, selon son état de bien-être physique, émet des vibrations, des ondes électromagnétiques qui varient entre 35 000 et 150 000. Ce phénomène a été démontré par des études récentes. Or le coup de foudre est inévitable lorsque deux personnes qui se rencontrent
30   émettent le même taux de vibrations. » Encore faut-il qu'elles se rencontrent ! D'ici à ce qu'on ait inventé un détecteur de vibrations à portée illimitée — the sky is the limit ! — Cupidon a encore le temps de jouer... à Cupidon.

Dans une histoire de coup de foudre, c'est toujours le sexe qui crie
35   le plus fort, estiment plusieurs personnes. « Le sexe exprime sa soif de l'autre, bien sûr, s'exclame Frédéric-André Hurteau, mais le sexe n'est qu'une partie du corps. Le coup de foudre, c'est d'abord la rencontre de deux corps, de deux destinées, sexes compris ! » Que le sexe réclame sa juste part de plaisir, il n'y a d'ailleurs pas là de quoi se voiler la
40   face ou avoir honte. Comme le dit si « délicieusement » Jean-Didier Vincent : « Il ne s'agit pas de détourner notre regard de la braguette tendue du jeune Roméo, mais de reconnaître seulement que la source de son désir pour Juliette est plus proche de son bonnet que de sa culotte, et que l'échelle de soie, le balcon et le rossignol participent
45   tout autant à son état amoureux que la dilatation de ses corps caverneux. »

Dites oui je le veux !

Peut-on dire non à un coup de foudre, peu importe sa nature ? Au moment exact où il nous tombe dessus, non. « La seule manière de dire non consiste à sortir de l'événement, à prendre du recul. Le oui
5 est dans le coup de foudre, et le non à l'extérieur », répond Anne Brazeau.

Dire non est difficile, douloureux et lourd de conséquence, paraît-il, parce que c'est une décision contre nature : « Comment peut-on dire non à quelque chose qui nous enflamme, qui nous éveille, nous lance dans la vie ? » s'exclame la spécialiste montréalaise. Quand on décide
10 de mettre les freins de cette manière, ça sent le chauffé quelque part ! Comme thérapeute, je peux vous dire que je vois nettement les traces de ce type de non dans le corps de mes clients. »

On peut se croire obligé de dire non pour toutes sortes de raisons. D'abord parce qu'on a peur. « Plusieurs personnes sont effrayées par
15 le coup de foudre. Elles refusent de perdre le contrôle, elles craignent de souffrir. Et sur ce point elles ont raison, affirme Frédéric-André Hurteau. Le coup de foudre génère une terrible souffrance en même temps qu'un très grand bonheur. L'événement vient remettre en question l'estime de soi. Les gens disent : « c'est trop grand, c'est trop fort, c'est
20 trop beau, je ne peux pas, je ne mérite pas ça et de toute façon, ça ne peut pas durer. »

On peut aussi décider de dire non parce qu'on juge l'aventure impossible.

Louise est infirmière. La veille de son départ pour l'Amérique du
25 Sud — elle a signé un contrat avec un organisme de coopération internationale — elle rencontre, en sortant de chez elle, un homme — un Argentin frais débarqué, comble d'ironie — , qui la chamboule, cœur par-dessus tête, comme elle dit. Elle a le choix entre s'accorder quelques heures de bonheur ou résister à la tentation, pour moins souffrir. « Si
30 on avait fait l'amour ensemble, jamais je ne serais partie, je me connais. Alors j'ai sublimé : j'ai dit non à mon corps et oui à mon cœur. On s'est contentés de se tenir la main, très chastement... et de se dire dans deux ans, si Dieu le veut... »

On peut décider de dire non par crainte du qu'en-dira-t-on. Anne
35 Brazeau raconte : « Une de mes clientes, avocate réputée, a eu le coup de foudre pour l'assistant de son coiffeur. Je lui ai demandé comment elle vivait son aventure. « Mal ! Tu sais bien que c'est impossible, je ne pourrais même pas m'afficher avec lui. Que diraient mes collègues ? Et en plus, il n'a pas de manières ; il parle joual, il roule ses r... Mais
40 qu'est-ce qu'il est beau ! » Quand une cliente me dit : je ne peux pas parce que ça n'a pas de sens, je réponds toujours : c'est à toi de lui en donner un, c'est bien pour ça que ça t'arrive, pour que tu « fécondes » l'événement ! »

Finalement, il semble qu'il est plus avantageux de dire oui que non.
45 Le oui donne de la souffrance mais aussi un grand bonheur et un souvenir « pour toujours », tandis que le non génère de la souffrance, éventuel-

lement une « cicatrice » physique et... une grande nostalgie « à jamais ».

« On peut choisir de dire un petit ou un moyen oui si le grand oui paraît trop indigeste, fait remarquer Anne Brazeau. Ce qui est important, c'est le oui, peu importe sa grandeur. Parce qu'il permet
5 au moins, à l'encontre du non, d'agir, de vivre quelque chose. » En fait, on répond à l'invitation au lieu de la « déchirer » froidement. Et, chose non négligeable, on apprend sur soi-même et sur les autres, on crée quelque chose.

Encore un peu de temps

10 Les coups de foudre sont des aventures qui ne durent pas. Le corps une fois satisfait, c'est toujours bonjour bonsoir, estiment plusieurs personnes. « Le coup de foudre ne peut pas durer parce que c'est tuant ! On n'a pas le temps de récupérer ! affirme Frédéric-André Hurteau. Mais la passion initiale peut éventuellement se transformer en amour... »
15 Le coup de foudre nous hisse dans les airs, très haut, comme un ballon, et on expérimente l'ascension, l'extase ; on n'a plus faim, plus soif, plus sommeil. Seulement, un jour, il faut redescendre. Et c'est quand on atterrit que le coup de foudre court le risque de s'achever. « On voudrait être toujours dans le ciel et jamais sur la terre, fait remarquer
20 Anne Brazeau. On voudrait toujours vibrer, et on oublie la durée. C'est le drame des relations de couple de notre époque. Il n'y a pas de désir de durée. Rien que des rêves d'extases. Je connais quantité d'hommes et de femmes qui vivent coup de foudre après coup de foudre. De fois en fois, ils sont de plus brefs, de plus en plus décevants. Et ces personnes
25 me disent : « J'aimerais tant que ça dure... une bonne fois ! » Ils aimeraient, mais ils ne font rien pour ! Notre époque ne favorise pas la durée mais la quantité. On vit des histoires d'épiderme et on accumule les blessures... »

D'autres personnes estiment que la durée en amour est, de toute
30 façon, impossible, ou à tout le moins que c'est prodigieusement ennuyant parce que rien ne bouge, rien ne change. « Les couples qui durent — et il y en a, tout le monde en connaît au moins un — se remettent perpétuellement en question, affirme Anne Brazeau. C'est là leur secret, je pense, mais cette remise en question, cette entreprise permanente de
35 régénération, ne se voit pas de l'extérieur... »

Francesco Alberoni croit lui aussi que deux personnes peuvent rester amoureuses l'une de l'autre pendant très longtemps : « À première vue, la chose semble impossible car l'amour naissant est un état de transition qui ou bien s'évanouit, ou bien s'institutionnalise, ou bien s'éteint.
40 (...) L'amour peut conserver la fraîcheur de l'état naissant quand les deux partenaires réussissent à mener ensemble une vie active et nouvelle, aventureuse et intéressante, dans laquelle ils découvrent ensemble des intérêts nouveaux, ou bien lorsqu'ils affrontent ensemble des problèmes. (...) Les deux amoureux luttent alors côte à côte pour un projet
45 commun. »

Course à obstacles

Une grande romancière française, de passage à Montréal, nous a parlé de ses amours tumultueuses avec un homme d'État. « Notre histoire était dingue. Il suffisait qu'il m'appelle et me dise de sa belle voix rauque « cara mia, j'ai besoin de toi » pour que je saute dans le premier avion, que je me paie 12 heures de vol pour aller vivre deux petites heures avec lui, cachés dans une chambre d'hôtel (il ne fallait pas qu'on nous voie ensemble). En partant, je savais que j'allais souffrir, pleurer, tempêter, quémander une heure de plus, une minute de plus, et malgré tout, chaque fois je m'élançais vers lui comme une vraie folle. Ça a duré 12 ans. Aujourd'hui, j'aime un autre homme ; c'est un amour tranquille, solide. Mais il m'arrive de rêver que je rencontre un homme qui serait capable de réveiller la folle en moi, et pourtant je sais bien que si ça m'arrivait, je dirais non... mais il est permis de rêver, n'est-ce pas ? »

Si vous voulez qu'un coup de foudre dure, alors mettez des bâtons dans les roues du carrosse des amoureux, affirment certains. Les amours contrariés dureraient-elles plus lontemps que les autres ? Pas forcément, répondent les thérapeutes interrogés. Les obstacles constituent des épreuves qui obligent le couple à savoir ce qu'il veut, à faire des choix, à se tester. « Les amoureux découvrent en eux-mêmes, et seulement en eux-mêmes, force et solidarité. (...) Leur force surgit de leur alliance et de leur amour », écrit Alberoni.

Le coup de foudre est plus fréquent qu'on ne l'imagine, et chaque être humain a la chance d'en vivre au moins un — et parfois plusieurs — au cours de sa vie, selon nos personnes — ressources. Pourtant, des gens nous ont avoué attendre désespérément le coup de foudre, le grand amour, depuis des années. Alberoni note qu'il n'y a aucun rapport entre le désir d'un amour et le fait de tomber vraiment amoureux. Quantité de femmes et d'hommes cherchent longtemps, passionnément, celui ou celle qui répondra oui à leur besoin d'être aimé. Tout se passe comme si personne ne leur répondait. « Cherchent-ils vraiment ? » questionne Alberoni. Il croit qu'on peut en douter, car quand, par hasard, ces personnes rencontrent un partenaire qui répond à leur soif, ils trouvent invariablement que quelque chose ne va pas en lui. (...) « En réalité, ils ne sont pas prédisposés à tomber amoureux, même s'ils le désirent. L'amour qu'ils désirent, même ardemment, ne correspond pas à la nécessité de remettre en cause leur vie, de prendre le risque de se projeter dans une nouveauté absolue. Personne ne tombe amoureux s'il est, même partiellement, satisfait de ce qu'il a et de ce qu'il est. »

Les deux thérapeutes rencontrés pour les besoins de ce reportage nous ont raconté plusieurs histoires de personnes esseulées qui rêvent au coup de foudre. Selon les thérapeutes, presque toutes ces personnes ont, dans leur entourage, un amoureux transi, tout à fait convenable, qui attend... Rêver d'aimer et d'être aimé est une chose. Vouloir aimer et être aimé en est une autre...

S'il existait une recette qui permette de préparer les gens à l'expérience du coup de foudre, ce serait bien commode. Mais voilà, le mode d'emploi

n'existe pas. « Tout au plus peut-on dire à ceux qui veulent des conseils de ne pas prendre d'engagement en plein coup de foudre », affirme Frédéric-André Hurteau. « Ce n'est surtout pas le moment de se marier ! Il serait aussi prudent qu'ils voient à ce qu'il y ait dans leur entourage
5 quelqu'un capable de les ramasser quand ils vont « atterrir ». Le danger c'est de se retrouver seul, quand le coup de foudre est terminé. On a très mal. On a besoin de parler, d'être entendu, de trouver du support. »

Pour les curieux, les ambitieux qui voudraient tenter de débusquer Cupidon — afin d'être foudroyés — , voici la seule fiche d'identité que
10 nous ayons pu trouver. Adore se promener nu-fesses. Porte parfois autour de ses chevilles ou de ses poignets les bracelets de Bacchus et d'Eros. Aime surprendre. Suit volontiers les gens en vacances, possède dans sa gibecière une impressionnate collection de hasards, de clairs de lune et de poèmes. Les oreilles fines seront ravies d'apprendre que les flèches
15 lancées par Cupidon produisent un doux bruissement d'étoffe. Il évoque drap froissé que rejettent les amants au plus beau de leurs étreintes.

Gramont (Monique), *La chimie du coup de foudre*, Montréal, Châtelaine, février 1987, pp. 42–48.

Considérant qu'une conception commune de ces droits et libertés est de la plus haute importance pour remplir pleinement cet engagement,

LA DÉCLARATION UNIVERSELLE DES DROITS DE L'HOMME

L'ASSEMBLÉE GÉNÉRALE PROCLAME LA PRÉSENTE DÉCLARATION UNIVERSELLE DES DROITS DE L'HOMME comme l'idéal commun à atteindre par tous les peuples et toutes les nations afin que tous les individus et tous les organes de la société, ayant cette Déclaration constamment à l'esprit, s'efforcent, par l'enseignement et l'éducation, de développer le respect de ces droits et libertés et d'en assurer, par des mesures progressives d'ordre national et international, la reconnaissance et l'application universelles et effectives, tant parmi les populations des États membres eux-mêmes que parmi celles des territoires placés sous leur juridiction.

Article premier

Tous les êtres humains naissent libres et égaux en dignité et en droits. Ils sont doués de raison et de conscience et doivent agir les uns envers les autres dans un esprit de fraternité.

Article 2

Chacun peut se prévaloir de tous les droits et de toutes les libertés proclamés dans la présente Déclaration, sans distinction aucune, notamment de race, de couleur, de sexe, de langue, de religion, d'opinion politique ou de toute autre opinion, d'origine nationale ou sociale, de fortune, de naissance ou de toute autre situation.

De plus, il ne fait aucune distinction fondée sur le statut politique, juridique ou international du pays ou du territoire dont une personne est ressortissante, que ce pays ou territoire soit indépendant, sous tutelle, non autonome ou soumis à une limitation quelconque de souveraineté.

Article 3

Tout individu a droit à la vie, à la liberté et à la sûreté de sa personne.

Article 4

Nul ne sera tenu en esclavage ni en servitude; l'esclavage et la traite des esclaves sont interdits sous toutes leurs formes.

Article 5

Nul ne sera soumis à la torture, ni à des peines ou traitements cruels, inhumains ou dégradants.

Article 6

Chacun a le droit à la reconnaissance en tous lieux de sa personnalité juridique.

Article 7   Tous sont égaux devant la loi et ont droit sans distinction à une égale protection de la loi. Tous ont droit à une protection égale contre toute discrimination qui violerait la présente Déclaration et contre toute provocation à une telle discrimination.

Article 8   Toute personne a droit à un recours effectif devant les juridictions nationales compétentes contre les actes violant les droits fondamentaux qui lui sont reconnus par la constitution ou par la loi.

Article 9   Nul ne peut être arbitrairement arrêté, détenu ou exilé.

Article 10   Toute personne a droit, en pleine égalité, à ce que sa cause soit entendue équitablement et publiquement par un tribunal indépendant et impartial, qui décidera, soit de ses droits et obligations, soit du bien-fondé de toute accusation en matière pénale dirigée contre elle.

Article 11   1.   Toute personne accusée d'un acte délictueux est présumée innocente jusqu'à ce que sa culpabilité ait été légalement établie au cours d'un procès public où toutes les garanties nécessaires à sa défense lui auront été assurées.

               2.   Nul ne sera condamné pour des actions ou omissions qui, au moment où elles ont été commises, ne constituaient pas un acte délictueux d'après le droit national ou international. De même, il ne sera infligé aucune peine plus forte que celle qui était applicable au moment où l'acte délictueux a été commis.

Article 12   Nul ne sera l'objet d'immixtions arbitraires dans sa vie privée, sa famille, son domicile ou sa correspondance, ni d'atteintes à son honneur et à sa réputation. Toute personne a droit à la protection de la loi contre de telles immixtions ou de telles atteintes.

Article 13   1.   Toute personne a le droit de circuler librement et de choisir sa résidence à l'intérieur d'un État.

               2.   Toute personne a le droit de quitter tout pays, y compris le sien, et de revenir dans son pays.

Article 14   1.   Devant la persécution, toute personne a le droit de chercher asile et de bénéficier de l'asile en d'autres pays.

               2.   Ce droit ne peut être invoqué dans le cas de poursuites réellement fondées sur un crime de droit commun ou sur des agissements contraires aux buts et aux principes des Nations Unies.

Article 15   1.   Tout individu a droit à une nationalité.

               2.   Nul ne peut être arbitrairement privé de sa nationalité, ni du droit de changer de nationalité.

Article 16

1. À partir de l'âge nubile, l'homme et la femme, sans aucune restriction quant à la race, la nationalité ou la religion, ont le droit de se marier et de fonder une famille. Ils ont des droits égaux au regard du mariage, durant le mariage et lors de sa dissolution.

2. Le mariage ne peut être conclu qu'avec le libre et plein consentement des futurs époux.

3. La famille est l'élément naturel et fondamental de la société et a droit à la protection de la société et de l'État.

Article 17

1. Toute personne, aussi bien seule qu'en collectivité, a droit à la propriété.

2. Nul ne peut être arbitrairement privé de sa propriété.

Article 18

Toute personne a droit à la liberté de pensée, de conscience et de religion; ce droit implique la liberté de changer de religion ou de conviction ainsi que la liberté de manifester sa religion ou sa conviction, seule ou en commun, tant en public qu'en privé, par l'enseignement, les pratiques, le culte et l'accomplissement des rites.

Article 19

Tout individu a droit à la liberté d'opinion et d'expression, ce qui implique le droit de ne pas être inquiété pour ses opinions et celui de chercher, de recevoir et de répandre, sans considérations de frontières, les informations et les idées par quelque moyen d'expression que ce soit.

Article 20

1. Toute personne a droit à la liberté de réunion et d'association pacifiques.

2. Nul ne peut être obligé de faire partie d'une association.

Article 21

1. Toute personne a le droit de prendre part à la direction des affaires publiques de son pays, soit directement, soit par l'intermédiaire de représentants librement choisis.

2. Toute personne a droit à accéder, dans des conditions d'égalité, aux fonctions publiques de son pays.

3. La volonté du peuple est le fondement de l'autorité des pouvoirs publics; cette volonté doit s'exprimer par des élections honnêtes qui doivent avoir lieu périodiquement, au suffrage universel égal et au vote secret ou suivant une procédure équivalente assurant la liberté du vote.

Article 22

Toute personne, en tant que membre de la société, a droit à la sécurité sociale; elle est fondée à obtenir la satisfaction des droits économiques, sociaux et culturels indispensables à sa dignité et au libre développement

de sa personnalité, grâce à l'effort national et à la coopération internationale, compte tenu de l'organisation et des ressources de chaque
pays.

Article 23

1. Toute personne a droit au travail, au libre choix de son travail,
    à des conditions équitables et satisfaisantes de travail et à la protection
    contre le chômage.

2. Tous ont droit, sans aucune discrimination, à un salaire égal pour
    un travail égal.

3. Quiconque travaille a droit à une rémunération équitable et satis-
    faisante lui assurant ainsi qu'à sa famille une existence conforme
    à la dignité humaine et complétée, s'il y a lieu, par tout autres
    moyens de protection sociale.

4. Toute personne a le droit de fonder avec d'autres des syndicats
    et de s'affilier à des syndicats pour la défense de ses intérêts.

Article 24

Toute personne a droit au repos et aux loisirs, et notamment à une
limitation raisonnable de la durée du travail et à des congés payés
périodiques.

Article 25

1. Toute personne a droit à un niveau de vie suffisant pour assurer
    sa santé, son bien-être et ceux de sa famille, notamment pour
    l'alimentation, l'habillement, le logement, les soins médicaux ainsi
    que pour les services sociaux nécessaires; elle a droit à la sécurité
    en cas de chômage, de maladie, d'invalidité, de veuvage, de vieillesse
    ou dans les autres cas de perte de ses moyens de subsistance par
    suite de circonstances indépendantes de sa volonté.

2. La maternité et l'enfance ont droit à une aide et à une assistance
    spéciales. Tous les enfants, qu'ils soient nés dans le mariage ou
    hors mariage, jouissent de la même protection sociale.

Article 26

1. Toute personne a droit à l'éducation. L'éducation doit être gratuite,
    au moins en ce qui concerne l'enseignement élémentaire et fonda-
    mental. L'enseignement élémentaire est obligatoire. L'enseignement
    technique et professionnel doit être généralisé; l'accès aux études
    supérieures doit être ouvert en pleine égalité à tous en fonction
    de leur mérite.

2. L'éducation doit viser au plein épanouissement de la personnalité
    humaine et au renforcement du respect des droits de l'homme et
    des libertés fondamentales. Elle doit favoriser la compréhension,
    la tolérance et l'amitié entre toutes les nations et tous les groupes
    raciaux ou religieux, ainsi que le développement des activités des
    Nations Unies pour le maintien de la paix.

3. Les parents ont, par priorité, le droit de choisir le genre d'éducation à donner à leurs enfants.

Article 27   1. Toute personne a le droit de prendre part librement à la vie culturelle de la communauté, de jouir des arts et de participer au progrès scientifique et aux bienfaits qui en résultent.

2. Chacun a droit à la protection des intérêts moraux et matériels découlant de toute production scientifique, littéraire ou artistique dont il est l'auteur.

Article 28   Toute personne a droit à ce que règne, sur le plan social et sur le plan international, un ordre tel que les droits et libertés énoncés dans la présente Déclaration puissent y trouver plein effet.

Article 29   1. L'individu a des devoirs envers la communauté dans laquelle seul le libre et plein développement de sa personnalité est possible.

2. Dans l'exercice de ses droits et dans la jouissance de ses libertés, chacun n'est soumis qu'aux limitations établies par la loi exclusivement en vue d'assurer la reconnaissance et le respect des droits et libertés d'autrui et afin de satisfaire aux justes exigences de la morale, de l'ordre public et du bien-être général dans une société démocratique.

3. Ces droits et libertés ne pourront, en aucun cas, s'exercer contrairement aux buts et aux principes des Nations Unies.

Article 30   Aucune disposition de la présente Déclaration ne peut être interprétée comme impliquant pour un État, un groupement ou un individu un droit quelconque de se livrer à une activité ou d'accomplir un acte visant à la destruction des droits et libertés qui y sont énoncés.

Quelques suggestions pour un enseignement sur les Droits de l'homme, Unesco, 1969, pp. 118–122.

La conjugaison des verbes

L'appendice suivant donne la conjugaison des trois groupes de verbe :

  I *les verbes* **avoir** *et* **être**

 II *les verbes réguliers en* **er**, **ir** *et* **re**

III *les verbes irréguliers*

	INFINITIF	SUJET	INDICATIF			
			PRÉSENT	IMPARFAIT	PASSÉ SIMPLE	PASSÉ COMPOSÉ
I	avoir	j' tu il/elle/on nous vous ils/ elles	ai as a avons avez ont	avais avais avait avions aviez avaient	eus eus eut eûmes eûtes eurent	ai eu as eu a eu avons eu avez eu ont eu
	être	je/j' tu il/elle/on nous vous ils/ elles	suis es est sommes êtes sont	étais étais était étions étiez étaient	fus fus fut fûmes fûtes furent	ai été as été a été avons été avez été ont été
II	aimer (et tous les verbes de la 1ère con- jugaison)	j' tu il/elle/on nous vous ils/ elles	aime aimes aime aimons aimez aiment	aimais aimais aimait aimions aimiez aimaient	aimai aimas aima aimâmes aimâtes aimèrent	ai aimé as aimé a aimé avons aimé avez aimé ont aimé
	finir (et tous les verbes de la 2e con- jugaison)	je/j' tu il/elle/on nous vous ils/ elles	finis finis finit finissons finissez finissent	finissais finissais finissait finissions finissiez finissaient	finis finis finit finîmes finîtes finirent	ai fini as fini a fini avons fini avez fini ont fini
	vendre (et tous les verbes de la 3e con- jugaison)	je/j' tu il/elle/on nous vous ils/ elles	vends vends vend vendons vendez vendent	vendais vendais vendait vendions vendiez vendaient	vendis vendis vendit vendîmes vendîtes vendirent	ai vendu as vendu a vendu avons vendu avez vendu ont vendu

FUTUR	CONDITIONNEL PRÉSENT	IMPÉRATIF	SUBJONCTIF PRÉSENT	PARTICIPES
serai seras sera serons serez seront	serais serais serait serions seriez seraient	sois soyons soyez	sois sois soit soyons soyez soient	étant été
aurai auras aura aurons aurez auront	aurais aurais aurait aurions auriez auraient	aie ayons ayez	aie aies ait ayons ayez aient	ayant eu(e)
aimerai aimeras aimera aimerons aimerez aimeront	aimerais aimerais aimerait aimerions aimeriez aimeraient	aime aimons aimez	aime aimes aime aimions aimiez aiment	aimant aimé(e)
finirai finiras finira finirons finirez finiront	finirais finirais finirait finirions finiriez finiraient	finis finissons finissez	finisse finisses finisse finissions finissiez finissent	finissant fini(e)
vendrai vendras vendra vendrons vendrez vendront	vendrais vendrais vendrait vendrions vendriez vendraient	vends vendons vendez	vende vendes vende vendions vendiez vendent	vendant vendu

INFINITIF	SUJET	INDICATIF			
		PRÉSENT	IMPARFAIT	PASSÉ SIMPLE	PASSÉ COMPOSÉ
III acquérir	j' tu il/elle/on nous vous ils/ elles	acquiers acquiers acquiert acquérons acquérez acquièrent	acquérais acquérais acquérait acquérions acquériez acquéraient	acquis acquis acquit acquîmes acquîtes acquirent	ai acquis as acquis a acquis avons acquis avez acquis ont acquis
aller	je/j' tu il/elle/on nous vous ils/ elles	vais vas va allons allez vont	allais allais allait allions alliez allaient	allai allas alla allâmes allâtes allèrent	suis allé(e) es allé(e) est allé(e) sommes allé(e)s êtes allé(e)(s) sont allé(e)s

(s')
asseoir
	je
	tu
	il/elle/on
	nous
	
	vous
	
	ils/
	elles
		m'assieds
		t'assieds
		s'assied
		nous asseyons
		
		vous asseyez
		
		s'asseyent
			m'asseyais
			t'asseyais
			s'asseyait
			nous asseyions
			
			vous asseyiez
			
			vous asseyaient
				m'assis
				t'assis
				s'assit
				nous assîmes
				
				vous assîtes
				
				s'assirent
					me suis assis(e)
					t'es assis(e)
					s'est assis(e)
					nous sommes
					  assis(e)s
					vous êtes
					  assis(e)(s)
					se sont assis(e)s

(s') asseoir (*variante*)	je tu il/elle/on nous vous ils/ elles	m'assois t'assois s'assoit nous assoyons vous assoyez s'assoient	m'assoyais t'assoyais s'assoyait nous assoyions vous assoyiez s'assoyaient	(*voir ci-dessus*)	(*voir ci-dessus*)
battre	je/j' tu il/elle/on nous vous ils/ elles	bats bats bat battons battez battent	battais battais battait battions battiez battaient	battis battis battit battîmes battîtes battirent	ai battu as battu a battu avons battu avez battu ont battu

	CONDITIONNEL	IMPÉRATIF	SUBJONCTIF	PARTICIPES
FUTUR	PRÉSENT		PRÉSENT	
acquerrai acquerras acquerra acquerrons acquerrez acquerront	acquerrais acquerrais acquerrait acquerrions acquerriez acquerraient	acquiers acquérons acquérez	acquière acquières acquière acquérions acquériez acquièrent	acquérant acquis(e)
irai iras ira irons irez iront	irais irais irait irions iriez iraient	va allons allez	aille ailles aille allions alliez aillent	allant allé(e)
m'assiérai t'assiéras s'assiéra nous assiérons vous assiérez s'assiéront	m'assiérais t'assiérais s'assiérait nous assiérions vous assiériez s'assiéraient	assieds-toi asseyons-nous asseyez-vous	m'asseye t'asseyes s'asseye nous asseyions vous asseyiez s'asseyent	s'asseyant assis(e)
m'assoirai t'assoiras s'assoira nous assoirons vous assoirez s'assoiront	m'assoirais t'assoirais s'assoirait nous assoirions vous assoiriez s'assoiraient	assois-toi assoyons-nous assoyez-vous	(*voir ci-dessus*)	s'assoyant assis(e)
battrai battras battra battrons battrez battront	battrais battrais battrait battrions battriez battraient	bats battons battez	batte battes batte battions battiez battent	battant battu(e)

INFINITIF	SUJET	INDICATIF			
		PRÉSENT	IMPARFAIT	PASSÉ SIMPLE	PASSÉ COMPOSÉ
boire	je/j' tu il/elle/on nous vous ils/ elles	bois bois boit buvons buvez boivent	buvais buvais buvait buvions buviez buvaient	bus bus but bûmes bûtes burent	ai bu as bu a bu avons bu avez bu ont bu
conclure	je/j' tu il/elle/on nous vous ils/ elles	conclus conclus conclut concluons concluez concluent	concluais concluais concluait concluions concluiez concluaient	conclus conclus conclut conclûmes conclûtes conclurent	ai conclu as conclu a conclu avons conclu avez conclu ont conclu
conduire	je/j' tu il/elle/on nous vous ils/ elles	conduis conduis conduit conduisons conduisez conduisent	conduisais conduisais conduisait conduisions conduisiez conduisaient	conduisis conduisis conduisit conduisîmes conduisîtes conduisirent	ai conduit as conduit a conduit avons conduit avez conduit ont conduit
connaître	je/j' tu il/elle/on nous vous ils/ elles	connais connais connaît connaissons connaissez connaissent	connaissais connaissais connaissait connaissions connaissiez connaissaient	connus connus connut connûmes connûtes connurent	ai connu as connu a connu avons connu avez connu ont connu
courir	je/j' tu il/elle/on nous vous ils/ elles	cours cours court courons courez courent	courais courais courait courions couriez couraient	courus courus courut courûmes courûtes coururent	ai couru as couru a couru avons couru avez couru ont couru

	CONDITIONNEL	IMPÉRATIF	SUBJONCTIF	PARTICIPES
FUTUR	PRÉSENT		PRÉSENT	
boirai boiras boira boirons boirez boiront	boirais boirais boirait boirions boiriez boiraient	bois buvons buvez	boive boives boive buvions buviez boivent	buvant bu(e)
conclurai concluras conclura conclurons conclurez concluront	conclurais conclurais conclurait conclurions concluriez concluraient	conclus concluons concluez	conclue conclues conclue concluions concluiez concluent	concluant conclu(e)
conduirai conduiras conduira conduirons conduirez conduiront	conduirais conduirais conduirait conduirions conduiriez conduiraient	conduis conduisons conduisez	conduise conduises conduise conduisions conduisiez conduisent	conduisant conduit(e)
connaîtrai connaîtras connaîtra connaîtrons connaîtrez connaîtront	connaîtrais connaîtrais connaîtrait connaîtrions connaîtriez connaîtraient	connais connaissons connaissez	connaisse connaisses connaisse connaissions connaissiez connaissent	connaissant connu(e)
courrai courras courra courrons courrez courront	courrais courrais courrait courrions courriez courraient	cours courons courez	coure coures coure courions couriez courent	courant couru(e)

INFINITIF	SUJET	INDICATIF			
		PRÉSENT	IMPARFAIT	PASSÉ SIMPLE	PASSÉ COMPOSÉ
craindre	je/j' tu il/elle/on nous vous ils/ elles	crains crains craint craignons craignez craignent	craignais craignais craignait craignions craigniez craignaient	craignis craignis craignit craignîmes craignîtes craignirent	ai craint as craint a craint avons craint avez craint ont craint
croire	je/j' tu il/elle/on nous vous ils/ elles	crois crois croit croyons croyez croient	croyais croyais croyait croyions croyiez croyaient	crus crus crut crûmes crûtes crurent	ai cru as cru a cru avons cru avez cru ont cru
cueillir	je/j' tu il/elle/on nous vous ils/ elles	cueille cueilles cueille cueillons cueillez cueillent	cueillais cueillais cueillait cueillions cueilliez cueillaient	cueillis cueillis cueillit cueillîmes cueillîtes cueillirent	ai cueilli as cueilli a cueilli avons cueilli avez cueilli ont cueilli
devoir	je/j' tu il/elle/on nous vous ils/ elles	dois dois doit devons devez doivent	devais devais devait devions deviez devaient	dus dus dut dûmes dûtes durent	ai dû as dû a dû avons dû avez dû ont dû
dire	je/j' tu il/elle/on nous vous ils/ elles	dis dis dit disons dites disent	disais disais disait disions disiez disaient	dis dis dit dîmes dîtes dirent	ai dit as dit a dit avons dit avez dit ont dit

	CONDITIONNEL	IMPÉRATIF	SUBJONCTIF	PARTICIPES
FUTUR	PRÉSENT		PRÉSENT	
craindrai craindras craindra craindrons craindrez craindront	craindrais craindrais craindrait craindrions craindriez craindraient	crains craignons craignez	craigne craignes craigne craignions craigniez craignent	craignant craint(e)
croirai croiras croira croirons croirez croiront	croirais croirais croirait croirions croiriez croiraient	crois croyons croyez	croie croies croie croyions croyiez croient	croyant cru(e)
cueillerai cueilleras cueillera cueillerons cueillerez cueilleront	cueillerais cueillerais cueillerait cueillerions cueilleriez cueilleraient	cueille cueillons cueillez	cueille cueilles cueille cueillions cueilliez cueillent	cueillant cueilli(e)
devrai devras devra devrons devrez devront	devrais devrais devrait devrions devriez devraient	dois devons devez	doive doives doive devions deviez doivent	devant dû(e)
dirai diras dira dirons direz diront	dirais dirais dirait dirions diriez diraient	dis disons dites	dise dises dise disions disiez disent	disant dit(e)

INFINITIF	SUJET	INDICATIF			
		PRÉSENT	IMPARFAIT	PASSÉ SIMPLE	PASSÉ COMPOSÉ
écrire	j'	écris	écrivais	écrivis	ai écrit
	tu	écris	écrivais	écrivis	as écrit
	il/elle/on	écrit	écrivait	écrivit	a écrit
	nous	écrivons	écrivions	écrivîmes	avons écrit
	vous	écrivez	écriviez	écrivîtes	avez écrit
	ils/ elles	écrivent	écrivaient	écrivirent	ont écrit
envoyer	j'	envoie	envoyais	envoyai	ai envoyé
	tu	envoies	envoyais	envoyas	as envoyé
	il/elle/on	envoie	envoyait	envoya	a envoyé
	nous	envoyons	envoyions	envoyâmes	avons envoyé
	vous	envoyez	envoyiez	envoyâtes	avez envoyé
	ils/ elles	envoient	envoyaient	envoyèrent	ont envoyé
faire	je/j'	fais	faisais	fis	ai fait
	tu	fais	faisais	fis	as fait
	il/elle/on	fait	faisait	fit	a fait
	nous	faisons	faisions	fîmes	avons fait
	vous	faites	faisiez	fîtes	avez fait
	ils/ elles	font	faisaient	firent	ont fait
falloir	il	faut	fallait	fallut	a fallu
fuir	je/j'	fuis	fuyais	fuis	ai fui
	tu	fuis	fuyais	fuis	as fui
	il/elle/on	fuit	fuyait	fuit	a fui
	nous	fuyons	fuyions	fuîmes	avons fui
	vous	fuyez	fuyiez	fuîtes	avez fui
	ils/ elles	fuient	fuyaient	fuirent	ont fui

	CONDITIONNEL	IMPÉRATIF	SUBJONCTIF	PARTICIPES
FUTUR	PRÉSENT		PRÉSENT	
écrirai écriras écrira écrirons écrirez écriront	écrirais écrirais écrirait écririons écririez écriraient	écris écrivons écrivez	écrive écrives écrive écrivions écriviez écrivent	écrivant écrit(e)
enverrai enverras enverra enverrons enverrez enverront	enverrais enverrais enverrait enverrions enverriez enverraient	envoie envoyons envoyez	envoie envoies envoie envoyions envoyiez envoient	envoyant envoyé(e)
ferai feras fera ferons ferez feront	ferais ferais ferait ferions feriez feraient	fais faisons faites	fasse fasses fasse fassions fassiez fassent	faisant fait(e)
faudra	faudrait	*pas d'impératif*	faille	fallu
fuirai fuiras fuira fuirons fuirez fuiront	fuirais fuirais fuirait fuirions fuiriez fuiraient	fuis fuyons fuyez	fuie fuies fuie fuyions fuyiez fuient	fuyant fui(e)

INFINITIF	SUJET	INDICATIF			
		PRÉSENT	IMPARFAIT	PASSÉ SIMPLE	PASSÉ COMPOSÉ
haïr	je/j'	hais	haïssais	haïs	ai haï
	tu	hais	haïssais	haïs	as haï
	il/elle/on	hait	haïssait	haït	a haï
	nous	haïssons	haïssions	haïmes	avons haï
	vous	haïssez	haïssiez	haïtes	avez haï
	ils/ elles	haïssent	haïssaient	haïrent	ont haï
lire	je/j'	lis	lisais	lus	ai lu
	tu	lis	lisais	lus	as lu
	il/elle/on	lit	lisait	lut	a lu
	nous	lisons	lisions	lûmes	avons lu
	vous	lisez	lisiez	lûtes	avez lu
	ils/ elles	lisent	lisaient	lurent	ont lu
mettre	je/j'	mets	mettais	mis	ai mis
	tu	mets	mettais	mis	as mis
	il/elle/on	met	mettait	mit	a mis
	nous	mettons	mettions	mîmes	avons mis
	vous	mettez	mettiez	mîtes	avez mis
	ils/ elles	mettent	mettaient	mirent	ont mis
mourir	je	meurs	mourais	mourus	suis mort(e)
	tu	meurs	mourais	mourus	es mort(e)
	il/elle/on	meurt	mourait	mourut	est mort(e)
	nous	mourons	mourions	mourûmes	sommes mort(e)s
	vous	mourez	mouriez	mourûtes	êtes mort(e)(s)
	ils/ elles	meurent	mouraient	moururent	sont mort(e)s
naître	je	nais	naissais	naquis	suis né(e)
	tu	nais	naissais	naquis	es né(e)
	il/elle/on	naît	naissait	naquit	est né(e)
	nous	naissons	naissions	naquîmes	sommes né(e)s
	vous	naissez	naissiez	naquîtes	êtes né(e)(s)
	ils/ elles	naissent	naissaient	naquirent	sont né(e)s

	CONDITIONNEL	IMPÉRATIF	SUBJONCTIF	PARTICIPES
FUTUR	PRÉSENT		PRÉSENT	
haïrai haïras haïra haïrons haïrez haïront	haïrais haïrais haïrait haïrions haïriez haïraient	hais haïssons haïssez	haïsse haïsses haïsse haïssions haïssiez haïssent	haïssant haï(e)
lirai liras lira lirons lirez liront	lirais lirais lirait lirions liriez liraient	lis lisons lisez	lise lises lise lisions lisiez lisent	lisant lu(e)
mettrai mettras mettra mettrons mettrez mettront	mettrais mettrais mettrait mettrions mettriez mettraient	mets mettons mettez	mette mettes mette mettions mettiez mettent	mettant mis(e)
mourrai mourras mourra mourrons mourrez mourront	mourrais mourrais mourrait mourrions mourriez mourraient	meurs mourons mourez	meure meures meure mourions mouriez meurent	mourant mort(e)
naîtrai naîtras naîtra naîtrons naîtrez naîtront	naîtrais naîtrais naîtrait naîtrions naîtriez naîtraient	nais naissons naissez	naisse naisses naisse naissions naissiez naissent	naissant né(e)

INFINITIF	SUJET	INDICATIF			
		PRÉSENT	IMPARFAIT	PASSÉ SIMPLE	PASSÉ COMPOSÉ
ouvrir	j' tu il/elle/on nous vous ils/ elles	ouvre ouvres ouvre ouvrons ouvrez ouvrent	ouvrais ouvrais ouvrait ouvrions ouvriez ouvraient	ouvris ouvris ouvrit ouvrîmes ouvrîtes ouvrirent	ai ouvert as ouvert a ouvert avons ouvert avez ouvert ont ouvert
peindre	je/j' tu il/elle/on nous vous ils/ elles	peins peins peint peignons peignez peignent	peignais peignais peignait peignions peigniez peignaient	peignis peignis peignit peignîmes peignîtes peignirent	ai peint as peint a peint avons peint avez peint ont peint
plaire	je/j' tu il/elle/on nous vous ils/ elles	plais plais plaît plaisons plaisez plaisent	plaisais plaisais plaisait plaisions plaisiez plaisaient	plus plus plut plûmes plûtes plurent	ai plu as plu a plu avons plu avez plu ont plu
pleuvoir	il	pleut	pleuvait	plut	a plu
pouvoir	je/j' tu il/elle/on nous vous ils/ elles	peux *ou* puis peux peut pouvons pouvez peuvent	pouvais pouvais pouvait pouvions pouviez pouvaient	pus pus put pûmes pûtes purent	ai pu as pu a pu avons pu avez pu ont pu

FUTUR	CONDITIONNEL PRÉSENT	IMPÉRATIF	SUBJONCTIF PRÉSENT	PARTICIPES
ouvrirai	ouvrirais		ouvre	ouvrant
ouvriras	ouvrirais	ouvre	ouvres	ouvert(e)
ouvrira	ouvrirait		ouvre	
ouvrirons	ouvririons	ouvrons	ouvrions	
ouvrirez	ouvririez	ouvrez	ouvriez	
ouvriront	ouvriraient		ouvrent	
peindrai	peindrais		peigne	peignant
peindras	peindrais	peins	peignes	peint(e)
peindra	peindrait		peigne	
peindrons	peindrions	peignons	peignions	
peindrez	peindriez	peignez	peigniez	
peindront	peindraient		peignent	
plairai	plairais		plaise	plaisant
plairas	plairais	plais	plaises	plu
plaira	plairait		plaise	
plairons	plairions	plaisons	plaisions	
plairez	plairiez	plaisez	plaisiez	
plairont	plairaient		plaisent	
pleuvra	pleuvrait	*pas d'impératif*	pleuve	pleuvant plu
pourrai	pourrais		puisse	pouvant
pourras	pourrais		puisses	pu
pourra	pourrait	*pas d'impératif*	puisse	
pourrons	pourrions		puissions	
pourrez	pourriez		puissiez	
pourront	pourraient		puissent	

INFINITIF	SUJET	INDICATIF			
		PRÉSENT	IMPARFAIT	PASSÉ SIMPLE	PASSÉ COMPOSÉ
prendre	je/j'	prends	prenais	pris	ai pris
	tu	prends	prenais	pris	as pris
	il/elle/on	prend	prenait	prit	a pris
	nous	prenons	prenions	prîmes	avons pris
	vous	prenez	preniez	prîtes	avez pris
	ils/ elles	prennent	prenaient	prirent	ont pris
recevoir	je/j'	reçois	recevais	reçus	ai reçu
	tu	reçois	recevais	reçus	as reçu
	il/elle/on	reçoit	recevait	reçut	a reçu
	nous	recevons	recevions	reçûmes	avons reçu
	vous	recevez	receviez	reçûtes	avez reçu
	ils/ elles	reçoivent	recevaient	reçurent	ont reçu
résoudre	je/j'	résous	résolvais	résolus	ai résolu
	tu	résous	résolvais	résolus	as résolu
	il/elle/on	résout	résolvait	résolut	a résolu
	nous	résolvons	résolvions	résolûmes	avons résolu
	vous	résolvez	résolviez	résolûtes	avez résolu
	ils/ elles	résolvent	résolvaient	résolurent	ont résolu
rire	je/j'	ris	riais	ris	ai ri
	tu	ris	riais	ris	as ri
	il/elle/on	rit	riait	rit	a ri
	nous	rions	riions	rîmes	avons ri
	vous	riez	riiez	rîtes	avez ri
	ils/ elles	rient	riaient	rirent	ont ri
savoir	je/j'	sais	savais	sus	ai su
	tu	sais	savais	sus	as su
	il/elle/on	sait	savait	sut	a su
	nous	savons	savions	sûmes	avons su
	vous	savez	saviez	sûtes	avez su
	ils/ elles	savent	savaient	surent	ont su

FUTUR	CONDITIONNEL PRÉSENT	IMPÉRATIF	SUBJONCTIF PRÉSENT	PARTICIPES
prendrai	prendrais		prenne	prenant
prendras	prendrais	prends	prennes	pris(e)
prendra	prendrait		prenne	
prendrons	prendrions	prenons	prenions	
prendrez	prendriez	prenez	preniez	
prendront	prendraient		prennent	
recevrai	recevrais		reçoive	recevant
recevras	recevrais	reçois	reçoives	reçu(e)
recevra	recevrait		reçoive	
recevrons	recevrions	recevons	recevions	
recevrez	recevriez	recevez	receviez	
recevront	recevraient		reçoivent	
résoudrai	résoudrais		résolve	résolvant
résoudras	résoudrais	résous	résolves	résolu(e)
résoudra	résoudrait		résolve	
résoudrons	résoudrions	résolvons	résolvions	
résoudrez	résoudriez	résolvez	résolviez	
résoudront	résoudraient		résolvent	
rirai	rirais		rie	riant
riras	rirais	ris	ries	ri
rira	rirait		rie	
rirons	ririons	rions	riions	
rirez	ririez	riez	riiez	
riront	riraient		rient	
saurai	saurais		sache	sachant
sauras	saurais	sache	saches	su(e)
saura	saurait		sache	
saurons	saurions	sachons	sachions	
saurez	sauriez	sachez	sachiez	
sauront	sauraient		sachent	

INFINITIF	SUJET	INDICATIF			
		PRÉSENT	IMPARFAIT	PASSÉ SIMPLE	PASSÉ COMPOSÉ
suffir	je/j'	suffis	suffisais	suffis	ai suffi
	tu	suffis	suffisais	suffis	as suffi
	il/elle/on	suffit	suffisait	suffit	a suffi
	nous	suffisons	suffisions	suffîmes	avons suffi
	vous	suffisez	suffisiez	suffîtes	avez suffi
	ils/ elles	suffisent	suffisaient	suffirent	ont suffi
suivre	je/j'	suis	suivais	suivis	ai suivi
	tu	suis	suivais	suivis	as suivi
	il/elle/on	suit	suivait	suivit	a suivi
	nous	suivons	suivions	suivîmes	avons suivi
	vous	suivez	suiviez	suivîtes	avez suivi
	ils/ elles	suivent	suivaient	suivirent	ont suivi
tenir	je/j'	tiens	tenais	tins	ai tenu
	tu	tiens	tenais	tins	as tenu
	il/elle/on	tient	tenait	tint	a tenu
	nous	tenons	tenions	tînmes	avons tenu
	vous	tenez	teniez	tîntes	avez tenu
	ils/ elles	tiennent	tenaient	tînrent	ont tenu
vaincre	je/j'	vaincs	vainquais	vainquis	ai vaincu
	tu	vaincs	vainquais	vainquis	as vaincu
	il/elle/on	vainc	vainquait	vainquit	a vaincu
	nous	vainquons	vainquions	vainquîmes	avons vaincu
	vous	vainquez	vainquiez	vainquîtes	avez vaincu
	ils/ elles	vainquent	vainquaient	vainquirent	ont vaincu
valoir	je/j'	vaux	valais	valus	ai valu
	tu	vaux	valais	valus	as valu
	il/elle/on	vaut	valait	valut	a valu
	nous	valons	valions	valûmes	avons valu
	vous	valez	valiez	valûtes	avez valu
	ils/ elles	valent	valaient	valurent	ont valu

FUTUR	CONDITIONNEL PRÉSENT	IMPÉRATIF	SUBJONCTIF PRÉSENT	PARTICIPES
suffirai	suffirais		suffise	suffisant
suffiras	suffirais	suffis	suffises	suffi
suffira	suffirait		suffise	
suffirons	suffirions	suffisons	suffisions	
suffirez	suffiriez	suffisez	suffisiez	
suffiront	suffiraient		suffisent	
suivrai	suivrais		suive	suivant
suivras	suivrais	suis	suives	suivi(e)
suivra	suivrait		suive	
suivrons	suivrions	suivons	suivions	
suivrez	suivriez	suivez	suiviez	
suivront	suivraient		suivent	
tiendrai	tiendrais		tienne	tenant
tiendras	tiendrais	tiens	tiennes	tenu(e)
tiendra	tiendrait		tienne	
tiendrons	tiendrions	tenons	tenions	
tiendrez	tiendriez	tenez	teniez	
tiendront	tiendraient		tiennent	
vaincrai	vaincrais		vainque	vainquant
vaincras	vaincrais	vaincs	vainques	vaincu(e)
vaincra	vaincrait		vainque	
vaincrons	vaincrions	vainquons	vainquions	
vaincrez	vaincriez	vainquez	vainquiez	
vaincront	vaincraient		vainquent	
vaudrai	vaudrais		vaille	valant
vaudras	vaudrais	vaux	vailles	valu(e)
vaudra	vaudrait		vaille	
vaudrons	vaudrions	valons	valions	
vaudrez	vaudriez	valez	valiez	
vaudront	vaudraient		vaillent	

INFINITIF	SUJET	INDICATIF			
		PRÉSENT	IMPARFAIT	PASSÉ SIMPLE	PASSÉ COMPOSÉ
venir	je	viens	venais	vins	suis venu(e)
	tu	viens	venais	vins	es venu(e)
	il/elle/on	vient	venait	vint	est venu(e)
	nous	venons	venions	vînmes	sommes venu(e)s
	vous	venez	veniez	vîntes	êtes venu(e)(s)
	ils/ elles	viennent	venaient	vinrent	sont venu(e)s
vivre	je/j'	vis	vivais	vécus	ai vécu
	tu	vis	vivais	vécus	as vécu
	il/elle/on	vit	vivait	vécut	a vécu
	nous	vivons	vivions	vécûmes	avons vécu
	vous	vivez	viviez	vécûtes	avez vécu
	ils/ elles	vivent	vivaient	vécurent	ont vécu
voir	je/j'	vois	voyais	vis	ai vu
	tu	vois	voyais	vis	as vu
	il/elle/on	voit	voyait	vit	a vu
	nous	voyons	voyions	vîmes	avons vu
	vous	voyez	voyiez	vîtes	avez vu
	ils/ elles	voient	voyaient	virent	ont vu
vouloir	je/j'	veux	voulais	voulus	ai voulu
	tu	veux	voulais	voulus	as voulu
	il/elle/on	veut	voulait	voulut	a voulu
	nous	voulons	voulions	voulûmes	avons voulu
	vous	voulez	vouliez	voulûtes	avez voulu
	ils/ elles	veulent	voulaient	voulurent	ont voulu

FUTUR	CONDITIONNEL	IMPÉRATIF	SUBJONCTIF	PARTICIPES
	PRÉSENT		PRÉSENT	
viendrai	viendrais		vienne	venant
viendras	viendrais	viens	viennes	venu(e)
viendra	viendrait		vienne	
viendrons	viendrions	venons	venions	
viendrez	viendriez	venez	veniez	
viendront	viendraient		viennent	
vivrai	vivrais		vive	vivant
vivras	vivrais	vis	vives	vécu(e)
vivra	vivrait		vive	
vivrons	vivrions	vivons	vivions	
vivrez	vivriez	vivez	viviez	
vivront	vivraient		vivent	
verrai	verrais		voie	voyant
verras	verrais	vois	voies	vu(e)
verra	verrait		voie	
verrons	verrions	voyons	voyions	
verrez	verriez	voyez	voyiez	
verront	verraient		voient	
voudrai	voudrais		veuille	voulant
voudras	voudrais	veuille	veuilles	voulu(e)
voudra	voudrait		veuille	
voudrons	voudrions	veuillons	veuillons	
voudrez	voudriez	veuillez	veuillez	
voudront	voudraient		veuillent	

Constructions des verbes suivis d'un infinitif

Les verbes + de + infinitif

accepter de	demander de	se hâter de
accuser de	se dépêcher de	s'impatienter de
achever de	dire de	indiquer de
admirer de	écrire de	interdire de
s'apercevoir de	s'efforcer de	jouir de
arrêter de	empêcher de	manquer de
s'arrêter de	entreprendre de	menacer de
blâmer de	essayer de	mériter de
cesser de	s'étonner de	mourir de
charger de	éviter de	négliger de
choisir de	s'excuser de	obliger de
commander de	faire bien de	obtenir de
conseiller de	se fatiguer de	s'occuper de
se contenter de	féliciter de	offrir de
convaincre de	finir de	ordonner de
convenir de	forcer de	oublier de
craindre de	promettre de	résoudre de
parler de	proposer de	rêver de
se passer de	punir de	risquer de
permettre de	refuser de	souffrir de
persuader de	regretter de	se souvenir de
plaindre de	remercier de	tâcher de
se plaindre de	reprocher de	venir de (passé
prier de	se garder de	immédiat)
défendre de		

Les verbes + à + infinitif

aider à	continuer à	parvenir à
amener à	se décider à	se plaire à
s'amuser à	encourager à	pousser à
s'appliquer à	engager à	renoncer à
apprendre à	enseigner à	se résoudre à
arriver à	se faire à	réussir à
aspirer à	forcer à	servir à
s'attendre à	se forcer à	songer à
avoir à	s'habituer à	suffire à
chercher à	hésiter à	tarder à
commencer à	s'intéresser à	tendre à
se consacrer à	inviter à	tenir à
condamner à	se mettre à	travailler à
consentir à	obliger à	

Remerciements

Blais, Marie-Claire. *Une saison dans la vie d'Emmanuel.* (Montréal : Editions Stanké, 1970), pp. 7–8.

Jean Blouin et Marie-José Martino. Drop-out. (Montréal : *L'Actualité*, fév. 1986), pp. 81–84.

Bourgault, Pierre. C't'un pays libre..., stie! dans *La Grande Tribu.* (Montréal ce mois-ci, janv.–fév. 1987), p. 46.

Casavant, R. "Le cri d'un peuple" dans *Poèmes et chansons du Nouvel Ontario.* (Sudbury : Prise de Parole, 1982), p. 22.

David, Catherine. "Les chocs de l'an 2000". (Paris : *Le Nouvel Observateur*, n°1089, sept. 1985), pp. 37–40, (et n°1090, sept.–oct. 1985), pp. 46–48, 50–51.

de Billy, Hélène. "Les fugueurs". (Ste Foy : *Magazine Justice*, avril 1986), pp. 11–13.

de Gramont, Monique. "La chimie du coup de foudre". (Montréal : *Châteleine*, fév. 1987).

Depecker, Loïc. Extrait de la préface d'Alain Rey aux *Mots de la francophonie.* (Paris : ©Editions Belin, 1988), pp. 4–6.

de Ravinel, Hubert. "La vieille dame aux chats". (Montréal : *La Presse*, mars 1986).

Daniel Deschênes et Lise Aubut. *J'étions fille du vent et d'Acadie.* (Montréal : Editions Tric-Trac, 1978).

Dor, Georges. *La complainte de la Manic.* (Montréal : Editions Gamma).

Dubé, Marcel. *Un simple soldat.* (Montréal : Editions de l'Homme, 1967), pp. 40–44, 82–83.

Ducharme, Réjean. *L'avalée des avalés.* (Paris : Editions Gallimard, 1969), pp. 30–32.

Dufresne, Francine. *Solitude maudite.* (Montréal : Editions Ferron, 1973), pp. 33–35.

Extrait de *Quelques suggestions pour un enseignement sur les droits de l'homme.* (©Unesco, 1969). Reproduit avec la permission de l'Unesco.

Extrait de *Chartes des Droits et Libertés de la Personne, Lois refondues du Québec*, chapître C-12. Reproduit avec l'autorisation des Publications du Québec.

Saint-Denys Garneau. *Les Solitudes-Poésies.* (Montréal : Editions Fides, 1972), pp. 104–105.

Hébert, Anne. *Kamouraska.* (Paris : Editions de seuil, 1970), pp. 197–200.

Hébert, Anne. Extrait de *Le torrent.* (Hurtubise HmH Lasalle, 1976–1988).

Hénault, Gilles. *Sémaphore.* (Montréal : Editions de l'Hexagone, 1962), p. 162.

Joly, René. "L'air de l'Extraterrestre" tiré de *Starmania*. (Montréal : Editions Mondon, 1978).

Lapalme, Marguerite. "Assimilation" dans *Eperdument*. (Sudbury : Prise de parole, 1980), p. 55.

Lauzon, Pierre. *Pour une éducation de qualité*. (Montréal : Editions Quinze, 1977), pp. 22-24, 31-32, 35.

Leclerc, Félix. *Chansons pour tes yeux*. (Montréal : Editions Fides, 1976) pp. 115.

Lynch, Colin. "Je parle français" dans *Langue et Société* n°18. (Ottawa : Commissariat aux langues officielles, 1986), pp. 34-35, 52-53.

Ouellette, Denise. "Vivre le Canada bilingue" dans *Langue et Société* n°18. (Ottawa : Commissariat aux langues officielles, 1986), pp. 34-35, 52-53.

Perrier, Luc. "Guerre" dans *Poètes du Québec* de Jacques Cotnam. (Ottawa : Editions Fides, 1969).

Piché, Paul. "L'escalier". (Montréal : Editions La Minerve, 1980).

Robitaille, Gérard. *Pays perdu et retrouvé*. (St-Lambert : Les éditions Héritages Inc., 1980), pp. 108-112.

Roy, Gabrielle. *Bonheur d'occasion* paru dans la collection Québec 10/10. (Montréal : Editions Stanké, 1987), © Fonds Gabrielle Roy.

Roy, Gabrielle. *La petite poule d'eau* paru dans la collection Québec 10/10. (Montréal : Editions Stanké, 1980), © Fonds Gabrielle Roy.

Simard, Jean. *Répertoire*. (Paris : Editions Pierre Tisseyre, 1961), pp. 200-202.

Wolfl, Norbert. "La tendresse" tiré du livre *Die Hohe Schule der Zartlichkeit*. (Genève : Editions Ariston Verlag, 1983), p. 9.

Au propriétaire de cet ouvrage :

Nous aimerions connaître vos impressions de l'ouvrage suivant : *Des textes et au-delà* par Henriette Elizov, Madeleine Pothier-Picard et Lucille Roy. Vos commentaires nous sont précieux. Ils nous permettront d'améliorer l'ouvrage au fur et à mesure de ses rééditions. Ayez l'amabilité de bien vouloir remplir le questionnaire ci-dessous.

1. Pour quelle raison avez-vous utilisé ce manuel ?
   ____ cours d'université ____ intérêt personnel
   ____ cours de collège ____ autre raison
   ____ cours d'éducation (précisez)
   permanente

2. Quel pourcentage du livre avez-vous utilisé ?
   ____ 25 % ____ 50 % ____ 75 % ____ 100 %

3. Quel est, selon vous, la qualité principale de l'ouvrage précité ?

4. Avez-vous des améliorations à proposer ?

5. Voyez-vous des éléments qu'il faudrait rajouter ?

6. Autre commentaires ou suggestions ?

Pliez ici

- -

Pliez ici

- -

LE PORT SERA PAYÉ PAR

Heather McWhinney
Responsable de projet
College Editorial Department
HOLT, RINEHART AND WINSTON
OF CANADA, LIMITED
55, avenue Horner
Toronto (Ontario)
M8Z 9Z9

Prière de cacheter